새벽강단 10

디모데전서~요한계시록

새벽강단 10 <디모데전서~요한계시록>

초판 1쇄 발행	2006. 11. 15.
초판 4쇄 발행	2018. 06. 10.
엮은이	김한순
펴낸이	박성숙
펴낸곳	도서출판 예루살렘
주소	(10252) 경기도 고양시 일산동구 고봉로 776-92
전화 | 팩스	031)976-8972 | 031)976-8974
이메일	jerusalem80@naver.com
출판등록	1980년 5월 24일(제 16-75호)

ISBN 978-89-7210-445-2 03230
책값 뒤표지에 있습니다.

ⓒ 이 출판물은 저작권법에 의해 보호를 받는 저작물이므로
무단 전재와 복제를 할 수 없습니다.

도서출판 예루살렘은 하나님을 사랑하며 하나님 말씀대로 순종하며 살기를 원하는
청소년, 성도, 목회자들을 문서로 섬기며 이를 위하여 기도하며 정성을 다하여
모든 사역과 책을 기획, 편집, 출판하고 있습니다.

오직 성령이 너희에게 임하시면 너희가 권능을 받고
예루살렘과 온 유대와 사마리아와 땅끝까지 이르러 내 증인이 되리라(행 1:8)

머리말

"나의 힘이 되신 여호와여 내가 주를 사랑하나이다." (시 18:1)

하나님의 구속사역(Ministry of Redemption)의 중심은 예수 그리스도이십니다. 예수 그리스도의 구속은 그의 몸된 교회를 통하여 나타납니다. 예수 그리스도의 교회 운동은 말씀과 전도 운동을 통하여 전개됩니다. 바로 설교는 생명을 살리고 영혼을 살리는 복음 운동이요, 하나님의 명령입니다. "그러므로 너희는 가서 모든 족속으로 제자를 삼아 아버지와 아들과 성령의 이름으로 침례(세례)를 주고"(마 28:19)라고 하였습니다.

만사에 부족한 사람이 하나님께 부름받아 교회에 헌신, 봉사하게 하신지 30여 년. 지금까지 목회할 수 있도록 도와주시고 이끌어 주신 하나님께 감사와 영광을 돌립니다. 1996년 요약설교집(설교의 씨앗)을 출간으로 2006년 새벽강단 제9권을 출간하고 금번에 새벽강단 제10권을 내어 놓게 되었습니다. 충심으로 바라기는 나에게 때마다 성령의 감화 감동을 주신 하나님의 신령한 은사가 이 책을 대하는 독자들에게 함께 하시기를 바랍니다.

이 책이 나오기까지 함께 수고해 준 나의 사랑하는 아내 이계순과 나의 아들들 경우, 석우, 영우에게 감사하며 도서출판 예루살렘 윤희구 사장님과 직원들에게도 감사를 드립니다.

망성 목양실에서
김한순 목사

차 례

머리말 3

디모데전서

- 디모데전서 서론 13
- 우리의 소망이 되시는 예수 그리스도 1:1 14
- 내 아들 디모데에게 1:1-2 15
- 이단을 경계하라 1:3-7 16
- 바울의 감격과 신앙 1:12-20 17
- 선한 싸움을 싸우라 1:18-20 18
- 예수 그리스도의 사역 2:5 19
- 모든 사람을 위하여 기도하라 2:1-7 20
- 목사의 사명 2:7 21
- 집사의 자격 3:8-13 22
- 하나님의 집 3:15 23
- 경건에 이르기를 연습하라 4:7-8 24
- 훌륭한 교사 4:11-13 25
- 부모의 은혜에 보답하는 자녀 5:4 26
- 장로에 대한 사명 5:17-18 27
- 너 하나님의 사람아 6:11-16 28
- 믿음의 선한 싸움 6:11-16 29

디모데후서

- 디모데후서 서론 30
- 감사와 문안인사 1:1-2 31
- 네 속에 있는 믿음 1:3-5 32
- 은사를 다시 불붙이라 1:6 33
- 복음과 함께 고난을 받으라 1:8 34
- 성도의 사명(충성하라) 1:13-18 35
- 성직자의 사명 2:1-2 36
- 성도의 참된 모습 2:3-7 37

- 부끄러울 것이 없는 일꾼 2:14-19　　　　　　　　　38
- 귀히 쓰는 그릇 2:20-21　　　　　　　　　　　　39
- 주를 깨끗한 마음으로 부르자 2:22-26　　　　　　40
- 말세에 나타날 현상 3:1-5　　　　　　　　　　　41
- 배우고 확신한 일에 거하라 3:10-14　　　　　　　42
- 하나님의 말씀인 성경 3:14-17　　　　　　　　　43
- 성도의 사명(말씀을 전파하라) 4:1-2　　　　　　　44
- 바울의 고별사 4:6-8　　　　　　　　　　　　　45
- 어서 속히 내게로 오라 4:9-18　　　　　　　　　46
- 겨울이 오기 전에 4:19-22　　　　　　　　　　　47

디도서
- 디도서 서론　　　　　　　　　　　　　　　　　51
- 청지기의 사명 1:7　　　　　　　　　　　　　　52
- 책망할 것이 없는 하나님의 청지기 1:6-8　　　　　53
- 그레데의 거짓교사들 1:10-16　　　　　　　　　54
- 노년기 성도의 인격과 삶 2:1-3　　　　　　　　　55
- 충성의 사명을 다하라 2:9-10　　　　　　　　　　56
- 구원을 주시는 하나님의 은혜 2:11-15　　　　　　57
- 성도의 생활 3:1-8　　　　　　　　　　　　　　58
- 이단을 배격하라 3:9-11　　　　　　　　　　　　59
- 성령으로 거듭난 신앙 3:5-7　　　　　　　　　　60
- 바울의 최후의 인사 3:12-15　　　　　　　　　　61

빌레몬서
- 빌레몬서 서론　　　　　　　　　　　　　　　　65
- 예수를 위하여 갇힌 자된 바울 1:1-3　　　　　　　66
- 저는 내 심복이라 1:8-14　　　　　　　　　　　67
- 형제처럼 영접하라 1:15-17　　　　　　　　　　68
- 주 안에서 너를 인하여 기쁨을 얻게 하라 1:18-22　69

히브리서
- 히브리서 서론　　　　　　　　　　　　　　　　73

- 위대하신 예수 그리스도 1:1~3 … 74
- 천사론(天使論) 1:4 … 75
- 천사보다 우월하신 예수 1: 4-14 … 76
- 큰 구원 2:1-4 … 77
- 예수를 깊이 생각하자 3:1 … 78
- 말씀의 능력 4:12 … 79
- 때를 따라 돕는 은혜를 받자 4:14-16 … 80
- 대제사장이신 예수 그리스도 5:1~10 … 81
- 그리스도께서 당하신 고난 5:7~10 … 82
- 성도의 사명 6:9-12 … 83
- 축복받는 비결 6:13-18 … 84
- 멜기세덱의 반차를 좇으신 그리스도 7:1-3 … 85
- 새 언약을 세우리라 8:7-13 … 86
- 그리스도의 피와 교회 9:11-12 … 87
- 생명(피)의 종교 9:16-22 … 88
- 한 번 죽은 것은 정하신 것이요 9:27 … 89
- 성도의 생활 10:19-25 … 90
- 모이기를 힘쓰라 10:25 … 91
- 의인은 믿음으로 살리라 10:37-38 … 92
- 능력 있는 믿음 11:1-3 … 93
- 하나님을 기쁘시게 하라 11:6 … 94
- 아브라함의 신앙 11:8-10 … 95
- 모세의 신앙 11:23-29 … 96
- 얽매이기 쉬운 죄 12:1 … 97
- 예수를 바라보자 12:2-3 … 98
- 참 아들은 징계를 받는다 12:8-13 … 99
- 성도의 사명(사랑과 봉사) 13:1-6 … 100
- 성도의 사명(순종과 섬김) 13:17 … 101

야고보서

- 야고보서 서론 … 105
- 시험에 대한 성도의 자세 1:2-4 … 106
- 후히 주시는 하나님 1:5 … 107
- 하나님은 누구신가? 1:17-18 … 108
- 시험을 이기는 자는 복이 있도다 1:13-18 … 109

- 사람을 외모로 판단하지 말라 2:9   110
- 행함이 있는 믿음 2:20-26   111
- 혀를 조심하라 3:1-12   112
- 참된 지혜를 구하라 3:13-18   113
- 하나님을 가까이 하라 4:7-10   114
- 두 마음을 품지 말라 4:8   115

베드로전서

- 베드로전서 서론   119
- 성도의 소망 1:1-5   120
- 불로 연단한 믿음 1:6-12   121
- 거룩한 생활에 힘쓰라 1:13-17   122
- 십자가의 보혈 1:18-21   123
- 신령한 젖을 사모하라 2:1-10   124
- 모퉁이의 머릿돌 되신 예수 3:6-8   125
- 마지막 날의 성도의 사명 3:8-12   126
- 성도의 사명을 다하라 3:13-17   127
- 사후에도 구원받을 기회가 있을까? 3:19   128
- 성도의 3대 사명 4:7-11   129
- 목회자(장로)의 사명 5:1-4   130
- 너희 염려를 다 주께 맡기라 5:7   131
- 사탄과 싸워 이기자 5:8-9   132

베드로후서

- 베드로후서 서론   133
- 보배로운 믿음 1:1-4   134
- 성도의 생활 1:5-11   135
- 베드로의 신앙 1:12-21   136
- 말씀의 능력 1:19-21   137
- 타락한 천사들은 무엇인가? 2:4   138
- 하루가 천년, 천년이 하루같이 3:8-9   139
- 저를 아는 지식에 자라가라 3:18   140

요한1·2·3서

- 요한일서 서론 　　　　　　　　　　　　　143
- 생명의 말씀 요일 1:1-4 　　　　　　　　144
- 하나님은 빛이시라 요일 1:5-10 　　　　 145
- 세상을 사랑하지 말라 요일 2:12-17 　　146
- 주 안에 거하라 요일 2:18-29 　　　　　147
- 하나님의 자녀 요일 3:1-3 　　　　　　　148
- 사랑의 본질 요일 3:16-18 　　　　　　　149
- 영을 다 믿지 말라 요일 4:1-6 　　　　　150
- 하나님의 사랑 요일 4:7-10 　　　　　　151
- 세상을 이기는 믿음 요일 5:1-12 　　　　152
- 요한이서 서론 　　　　　　　　　　　　　153
- 성도의 삶 요이 1:1-11 　　　　　　　　 154
- 성도를 미혹하는 자 요이 1:7-11 　　　　155
- 요한삼서 서론 　　　　　　　　　　　　　156
- 요한의 간절한 간구 요삼 1:1-2 　　　　 157
- 영접하는 것이 마땅하니 요삼 1:5-8 　　158

유다서

- 유다서 서론 　　　　　　　　　　　　　　161
- 부르심을 입은 자의 축복 1:1-2 　　　　 162
- 성도의 생활(불순종할 때 어떻게 되는가) 1:5-7 　　163
- 성도의 사명(악인들의 특성을 어떠한가?) 1:16 　　164

요한계시록

- 요한계시록 서론 　　　　　　　　　　　　167
- 복있는 성도 1:1-3 　　　　　　　　　　　168
- 구름을 타고 오시리라 1:4-7 　　　　　　169
- 나는 알파와 오메가라 1:8 　　　　　　　170
- 요한이 본 예수 그리스도의 환상(Ⅰ) 1:9-20 　　171
- 요한이 본 예수 그리스도의 환상(Ⅱ) 1:9-20 　　172
- 에베소교회(첫사랑을 회복하라) 2:1-7 　　173
- 서머나 교회(죽도록 충성하라) 2:8-11 　　174

- 버가모 교회(충성스런 안디바) 2:12-17   175
- 두아디라교회(새벽별을 주리라) 2:18-19   176
- 사데교회(살았으나 죽은 자로다) 3:1-6   177
- 빌라델비아 교회(능력있는 성도) 3:7-13   178
- 라오디게아 교회(소망) 3:14-22   179
- 라오디게아 교회(책망받는 교회) 3:14-19   180
- 보좌에 앉으신 하나님과 그 영광 4:1-2   181
- 보좌의 영광 4:3-11   182
- 네 생물의 찬양 4:5-11   183
- 일곱 인으로 봉한 책 5:1-10   184
- 인을 떼기 시작한 어린양(Ⅰ) 6:1-17   185
- 인을 떼기 시작한 어린양(Ⅱ) 6:5-17   186
- 인맞은 자들이 십사만 사천이니 7:1-4   187
- 하늘이 반시 동안쯤 고요하더니 8:1-2   188
- 하나님께 올라가는 기도 8:3-5   189
- 다섯째 천사의 나팔 9:1-12   190
- 다섯째 천사의 나팔 9:1-12   191
- 지체하지 않으시는 하나님 10:6   192
- 요한이 천사로부터 받은 책 10:9-10   193
- 권세를 받은 두 증인 11:3-6   194
- 일곱 째 나팔의 경고(세상을 다스리시는 그리스도) 11:15-18   195
- 하나님의 보호 받는 교회 12:1-6   196
- 큰 싸움에서 승리하는 비결 12:11-12   197
- 열 뿔과 일곱 머리를 가진 짐승 13:1-10   198
- 경계해야 할 적그리스도 13:16   199
- 노래하는 십사만 사천명 14:1-15   200
- 어린양의 노래 15:3-4   201
- 깨어 자기 옷을 지키라 16:15   202
- 어린양과 싸우는 대적들 17:9-16   203
- 큰 성 바벨론 18:1-3   204
- 성도들의 세마포옷 19:8   205
- 천년왕국 20:4-6   206
- 새 하늘과 새 땅 21:1-5   207
- 내가 진실로 속히 오리라 22:20   208

디모데서

디모데전서 서론 | 우리의 소망이 되시는 예수 그리스도 | 내 아들 디모데에게 | 이단을 경계하라 | 바울의 감격과 신앙 | 선한 싸움을 싸우라 | 예수 그리스도의 사역 | 모든 사람을 위하여 기도하라 | 목사의 사명 | 집사의 자격 | 하나님의 집 | 경건에 이르기를 연습하라 | 훌륭한 교사 | 부모의 은혜에 보답하는 자녀 | 장로에 대한 사명 | 너 하나님의 사람아 | 믿음의 선한 싸움 | 디모데후서 서론 | 감사와 문안인사 | 네 속에 있는 믿음 | 은사를 다시 불붙이라 | 복음과 함께 고난을 받으라 | 성도의 사명(충성하라) | 성직자의 사명 | 성도의 참된 모습 | 부끄러울 것이 없는 일꾼 | 귀히 쓰는 그릇 | 주를 깨끗한 마음으로 부르자 | 말세에 나타날 현상 | 배우고 확신한 일에 거하라 | 하나님의 말씀인 성경 | 성도의 사명(말씀을 전파하라) | 바울의 고별사 | 어서 속히 내게로 오라 | 겨울이 오기 전에

디모데전서 서론

본 서신은 디모데후서, 디도서와 함께 '목회서신'으로 불린다. 본 서신의 수신자인 디모데는 당시 나이가 어렸고 소심하였으므로 에베소교회를 목회하는데 많은 어려움이 있었다. 그래서 바울은 부정(父情)에 넘치는 위로와 격려로써 어떤 도전과 위협에도 굴하지 말고 자신의 목회사역을 잘해나갈 것을 권면하였다.

1. 저자

본 서신의 저자는 사도 바울이다(1:1). 본 서에 나타난 단어들과 각 구절의 어조와 감정을 보더라도 바울의 다른 서신들과 일치하며 동일한 저작자의 서신임을 알 수 있다(1:1, 2, 갈 1:1-3). 본 서신에 제시된 기록자 자신의 복음 설교와 사명이 다른 서신에 나오는 그것과 유사하다(1:11-12, 롬 1:5, 14-17). 유세비우스는 본 서신을 바울의 편지라고 했다.

2. 수신자

본 서신의 수신자는 디모데이다. 사도 바울이 본 서신을 써 보낼 때 디모데는 에베소에 있었다(1:3). 두 번째 서신을 써 보낼 때에도 디모데는 여전히 그곳에 있었다.

3. 기록 장소와 연대

사도 바울이 본 서신을 쓸 때 마게도냐에 있었다(1:3). 본 서신의 기록연대에 대해서 여러 견해들이 있으나 바울이 1차 로마 감옥생활을 마친 후부터 순교하기까지의 기간 동안에 본 서신과 디모데후서가 기록된 것으로 보는 견해가 지배적이다. 그렇다면 본 서신은 주후 63년경에 기록한 것으로 볼 수 있으며, 디모데후서는 순교하기(67년경) 전인 66경에 기록한 것으로 볼 수 있다.

4. 기록 목적

본 서신의 기록 목적은 복음의 순수성을 보호하기 위함이다. 예수 그리스도의 승천과 오순절 성령강림 이후 초대교회는 폭발적인 전도의 바람이 불어 교회가 세워졌다. 이때 이단 사상이 침투하게 되었다. 바울은 복음의 순수성을 지키도록 하기 위해 디모데와 디도를 향하여 목회서신을 기록했다(1:4-7, 딤후 2:23, 26).

디모데전서 1장 1절

우리의 소망이 되시는 예수 그리스도

"우리 구주 하나님과 우리 소망이신 그리스도 예수의 명령을 따라 그리스도 예수의 사도된 바울은"(1절) 여기 "구주"($\sigma\omega\tau\widehat{\eta}\rho o\varsigma$, 소테로스)는 이방신과 로마황제 숭배에도 사용되었던 호칭이다. 바울은 여기서 '우리'라는 말을 첨가함으로써 하나님이 바울 자신뿐만 아니라 모든 성도들을 구속하시는 분이라는 것을 강조하고 있다.

"우리의 소망이 되시는 예수는"

I. 우리를 정결케 한다(요일 3:3).

사람마다 소망이 있다. 누구나 나름대로의 소망을 가지고 살아간다. 가정에 대한 소망, 자녀에 대한 소망. 일찍이 부귀영화를 누렸던 솔로몬 왕은 "해아래서 수고한 모든 것이 헛되다"(전 1:2-)고 했다. 그러나 우리의 영원한 소망이 있으니 예수에 대한 소망이다. "주여 내가 무엇을 바라리요, 나의 소망은 주께 있나이다"(시 39:7).

II. 우리에게 새 능력을 준다.

하나님께서 새 능력을 주시지 않으면 성도들의 믿음은 성장하지 않는다. 라오디게아교회처럼 덥지도 차지도 않고 미지근하면 새 능력을 받을 수 없다(계 3:16). 길이요, 진리요, 생명이신 예수 그리스도를 소망치 않으면 실망하고 좌절하고 피곤해진다(요 14:6). 그러나 여호와를 앙망하는 자는 새 힘을 얻는다(사 40:31). 예수 안에는 생명력이 있고 예수 안에는 능력이 있고 예수 안에는 소망이 있다.

III. 우리를 구원해 준다.

사도 바울은 다메섹에서 하나님의 소명을 받고 예수는 나의 소망이라고 했다. "우리가 소망으로 구원을 얻었으매 보이는 소망이 소망이 아니니 보는 것을 누가 바라리요"(롬 8:24) 예수만이 우리의 소망이요, 구원이다. 하나님께서 범죄한 아담을 불러 그에게 가죽옷을 입혀주었다(창 3:21). 이것은 장차 오실 메시야를 상징한 것이다. 또한 이스라엘 백성을 애굽에서 불러내어 율법을 준행케 하셨다. 이것은 율법의 완성자이신 예수를 기다리게 하신 것이다(출 19:16-20:17). 결국 소망이 되신 예수 그리스도는 성령의 잉태로 오셨다. 그리고 고난 받으시고 죽으시고 부활하사 승천하신 예수, 그 예수는 다시 오사 우리의 구원을 완성시킬 것이다(요 17:3).

디모데전서 1장 1-2절

내 아들 디모데에게

사도 바울은 자신을 가리켜서 예수 그리스도의 사도라고 소개했다. 사도(使徒)란 하나님의 복음을 위하여 파송된 사람이란 뜻이다. 즉 '보내심을 받은 자' 또는 '대사' 혹은 '사신, 사절'이라고도 한다(고전 15:8-9, 갈 2:8). "믿음 안에서 참 아들된 디모데"(2절) 디모데가 바울의 아들이 되었다는 것은 신앙 안에서 디모데가 바울의 '영적 아들'이란 뜻이다. 바울은 2차 전도여행 때 루스드라에서 디모데를 만났다(행 16:1-3). 디모데는 바울의 전도여행을 따라다니면서 신앙교육을 철저히 받았다. 결국 디모데는 바울이 가장 신임하는 제자요, 영적 아들이 되었다(빌 2:19-22).

"긍휼과 평강이 네게 있을 지어다"(2절) 바울은 그의 서신에서 일반적으로 '은혜'와 '평강'이라는 말을 인사말로 썼다(고전 1:3, 고후 1:2, 갈 1:3, 엡 1:2, 빌 1:2, 골 1:2, 살전 1:1, 살후 1:2, 딛 1:4, 몬 1:3) '은혜'($\chi\alpha\rho\iota\varsigma$, 카리스)는 죄책을 가진 죄인을 향해 지나간 죄를 사해 주시고 징벌을 받을 수밖에 없는 죄인을 구원해 주시는 하나님의 과분한 은총이다. 이것은 하나님이 값없이 주시는 하나님의 선물이다(엡 2:1~10). '평강'($\epsilon\iota\rho\eta\nu\eta$, 에이레네)은 죄인이 하나님으로부터 받은 은혜의 결과이다. 사도 바울은 그의 서신을 보내면서,

I. 내 아들 디모데라고 했다(2절).

디모데는 루스드라 태생이다. 루스드라는 갈라디아에 있는 로마의 식민지였다. 바울과 바나바가 루스드라에 이르게 된 것은 최초로 전도여행을 시작할 때였다(행 14:8-21). 그때에는 디모데에 관해서는 전혀 언급이 없었다. 바울의 두 번째 여행때 부터는 관심을 그의 이름이 언급 되고 있다. 이때부터 바울은 디모데에게 관심을 가지고 있었다. 아마 후계자로 생각했을지 모른다. 디모데는 혼혈아였다. 그의 어머니는 유대인이요, 아버지는 헬라인이었다(행 16:1-). 바울이 빌립보서를 쓸 때 디모데는 바울과 함께 감옥에 있었다. 디모데는 바울의 사랑과 신뢰를 받았다. 디모데처럼 신실한 일꾼이 되어 인정받자.

II. 은혜와 긍휼과 평강이 네게 있을지어다.

바울의 삼중 축복이다. 바울이 사랑하는 아들 디모데에게 축복한 것은 '은혜와 긍휼과 평강'이다(2절).

디모데전서 1장 3-7절

이단을 경계하라

사도 바울은 로마에서 2년간 옥에 갇혔다가 석방된 후에 디모데를 데리고 그레데 섬을 지나 에베소까지 왔으나 계속 동행하지 못하고 디모데를 그곳에 남겨둔 채 마게도냐로 떠났다. 바울이 마게도냐를 방문한 것은 정확하지 않다.

"다른 교훈을 가르치지 말며" 여기 "다른 교훈"은 '헤테로디 다스칼레인($\epsilon\tau\epsilon\rho o\delta\iota \delta\alpha\sigma\kappa\alpha\lambda\epsilon\iota\nu$)' '거짓교훈' 즉 이단적 사상을 의미한다. 정통교리와 배치되는 것을 의미한다. "신화와 끝없는 족보"(4절) 유대인들에게는 모든 만물에 영이 있다는 영지주의 사상이 있었다. 이 영지주의자들과 유대교의 학자들은 가문을 소중하게 생각하는 유대의 문화권 속에서 하나님과 인간 사이에 끝없는 족보가 있다고 생각하여 구약 인물들에 대한 가상적 족보를 만들었다. 그래서 바울은 이러한 이단을 경계하라고 했다. 바울은 신화와 족보는 마침내 하나님의 교회에 계급주의와 분파운동을 불러 일으켜 변론만 일삼게 한다고 지적하고 있다.

I. 잘못된 이단

끝없는 족보이야기에 열중했다(4-). 신화(神話)란 어떤 마을이나 가족의 유대를 여러 신들에게까지 소급해서 소설과 같이 이야기로 만든 것이다.

II. 헬라의 그릇된 사변

당시 기독교에 있어서 가장 큰 위험은 헬라적인 사변이었다. 그노시스주의는 완전한 사변적이었다. 하나님께서 무에서 창조한 것이 아니라 시간이 시작하기 전에 물질이 존재하고 있었다는 것이다. 그 물질은 사악한 것으로 불안전한 것이었는데 세상을 창조하는데 사용되었다는 것이다. 그러므로 이 세상이 악하고 세상을 창조한 하나님도 악하다는 것이다. ① 육체와 영혼은 별개라고 한다. 이들은 육체가 악하기 때문에 반드시 멸망할 것이며 육체의 행위가 영혼에 아무런 영향을 미칠 수 없다고 한다. ② 육체의 부활은 부정한다. 기독교인은 최후의 날에 육신의 부활을 믿는다. 그러나 '그노시스'는 영혼의 삶만을 주장하여 육신의 부활을 부정하였다. 그러므로 우리는 결코 이러한 그릇된 이단윤리를 받아들여서는 안 된다(딤전 6:20). "사랑하는 자들아 영을 다 믿지 말고 그 영들이 하나님께 속하였나 시험하라"(요일 4:1).

디모데전서 1장 12-20절

바울의 감격과 신앙

"나를 능하게 하신 그리스도 예수 우리 주께 내가 감사함은 나를 충성되이 여겨 내게 직분을 맡기심이니"(12절) 여기 "나를 능하게 하신"(엔뒤나모산티, $\dot{\epsilon}\nu\delta\nu\nu\alpha\mu\dot{\omega}\sigma\alpha\nu\tau\iota$)은 힘있게 하였다는 뜻이다. 사도 바울은 이미 하나님의 능력을 받았다. 바울이 고난 속에서도 하나님의 복음을 담대히 전할 수 있었던 것은 바울이 성령의 능력을 받았기 때문이다. "충성되이 여겨 내게 직분을 맡기심이니"(12절) 이 말은 절대주권 사상과 연결되어 있다. 그리스도께서는 바울을 개종시키고(행 9:1-15), 그에게 능력을 부여하신 다음에 그를 충성되이 여기신 것이다. 이는 바울이 주님의 주권에 의하여 복음사역의 사명을 수행하였기 때문임을 보여준다. "직분"은 ($\delta\iota\alpha\kappa o\nu\iota\alpha\nu$, 디아코니안) 봉사를 의미한다. 사도의 직분은 사랑과 헌신의 정신으로 주님께 드리는 봉사이다. 사도 바울은 자신이 어떤 사람인가를 묻지 아니하고 자신에게 직분을 맡기신 하나님께 감사드렸다. "내가 복음을 전파하여도 자랑할 것이 없음은 내가 부득불 함이로다 내가 복음을 전파하지 않으면 내게 화가 있으리로다"

I. 바울은 죄인의 괴수였으나 주님의 은혜를 많이 받았다.

14절에 "우리 주의 은혜가 넘치도록 풍성하였도다" 바울은 그리스도를 훼방하는 죄인이었지만 하나님은 그에게 은혜를 베푸셔서 예수 그리스도를 믿고 구원을 얻도록 하셨다. "믿음과 사랑과 함께" 믿음과 사랑은 은혜로부터 온다.

II. 바울의 회심은 주님의 오래 참으심의 본이 되었다.

16절에 "내가 긍휼을 입은 까닭은 예수 그리스도께서 내게 먼저 일체 오래 참으심을 보이사" 13절에 이어 바울은 자신이 긍휼을 입은 이유를 밝히고 있다. 예수의 긍휼은 그의 오래 참으심에서 온다. 주님께서 오래 참으셨다는 것은 죄에 빠져 죽을 수밖에 없는 우리를 구원하시고자 함이다.

III. 바울의 신앙은 우리에게 본이 된다.

바울이 자기 자신을 구원하기 위하여 공헌한 것은 하나도 없다. 오히려 멸망당할 수밖에 없었다. 그럼에도 불구하고 주님께서 그를 용서해 주었다. 그래서 바울은 하나님의 은혜에 감사하며 감격했다.

| 년 월 일 | 디모데전서 1장 18-20절 |

선한 싸움을 싸우라

사람은 누구를 막론하고 이 세상에서 태어나서 죽을 때까지 싸우며 살아간다. 세상과 싸우고, 기후와 싸우고, 환경과 싸우고, 질병과 싸우고, 고난과 싸우고, 마귀와 싸워야 하고, 자신(자아)과 싸우며 살아가야 한다. 그러나 우리 성도들의 싸움은 이 세상 살이의 싸움이 아니라 오직 복음 전파를 위한 '선한 싸움'이다. 오늘 본문에서도 사도 바울은 젊은 사역자 디모데에게 '선한 싸움'을 싸우라고 교훈하고 있다.

I. 선한 싸움이란 무엇인가?

'선한 싸움'이란 하나님의 나라를 확장하기 위하여 복음을 전파하고 사단의 세력 아래 놓여있는 사람들을 구원해 내는 싸움이다. 전쟁에 나가 싸우는 군인이 전쟁에서 패하게 되면 그 나라는 물론 그 자신도 멸망하게 된다. 마찬가지로 복음을 전파하는데 실패하게 되면 사단의 세력에 의해 멸망당할 수밖에 없는 것이다. 그러므로 복음을 위한 선한 싸움을 반드시 승리해야 한다. 그래서 바울은 디모데에게 세상의 싸움에서 싸우는 용사처럼 용감하고 지혜롭게 마귀와 싸워 승리하라고 했다.

II. 선한 싸움의 무기

전쟁에는 반드시 총, 칼과 같은 무기가 필요하다. 복음전파를 위한 선한 싸움에서도 무기가 필요하다. 그것은 19절에서 "믿음과 착한 양심이라"고 했다. 이스라엘 백성들이 여리고성을 무너뜨릴 수 있었던 것은 오직 그들의 믿음 때문이었다(수 6:1-21). 믿음만이 나를 이기게 하고 믿음만이 사자의 입을 막으며 믿음만이 마귀를 이기고 믿음만이 승리하게 한다(히 11:33,34).

III. 선한 싸움의 목적이 무엇인가?

복음을 위한 싸움은 교회를 위한 싸움이요, 사람을 위한 싸움이요, 결국 자신을 위한 싸움이다. 외부의 적은 눈에 보이기 때문에 대책을 강구할 수 있지만, 내부의 적은 조금만 방심하면 침투하여 파괴한다. "오호라 나는 곤고한 사람이로다 이 사망의 몸에서 누가 나를 건져내랴"(롬 7:20-24) 이제 우리는 자신의 능력이나 재능만 의지하지 말고 오직 주님만 바라보며(히 12:1-) 믿음으로 자아를 극복하여 선한 싸움에서 승리하자.

디모데전서 2장 5절

예수 그리스도의 사역

"하나님은 한 분이시요" 바울이 이처럼 유일하신 하나님에 대해 강조하는 것은 하나님만이 인간에게 구원을 주시는 분이며 진정으로 모든 사람이 구원받기를 원하시는 분임을 부각시키기 위함이다. 예수 그리스도는 참 하나님이시요 참 사람인 것을 믿는다. 본문에서는 중보자를 나타나신 그리스도가 곧 사람이신 예수라고 했다.

I. 인성을 가지신 예수

요한복음 1:14절에 "말씀이 육신이 되어 우리 가운데 거하시매 우리가 그 영광을 보니 아버지의 독생자의 영광이요 은혜와 진리가 충만하더라" "오히려 자기를 비어 종의 형체를 가져 사람들과 같이 되었고 사람의 모양으로 나타나셨으매"(빌 2:7-8) 사람으로 오신 예수는 ① 잡수시지 않고 주리셨으며(마 4:2), ② 마시지 않으셨고(요 4:7), ③ 주무셨고(막 4:38), ④ 슬플 때 우셨고(요 11:35), ⑤ 성령으로 기뻐하셨고(눅 10:21), ⑥ 근심하시고 노하셨다(막 3:5). ⑦ 통분하셨고(요 11:33), ⑧ 민망히 여기셨고(요 12:27), ⑨ 탄식하셨으며(막 7:34), ⑩ 십자가에 죽으셨다(요 19:30).

II. 중보자로서의 사람이신 예수

"사람 사이에 중보도 한 분이시니 곧 사람이신 그리스도 예수라" 여기 '중보' 란 ($\mu\epsilon\sigma\iota\tau\eta\varsigma$, 메시테스) 화친이나 계약을 맺기 위해 두 사람 사이를 중재하는 사람이란 뜻이다. 그리스도는 십자가의 죽음으로써 인간의 죄로 인해 깨진 하나님과 사람 사이의 관계를 회복하였기 때문에 하나님과 인간 사이의 중보자이다. 사도 바울은 중보자이신 예수 그리스도를 떠나서는 아무것도 하나님과 사람 사이의 관계를 회복할 수 없음을 강조하고 있다.

한편 바울이 '사람이신' 이라는 말을 부가하여 예수 그리스도의 인성을 부각시키고 있는 것은 그리스도께서 친히 인성을 소유하심으로써 인간의 구원을 성취하셨음을 나타낸다. 이것은 결코 그리스도의 신성을 부인하는 것은 아니다. 예수는 우리의 구원주요 우리의 친구가 되신다(요 15:13,14). 우리는 그 예수를 믿음으로 구원을 받는다(행 16:31). 예수 그리스도는 참 하나님 참 신이신 참 사람이신 '신인' (神人)이시다. 그는 하나님께서 사람에게 자신을 계시하시는 유일한 방법이시요, 사람이 하나님께 나아가는 유일한 길이시다. "나는 길이요 진리요 생명이라"(요 14:6)

디모데전서 2장 1-7절

모든 사람을 위하여 기도하라

기도는 영혼의 호흡이다. 말씀, 찬양과 더불어 성도의 영을 살찌게 하는 3대 영양소이다. 하나님은 우리들의 심령에 계시면서 언제나 우리와의 대화를 원하신다. 기도는 하나님과의 대화이다. "하나님은 영이시기 때문에"(요 4:24) 하나님과의 교제를 나누려면 기도밖에는 없다. "모든 사람을 위하여 간구와 기도와 도고와 감사로 하되"(1절) 사도 바울은 '모든 사람을 위하여 기도하라'고 했다. "모든 사람"은 인종이나 국적이나 사회직위를 말한다. 본문에서 사도 바울은 모든 사람을 위해 기도할 때 세 가지 조건을 말하고 있다.

I. 분노가 없는 마음으로 기도하라고 했다.

분노가 없음은 화내지 않음을 의미한다. 이 속에는 인내와 용서가 포함되어 있다. 우리 속담에 '세 번 참으면 살인도 면할 수 있다'고 했다. 예수님도 '너희 인내로 너희의 영혼을 얻으리라'(눅 21:19)고 하셨다. 그만큼 기도하는 사람에게는 인내가 필요한 것이다. 또 남을 용서할 줄 모르는 사람은 온전한 기도를 드릴 수 없다. 그러므로 기도하기 전에 남을 용서하는 마음을 가져야 한다. 예수님도 일흔 번씩 일곱 번이라도 용서하라고 하셨다(마 18:21,22). 우리가 예물을 드리다가 형제에게 원망 들을 만한 일이 생각나거든 예물을 제단 앞에 두고 먼저 가서 형제와 화목한 후에 예물을 드려야 한다(마 5:23,24).

II. 의심하지 말고 기도하라고 했다.

기도하는 사람은 의심을 가지면 안 된다. 하나님을 믿는 믿음으로 기도해야 한다. "내가 나의 목소리를 여호와께 부르짖으니 그 성산에서 응답하시는도다"(시 3:4) 하나님의 응답을 받을 때까지 기도하라. 반드시 응답해 주실 것을 믿고 기도하라.

III. 거룩한 손으로 기도하라고 했다.

디모데전서 2:8절에 "손을 들어 기도하라"고 했다. 실제로 구약시대에 이스라엘 백성들은 하늘을 향해 손을 들고 기도했다(왕상 8:22). "거룩한 손"은 죄의 오명에서 벗어난 깨끗한 손과 마음을 의미하며 "깨끗한 손"은 흠 없는 '성결한 삶'을 상징한다(시 24:4). 만일 우리가 죄 가운데 있다면 우리의 기도는 응답되지 않는다(시 66:18).

디모데전서 2장 7절

목사의 사명

"이를 위하여 내가 전파하는 자와 사도로 세움을 입은 것은" '이를 위하여' 는 예수께서 모든 사람을 위하여 친히 자신을 속전으로 내어 주신 것을 증거하기 위하여 라는 뜻이다. 사도 바울은 하나님의 종으로서 예수 그리스도를 세상에 전파하는 사명을 받았고, 이 일을 위하여 그의 생애를 바쳤다(행 9:15,20:24). "거짓말이 아니니" (7절) 바울이 복음 선포에 대해 이렇게 강력하게 밝히는 것은 1:3,19,20절에서 언급했듯이 에베소교인들 중에 유대주의 거짓교사들이 그의 사도적 권위에 도전하고 있었음을 반영한다. "믿음과 진리 안에서 내가 이방인의 스승이 되었노라" 사도 바울이 '믿음과 진리 안에서 이방인의 스승이 된 것' 은 전파하는 자와 사도로 세움을 입은 것과 동격을 이룬다.

특별히 바울의 사도직이 많은 도전을 받은 이유는 사도란 예수의 공생애 기간중 그의 죽음과 부활을 목격하고 그 본 것을 전파할 수 있는 사람이어야 했기 때문이다. 그러나 바울은 자신의 사도직분이 "믿음과 진리 안에서" 된 것임을 강조하여 에베소 교인들로 하여금 자신의 권위나 디모데의 권위에 대한 의심을 불식시키고자 한다. 실제로 바울은 헬라 학문의 3대 중심지(알렉산드리아, 아테네, 다소)중의 하나였던 다소에서 출생하여 히브리인중의 히브리인이요(빌 3:5), 엄격한 바리새인으로 양육과 교육을 받았고, 예수로부터 이방인을 위한 사도의 사명을 받았다(행 26:15-18).

I. 목사는 하나님의 소명을 받은 사명자이다(출 3:1-, 행 20:24).

목회자는 하나님의 소명을 받은 사명자다. 목회자는 모든 생활에 있어서도 본을 보여주어야 한다. 목회자는 영혼문제를 다루기 때문에 늘 경건해야 한다. 목회자는 하늘의 신령한 능력을 받아야 한다. 그리고 성도들의 영혼을 사랑할 줄 알아야 한다.

II. 목사의 마음가짐

① 감사하는 마음이 있어야 한다. 바울은 "하나님께서 나를 충성 되이 여겨내게 직분을 맡기셨으니"(딤전 1:12) 감사하며 감격했다. ② 성령 충만을 입어야 한다(행 11:24). ③ 날마다 은혜가 충만해야 한다(딤전 1:14). ④ 성도의 본이 되어야 한다. 목회자는 성도들에게 기도의 모범이 되어야 한다. 성경 읽고, 전도하고, 헌금하는데도 모범이 되어야 한다.

디모데전서 3장 8-13절

집사의 자격

집사(執事)의 기원은 사도행전 6장에서 찾을 수 있다. 사도들이 기도와 말씀 전파에 전념하기 위하여 예루살렘교회에서 일곱 집사를 택한 것이 그 기원이다. 그들은 처음에 사도들을 도와서 가난한 사람들을 구제하고 병든 자를 위로하고 봉사하였다. 그러다가 점차 복음 전파하는 일에도 봉사하게 되었다. 오늘날 집사들도 목사와 장로 등 사역자들이 말씀과 기도와 영적 사역에 전념할 수 있도록 교회의 행정적인 사무를 맡아보며 또한 복음전파에도 일익을 담당하고 있다.

I. 집사의 유래

집사직분은 구약성경에서도 찾아볼 수 있다. 레위족은 제사장을 도와 회막이나 성전에서 봉사했다(민 8:23-26). 성전 바깥일을 했고(대상 26:29), 헌금을 관리했다(대하 24:8-11). 신약시대에 와서 구제와 봉사를 했다. 그 후에 각 교회는 집사를 택하여 교회의 살림을 맡아 운영케 했다. 이것이 오늘날에까지 이르고 있다.

II. 집사의 자격

집사는 1. 주님의 허락이 있어야 한다. 2. 자격을 갖추어야 한다. "초대교회의 일곱 집사는 "믿음과 성령이 충만했고 칭찬 듣는 사람" 이었다(행 6:3,5). 오늘 본문에서 사도 바울은 집사의 자격에 대해서 말하고 있다. 집사는, ① 단정한 자(8절)이다. '집사' ($διακόνους$, 디아코누스)란 종이라는 의미를 가지고 있으며, 특히 식사 때 시중드는 사람을 의미한다. 초대교회에서는 '섬기는 자', '봉사하는 자'로 발전하였다. 집사는 사도행전 6:1-6절에 최초로 언급된다. '집사' 는 교회의 영적 생활과 재정업무를 돌보던 사람에게 사용되었고(빌 1:1), 교회의 봉사하는 모든 자들을 의미했다(엡 6:21). ② 일구이언을 하지 않는다. ③ 술에 인박히지 않는다. ④ 더러운 이(利)를 탐하지 않는다. ⑤ 깨끗한 양심을 가진다. ⑥ 믿음의 비밀을 가지고, ⑦ 참소하지 않고, ⑧ 절제하고, ⑨ 모든 일에 충성하는 자이다.

III. 집사를 세울 때

① 먼저 시험해 봐야 한다. ② 책망할 것이 없는지 살펴야 한다. 집사의 직분을 잘하면 아름다운 지위와 영예, 믿음의 담력을 얻는다(딤전 3:13).

디모데전서 3장 15절

하나님의 집

"너로 하나님의 집에서 어떻게 행하여야 할 것을 알게 하려 함이니" 사도 바울은 하나님의 집을 다스리는 청지기 역할의 중요성을 나타내고 있다. '하나님의 집'(οἴκω θεοῦ, 오이코 데우)이란 하나님을 아버지로 우러러보는 그리스도인 전체의 가족을 나타내기 때문에 '하나님의 가정'이라고 하는 것이 더 자연스럽다. 이는 지상에 있는 보편적 교회를 가리킨다. 사도 바울은 본문에서 "하나님의 집은 살아계신 하나님의 교회요 진리의 기둥과 터라"고 했다.

I. 살아계신 하나님의 교회란 무엇인가?

"이 집은 살아계신 하나님의 교회요"(15절) 교회는 하나님의 부르심으로 형성되었기 때문에 영원히 살아계셔서 주관하시는 하나님의 소유이다. 사도 바울이 이처럼 교회를 살아계신 하나님의 소유라고 말한 것은 교회를 돌보는 사람들이 지킬 거룩하고 흠없는 당위성을 강조하기 위함이다. 하나님께서는 예수 그리스도와 그의 성령을 통하여 우리에게 오시며 또한 우리에게 생명을 주신다. 그러므로 우리는 하나님 안에서 살며 움직이며 존재한다(행 17:28). 하나님은 생명 그 자체이시다(요 14:6).

교회는 이러한 하나님께서 거하시는 하나님의 집이다(욜 3:17). 또한 교회는 지체들의 모임이므로 모든 지체는 한 가족이 된다. 그래서 "형제"라고 부른다(딤전 4:6). 바울은 교인들에게 교인 서로가 가족을 대하듯 하라고 가르치고 있다(딤전 5:1,2). 교회는 교인들이 살아 움직여야 살아계신 하나님의 교회가 된다. 그러므로 교회는 하나님의 말씀으로 교인들을 양육시켜야 한다. 성경(말씀)은 우리의 영을 살지우는 떡이요(마 4:4), 젖이며, 밥이요(고전 3:1,2), 꿀이다(시 119:103).

II. 진리의 기둥과 터란 무엇인가?

"진리의 기둥과 터니라"(15절) 교회(ἐκκλησία, 에클레시아)는 하나님의 부르심을 입은 자들의 모임이란 뜻이다. 진리(ἀληθείας, 알레데이아스)는 하나님의 말씀 또는 말씀이 육신이 되어 이 세상에 오신 예수 그리스도이시다. 진리 되신 예수 그리스도는(요 14:6) 교회의 기둥이 되신다. "야고보와 게바와 요한은 교회의 기둥이었다(갈 2:9). 바로 이들 때문에 주님의 몸된 교회가 처음으로 세워졌다.

| 년 월 일 | 디모데전서 4장 7-8절 |

경건에 이르기를 연습하라

"망령되고 허탄한 신화를 버리고" 이 말은 그리스도의 선한 일꾼이 되기 위해서 디모데가 해야 할 일을 말하고 있다. "허탄한 신화"(그라오데이스 뮈두스, $\gamma\rho\alpha\omega\delta\epsilon\iota\varsigma \ \mu\acute{v}\theta o\upsilon\varsigma$)는 늙은 노파가 어린아이에게 들려주고 싶어하는 헛된 말을 가리킨다. 즉 망령되고 허탄한 신화란 이단들이 주장하는 끝없는 족보와 신화를 나타낸다(딤전 1:4). 바울은 유대인의 신화와 족보를 이렇게 무의미한 것으로 여기고 디모데에게 이런 것들은 내버리라고 했다. "경건에 이르기를 연습하라" 여기 '경건' 이란 ($\epsilon\dot{v}\sigma\acute{\epsilon}\beta\epsilon\iota\alpha\nu$, 유세베이안) 순결한 양심으로 하나님께 예배할 수 있는 마음을 뜻한다. 본문을 통하여 '경건에 이르기를 연습하라' 제목으로 은혜받고자 한다.

I. 망령되고 허탄한 신화를 버리라.

"신화"는 옛 이야기로 신앙을 해롭게 만든다. 여자들이나 늙은이들이 빠지기 쉬운 미신적 이야기들이다. 그럴듯하게 신화를 꾸며서 사실처럼 퍼뜨린다. 믿음이 약한 자들은 하나님의 깊은 진리를 이해하지 못한다. 그러므로 경건에 이르기를 연습해야 한다. "망령되고 허탄한 신화를 버리라" 버릴 것은 무엇인가? ① 망령되고 허탄한 말이다. 망령된 말은 도덕적으로 신앙에 유익이 없는 쓸데 없는 말이다. 교회에 덕이 되지 않고 하나님께 영광이 되지 않고 하나님을 무시하는 말이다. '신화' 란 거짓을 사실인것처럼 이야기 하며 사람을 미혹케하고 유일신 하나님을 믿는 신앙심을 흐리게 하는 것이다. 성도는 허탄한 말과 신화를 버려야 한다.

II. 경건에 이르기를 연습하라.

"경건은 범사에 유익이나 금생과 내생에 약속이 있느니라" 경건한 삶을 사는 자는 금생(今生)에 하나님과 더불어 삶으로써 은혜가 넘치는 평화로운 삶을 살며(시 34:1, 2) 내생(來生)에 있어서는 영원한 생명을 누리게 된다(막 10:30). 예수를 믿어 경건하게 하나님을 섬기는 자는 이 세상에서도 하나님의 축복을 받아 누리며 내세에 들어가 더 큰 축복을 받아 누린다. 이것이 범사에 유익이다.

경건생활을 하려면 ① 하나님의 말씀을 의지하고, ② 바른 교훈을 받아들여야 하며, ③ 겸손하며 기도생활을 해야 한다. 경건에 이르기 위해서 열심히 기도해야 한다. 기도는 영적 호흡이기 때문에 영이 살기 위해서는 반드시 기도에 힘써야 한다.

디모데전서 4장 11-13절

훌륭한 교사

훌륭한 교사란 먼저 자신이 잘 배우는 사람이다. 또 훌륭한 교사란 잘 가르치는 사람이어야 한다. 가르치되 열심히 가르치고 사명감을 갖고 가르치는 교사가 훌륭한 교사이다. 예수 그리스도가 우리의 구주가 되심을 가르치고 성령이 보혜사가 되심을 가르쳐야 한다. 반드시 성경이 하나님의 말씀인 것을 가르쳐야 한다. 오늘 본문을 통하여 "훌륭한 교사"에 대해서 생각해 보고자 한다.

I. 성도의 본이 되어야 한다(12절).

"오직 말과 행실과 사랑과 믿음과 정절에 대하여 믿는자에게 본이 되어"(12절) 여기 '행실'($ἀναστροφή$, 아나스트로페)은 다른 사람과 관계되는 행동을 의미한다. 교사는 모든 믿는 사람들에게 모본이 되어야 한다. ① 언행일치: 말과 행실은 불가분리의 관계이다. 우리의 말이 거룩하지 못하고 행실이 깨끗하지 못하면 복음은 전파될 수 없고 교회는 부흥할 수 없다. ② 믿음과 사랑의 일치: 교사는 사랑에 있어서도 본을 보여야 한다. 사랑은 주님께서 주신 새계명이라고(요 13:34) 바울이 강조했다(롬 12:9,10, 고전 13:13, 갈 5:13,22). 그러므로 교사들은 자신을 비워 죽기까지 성도들을 사랑하신 주님의 사랑을 본받아 이웃을 사랑하고 섬김으로써 다른 성도들의 모범이 되어야 한다. "행함이 없으면 죽은 믿음"이다(약 2:14-16). ③ 교사는 믿음에 있어서도 본을 보여야 한다(약 2:14). ④ 교사는 정절의 본이 되어야 한다. '정절'이란 ($ἁγνεία$, 하그네이아) '순결한 양심을 지키다'란 뜻으로 순결을 의미한다. 순결이 여자의 생명인 것처럼 예수 그리스도의 신부된 성도들은 영적 순결을 지켜야 한다. 교사는 물욕, 성욕, 명예욕에 넘어가지 말고 순결을 지켜야 한다.

II. 훌륭한 교사는 하나님의 말씀에 전념해야 한다(13절).

"내가 이를 때까지 읽는 것과 권하는 것과 가르치는 것에 착념하라" '읽는 것'은 공적으로 성경 읽는 것을 말한다. 초대교회의 유대교회당에서는 모든 공적 예배에서 성경을 공식적으로 낭독하였다(눅 4:16, 행 13:15, 고후 3:14). 하나님의 말씀을 읽으면 그 말씀을 깨닫게 되고 깨달음은 믿음을 불러 일으키며 이는 구원에 이르게 한다(롬 10:9,10). 이처럼 교사는 하나님의 말씀을 부지런히 묵상하여 먼저 구원의 확신을 가져야 한다.

디모데전서 5장 4절

부모의 은혜에 보답하는 자녀

공자는 '효(孝)는 덕의 근본'이라고 하였고, 모세는 십계명에서 "네 부모를 공경하라"(출 20:12)고 하였다. 효는 사회윤리의 근본이 되는 덕목이요, 자녀가 행해야 할 부모에 대한 인류의 도리이기 때문이다. 그런데 요즘 삼강오륜의 기강이 무너지고 있다. 그 결과 아버지와 자식 간의 인륜도 무너져 자식이 아버지를 때리는 것은 물론 심지어 죽이기까지 하며 늙고 병들었다해서 부모를 버리는 등 천인공노할 사건들이 일어나고 있으며 심히 안타깝고 애석한 일이다. 오늘 본문을 통해서 "효도하는 자녀"에 대해서 함께 생각해 보고자 한다.

I. 부모의 노고에 보답해야 한다.

부모님의 노고는 한이 없다. 그 은혜는 갚을 길이 없다. 그 깊은 은혜를 무엇으로 갚는단 말인가? 어머니께서 나를 낳아 주신 노고는 가장 고통스러운 노고이다. 그것은 죽음 이상의 고통이다. 낳은 후 기르는 수고 또한 말로 표현할 수 없다.

II. 부모의 사랑에 보답해야 한다.

하늘에는 하나님의 사랑이 있고 이 세상에는 어머니의 사랑이 있다. 세상에는 어머니의 사랑보다 더 크고 성스럽고 고상한 사랑은 없을 것이다. 자식에 대한 부모의 사랑은 자식이 잘 되기만을 바라는 사랑이다. 자식이 필요하다고 생각하면 아낌없이 헌신한 사랑이며 자식의 일이라면 그 무엇도 아낌없이 자기의 생명까지라도 기쁘게 희생하는 사랑이다.

III. 부모님의 교훈에 보답해야 한다.

부모님의 노고와 사랑이 물론 크지만 그보다 더 위대한 것은 어머니의 교육이다. 옛날 맹자의 어머니는 맹자를 공부시키기 위하여 집을 세 번씩이나 옮겼다고 한다. '맹모삼천'이란 말이 있다. 우리나라의 한석봉도 어머니의 교육 때문에 명필가가 되었다. 성경에도 모세의 어머니 요게벳, 사무엘의 어머니 한나, 디모데의 어머니 유니게, 어거스틴의 어머니 모니카, 웨슬레의 어머니 수산나 등 훌륭한 어머니가 있었기에 역사에 길이 빛나는 사람들이 되었다.

디모데전서 5장 17-18절

장로에 대한 사명

"백발은 영화의 면류관이다"(잠 16:31)고 했고, "늙은 자의 아름다운 것은 백발이니라"(잠 20:29)고 하였다. 오늘 본문의 말씀은 교회의 어른인 장로에 대해 말하고 있다. 교회의 장로는 구약시대부터 있어왔다. 교회 장로는 하나님의 청지기이며, 교인의 대표자요, 교회의 치리권을 가진 사람이다. 또한 장로는 하나님의 기름부음을 받았기 때문에 하나님의 뜻에 의하지 않고서는 폐할 수 없는 항존 직분이다. 본문을 통해 장로에 대한 합당한 예우에 대해서 생각해 보자.

I. 장로직의 존귀함(17절)

잘 다스리는 '장로'($\pi\rho\epsilon\sigma\beta\acute{\upsilon}\tau\epsilon\rho\sigma\iota$, 프레스뷔테로이)는 디도서 1:7에 나오는 감독($\epsilon\pi\acute{\iota}\sigma\kappa\sigma\pi\sigma\nu$, 에피스 코폰)과 같은 뜻으로 사용되었다. 교회의 감독권을 시사하며 주로 행정적인 업무를 관장하는 것을 말한다. 출애굽기 24:9-11절에서 이스라엘의 70인 장로들은 하나님도 손을 대지 않았다. 장로의 직분은 하나님께서 세우셨고 백성들은 그들을 마땅히 존경할 자로 알았던 것이다. 그런데 신약시대에 와서 교회는 두 종류의 장로가 있었다. ① 교회의 일을 감독하고 다스리는 '치리 장로'와 ② 말씀을 가르치는 '교역장로'다. 전자를 '장로', 후자를 '목사'라고 부른다.

II. 교역자를 더 존경해야 한다(17절).

여기 "가르침에 수고하는 이들"은 교역자를 가리킨다. 교회는 다스림과 가르침이 모두 필요하다(고전 12:28). 교회는 하나님의 말씀을 통하여 성장한다(엡 4:11-). 장로는 목사의 사역에 받들고 협력해야 한다. 그러므로 장로는 겸손히 교회를 섬겨야 하고 성도의 본이 되어야 한다(잠 29:23, 마 23:12, 벧전 5:1-3).

III. 교역자를 잘 섬겨야 한다(18절).

예수님은 70인 제자를 파송하면서 "일꾼이 그 삯을 얻는 것이 마땅하니라"(눅 10:7)고 하셨고, 본문 18절에도 "입에 망을 씌우지 말라"고 했다. 특히 교역자는 주님의 지상명령인 복음의 사명과 성도의 영적 성장을 위해 수고한다. 그러므로 오직 영혼구원에만 전념할 수 있도록 재정으로 후원하고 협력해야 한다. 이것이 장로가 해야 할 사명이요, 교회의 책임이요, 의무라 할 수 있다.

디모데전서 6장 11-16절

너 하나님의 사람아

"오직 너 하나님의 사람아 이것들을 피하고 의와 경건과 믿음과 사랑과 인내와 온유를 좇으며"(11절) "하나님의 사람"($ἄνθρωπε\ θεοῦ$, 안드레페 데우)은 디모데로 하여금 자신이 어떠한 존재이며 어떤 삶을 살아야 마땅한 것인가를 일깨워준다. 구약시대에는 모세를 하나님의 사람이라 불렀고(신 33:1, 시 90:1), 사무엘을 하나님의 사람이라 했으며(삼상 9:8), 엘리야를 (왕상 17:18), 다윗을(대하 8:14), 선지자들을 (삼상 2:27,9:6), 하나님의 사자를(왕상 12:22) '하나님의 사람'이라 불렀다. 그리고 바울도 디모데를 하나님의 사람이라 불렀다(11절, 딤후 3:17). 하나님의 사람이란 넓은 의미에서 하나님께서 택하시고 부르신 모든 성도를 가리킨다. 그러나 하나님의 능력의 대리자들을 가리킨다.

I. 하나님의 사람이 피해야 할 것은 무엇인가?

"이것들을 피하고"(11절) 여기 '이것들' 이란 4-10절에서 언급된 멸망의 요인들을 가리킨다. '좇으며'($δίωκε$, 디오케)는 촉구하다(Follow after)의 뜻으로 피하고 ($φεῦγε$, 퓨게)의 반의어이다. 여기서 바울은 디모데후서 2:22에서와 마찬가지로 그의 특유의 대조법을 사용하여 권면하고자 하는 바를 선명하게 제시하고 있다. 여기서 '피함'은 정면으로 맞서지 말라는 뜻이다. 즉 '거짓교사들의 위협을 멀리하라'는 의미이다.

II. 하나님의 사람이 좇아야 할 것이 무엇인가?

바울은 하나님의 사람이 좇아야 할 것이 의와 경건과 믿음과 사랑과 인내와 온유(11절)라고 했다.

III. 하나님의 사람은 믿음의 선한 싸움을 싸워야 한다(12절).

"믿음의 선한 싸움을 싸우라"(12절) '싸우라'($ἀγωνίζου$, 아고니주)는 올림픽 같은 운동경기에서 시합하다, 시험에서 이기기 위해 애쓰다의 뜻을 갖는다. 믿음이란 경기에서 이기기 위해 애쓰며 노력하는 것을 의미한다. 하나님의 사람은 영적 싸움에서 이겨야 한다(엡 6:12). ① 자신과 싸워 이겨야 한다. ② 마귀와 싸워 이겨야 한다(벧전 5:8). ③ 죄와 싸워 이겨야 한다(롬 6:23).

디모데전서 6장 11-16절

믿음의 선한 싸움

사도 바울은 신앙생활을 선한 싸움에 그리고 성도들을 싸우는 군사에 비유했다. "믿음의 선한 싸움을 싸우라"(12절)고 했다. 디모데후서 4:7절에 "내가 선한 싸움을 싸우고 나의 달려갈 길을 마치고 믿음을 지켰으니" 했고 디모데후서 2:3절에서는 "네가 그리스도의 좋은 군사가 되었으니" 했다. 에베소서 6:12절에 "우리의 싸움은 혈과 육에 속한 것이 아니요 정사와 권세와 이 어두움의 세상 주관자들과 하늘에 있는 악한 영들에게 대함이라" 그렇다면 선한 싸움의 대상은 누구인가?

I. 나 자신과 싸워 이겨야 한다.

에베소서 4:22절에 "유혹의 욕심을 따라 썩어져 가는 구습을 좇는 옛사람", 로마서 7:23절에 "내 마음의 법과 싸워 내 지체 속에 있는 죄의 법", 갈라디아서 5:17절의 "육체의 정욕"을 말한다. 우리는 하나님의 말씀으로 마음을 다스리고 성령의 능력으로 자신을 쳐서 주님께 복종시켜야 한다. 이처럼 주님께 복종하기 위해서는 죽어야 할 자아가 있고 살아야 할 자아가 있다. 우리는 거짓, 정욕, 이기심, 허영, 시기, 질투, 탐욕, 교만 등을 십자가에 못박아 죽여야 한다. 그리고 진실의 청결, 헌신, 겸손의 자아가 살아서 나를 지배하는 자리에 들어가야 한다.

II. 마귀와 싸워 이겨야 한다(벧전 5:8).

"근신하라 깨어라 너희 대적 마귀가 우는 사자와 같이 두루 다니며 삼킬 자를 찾나니 너희는 믿음을 굳게 하여 저를 대적하라" 마귀와 싸워 이기려면, ① 말씀의 능력으로 이겨야 한다(신 4:4-7). ② 성령의 능력으로 이겨야 한다(마 12:28, 눅 11:20). ③ 전신갑주를 입어야 한다(엡 6:11). ④ 마귀에게 틈을 주지 말아야 한다(엡 4:27). ⑤ 깨어 있어야 한다(벧전 5:7-8). ⑥ 마귀를 대적해야 한다(약 4:7). ⑦ 기도가 있어야 한다(출 17:11, 벧전 4:8).

III. 죄와 싸워 이겨야 한다(사 59:1-3).

죄는 하나님의 축복을 방해한다(렘 5:25). "죄의 삯은 사망"이다(롬 6:23). 인류의 최대의 원수인 죄와 싸워 이기므로 사망까지 이길 수 있다. "생명의 성령의 법이 죄와 사망의 법에서 나를 해방하였다(롬 8:2). 예수 안에서 승리하자(롬 8:1,33).

디모데후서 서론

본 서신은 바울의 서신들 중 마지막으로 기록된 서신이다. 교회를 치리하는 공임자로서 알고 지켜야 할 목회상의 제반규준을 다룬 디모데전서와는 달리 본서는 하나님 앞에 복음 선포의 사명을 부여 받은 복음사역의 역군으로서 갖춰야 할 개인적인 영성과 인품을 다루고 있다. 교리적인 측면보다는 신앙생활에서 승리의 삶을 영위하는데 필요한 영적 무장에 초점을 맞추고 있다. 본서에는 죽음을 눈앞에 둔 사도 바울의 주변 사정과 그의 회고담이 서술되어 있으며, 믿음의 아들이요 동역자인 디모데에 대한 염려와 그의 목회생활을 격려하는 내용이 정감 있게 묘사되어 있다.

I. 저자

본 서신의 저자는 사도 바울이 기록하였다(1:1,2). 그러나 19세기 유럽의 자유주의 비평가들은 다음과 같은 이유를 들어 본 서신의 바울 저작을 부인하고 있다. 본서에 기록된 사건들이 사도행전의 기사와 일치하지 않다는 점이다. 사도행전에는 바울이 그레데에서 복음을 전하고 그곳에 디도를 남겨둔 사실(딛 1:5)이 나타나 있지 않으며 또한 그가 디모데를 에베소에 남겨두고 떠난 것(딤전 1:3)도 사도행전에 나오지 않는다는 것이다. 그러나 바울의 저작을 의심하는 그와 같은 주장은 타당성이 없다.

II. 수신자

수신자는 디모데이다.

III. 기록장소와 연대

본 서신은 사도 바울이 주후 66년경 로마옥중에서 기록하였다.

IV. 기록목적

본 서신은 바울의 서신들 중 가장 마지막에 기록되었고 디모데에게 두 번째로 보내진 것이다. 사도 바울이 로마감옥에 투옥되어 최후를 기다리면서 그가 사랑하는 믿음의 아들 디모데를 만나 위로와 사랑의 교제를 나눌 수 있게 되기를 간절히 소망했다(4:9-11). 추운 감옥 속에 있으면서 드로아에 두고 온 겉옷과 책들이 필요했기 때문에 본 서신을 기록하였다.

디모데후서 1장 1-2절

감사와 문안인사

본 서신은 주후 66년경 로마 옥중에서 사도 바울이 기록하였다. 본 서신은 목회서신이지만 독특한 면이 있다. 그것은 첫째로 그리스도 예수 안에 있는 생명의 약속과 둘째로 사랑하는 믿음의 아들 디모데에게 주님의 긍휼하심으로 축복한 점이다. 이런 표현은 목회서신에서만 볼 수 있는 것으로 목회자의 사명과 역할을 깨닫게 한다.

I. 사도의 사명과 특권

1절에 "하나님의 뜻으로 말미암아" 바울은 자신의 '사도권'이 자신의 노력이나 힘에 의한 것이 아니라 전적으로 하나님의 의지와 작정과 부르심에 근거한 것임을 말한다(갈 1:1, 고전 1:1, 고후 1:1, 엡 1:1, 골 1:1) 바울은 자신의 사도직분에 대하여 말할 때 자신이 사도라는 것에 대한 자부심과 확신이 있었다. 바울은 비록 예수님의 열두 제자와 같이 직접적으로 사도의 직분을 받은 것은 아니었지만 다메섹 도상의 체험을 통하여 자신이 하나님의 뜻에 의하여 사도로 직접 부르심을 받았다는 확신이 있었다. 그래서 자신의 직분에 대하여 하나님께 감사하며 사명을 다했었다.

II. 생명의 약속대로 사명을 다했다.

1절에 "안에 있는 생명의 약속대로 그리스도 예수의 사도된 바울은" 약속이 존재함을 의미한다. 여기 "생명의 약속"은 그리스도의 십자가와 예수의 부활을 통해 모든 믿는 자들에게 구원 주시겠다는 하나님의 약속이다. 하나님께서는 그리스도를 통해 나타난 이 생명의 약속을 사람들에게 전파하기 위해 바울을 사도로 선택하셨다.

III. 사랑하는 아들 디모데

1절에 "사랑하는 아들 디모데에게" 여기 "사랑하는 아들"은 ① 바울의 설교를 듣고 디모데가 개종했음을 의미하고 ② 바울이 디모데를 영적 아들로서 끊임없이 사랑하고 있음을 시사한다. 여기 "은혜"($\chi\acute{\alpha}\rho\iota\varsigma$, 카리스)는 값없이 베푸시는 용서와 구원의 선물을 가리킨다. '긍휼'($\check{\epsilon}\lambda\epsilon o\varsigma$, 엘레오스)은 하나님의 무조건적인 사랑을 나타낸다. '평강'($\epsilon\iota\rho\acute{\eta}\nu\eta$, 에이레네)은 구약의 샬롬에서 유래한 것으로 그리스도를 통한 하나님과 인간 사이의 화해를 의미한다(고후 5:18). 이것은 바울이 영적 아버지로서 아들 디모데를 깊이 사랑함을 말한다.

디모데후서 1장 3-5절

네 속에 있는 믿음

"이는 네 속에 거짓이 없는 믿음을 생각함이라 이 믿음을 먼저 네 외조모 로이스와 네 어머니 유니게 속에 있더니 네 속에도 있는 줄을 확신하노라"(5절) 로마의 감옥 속에 한 늙은 죄수가 있다. 그는 예수 때문에 갇힌 죄 없는 죄수였다. 그는 온갖 영적 전투에서 살아온 노장이었다. 그는 지금 로마의 캄캄한 감옥 속에서 죽음을 앞에 두고 있는 자이다. 그가 바로 사도 바울이다. 그가 지금 몹시 만나고 싶은 사람은 바로 젊은 목사 디모데였다. 그래서 그는 서신을 통해 디모데에게 모든 것을 말하고 부탁하고 싶었다. 왜 이처럼 바울은 디모데를 그리워하고 만나고 싶어하고 부탁하고 싶었을까? 그것은 디모데의 "속에 있는 믿음" 때문이었다. 속에 있는 믿음이 무엇일까?

I. 예수 안에 있는 자를 말한다.

디모데 속에 믿음이 있다는 말은 디모데의 마음속에 예수가 있다는 말이다. 우리의 믿음의 대상은 예수이기 때문이다(히 11:1,2). 우리 성도를 가리켜서 '예수 안에 있는 자, 그리스도 안에 있는 자, 주 안에 있는 자'라고 했다. 이것이 바울 신학의 열쇠이다. 로마서 8:1절에 "그리스도 예수 안에 있는 자에게는 결코 정죄함이 없나니" 에베소서 1장에는 "그리스도 안" "주 안" "그 안"이란 말이 계속 나온다. 그러므로 디모데 속에 있는 믿음이 바로 예수가 디모데 속에 있다는 말이다.

II. 눈물의 믿음이다.

4절에 "네 눈물을 생각하며 너 보기를 원함은" 여기 "네 눈물을 생각하여" 이 말은 밀레도에서 바울이 에베소 교인들과 헤어질 때 에베소교인들이 흘렸던 눈물을 가리킨다(행 20:37). 눈물은 속에서 나온다. 디모데의 눈물은 ① 회개의 눈물이요, ② 사명의 눈물이요, ③ 인내의 눈물이요, ④ 사랑과 용서의 눈물이다.

III. 거짓 없는 믿음이다(5절).

여기에서 '거짓'은 무대 위에서 연기하는 배우를 의미한다. '거짓이 없는'($\dot{\alpha}\nu\upsilon\pi o\kappa\rho i\tau o\upsilon$, 아뉘포크리투)은 위선이 아님을 의미한다. 디모데의 거짓이 없는 믿음은 외식적이거나 겉치레가 없는 믿음으로 율법적으로 매여 있는 믿음이 아니라 복음으로 충만한 믿음을 가리킨다.

디모데후서 1장 6절

은사를 다시 불붙이라

사도 바울은 옥중에서 최후의 서신을 믿음의 아들이요, 젊은 목사인 디모데에게 보냈다. 그때 디모데는 바울의 투옥과 사형확정을 듣고 약간 낙심했던 모양이다. 그래서 바울은 "하나님의 은사를 다시 불붙이라"고 편지를 쓰고 마지막 권면을 간곡히 하였다. 어떤 불을 붙이라고 했는가?

I. 거짓이 없는 믿음을 다시 불붙이라.

사도 바울은 디모데의 거짓이 없는 순수한 믿음을 연상했다(딤후 1:5). 그리고 그의 믿음을 생각하면서 하나님께 감사하고 그 믿음이 다시 불타 일어나기를 촉구하였다. "디모데의 속에 있는 믿음"이 다시 일어나기를 원했다. 디모데는 당시 에베소교회의 감독이었다. 신앙의 불, 믿음의 불을 다시 붙이지 않으면 주님의 사명을 감당할 수 없었다. 교회는 믿음의 불, 사랑의 불, 사명의 불, 기도의 불이 붙어 있어야 한다. 제단에 불이 꺼지면 세상 불, 곧 마귀의 불이 들어온다. "제단에 불을 끄지 말고" 불을 붙이라고 했다(레 6:8-13, 9:24, 10:1-2).

II. 조상 적부터 내려오는 믿음을 다시 불붙이라(딤후 1:5).

"이는 네 속에 거짓이 없는 믿음을 생각함이라 이 믿음을 먼저 네 외조모 로이스와 네 어머니 유니게 속에 있더니 네 속에도 있는 줄을 확신하노라" 믿음의 어머니가 믿음의 딸을 낳고 믿음의 딸이 믿음의 아들을 낳았으니 얼마나 큰 축복인가. 이 믿음을 다시 불붙이라고 했다.

II. 안수 받을 때의 은사를 다시 불붙이라(6절).

"나의 안수함으로 네 속에 있는 하나님의 은사를 다시 불일듯하게 하기 위하여 너로 생각하노니" 바울은 디모데에게 과거에 안수 받을 때(딤전 4:14) 받았던 하나님의 은사를 상기시켜 주면서 디모데가 자신의 사역을 잘 감당하도록 격려하고 있다. 안수는 교회에서 특별한 사역을 감당하도록 직분을 부여하는 의식이다. 디모데는 장로회에서 받은 안수를 통해(딤전 4:14) 하나님의 은사를 받았다(딤전 4:14). 그래서 바울은 이 은사의 불을 다시 붙이라고 하였다. 믿음의 불, 은사의 불이 약해질 때마다 불을 다시 붙여 충성된 일꾼들이 되자.

디모데후서 1장 8절

복음과 함께 고난을 받으라

사도 바울은 복음을 위해 선한 싸움을 싸워온 노사도(老使徒)답게 믿음의 아들 디모데에게 "복음과 함께 고난을 받으라"고 마지막 권면을 하고 있다. 오늘 이 시간 본문을 통하여 "복음과 함께 고난을 받으라" 제목으로 은혜를 받고자 한다.

I. 주의 증거를 부끄러워하지 말라

8절에 "그러므로 네가 우리 주의 증거와 또 주를 위하여 갇힌 자 된 나를 부끄러워 말고" "주의 증거"란 곧 복음 증거를 말한다. 예수 그리스도는 복음의 중심이자 그 자체이기 때문이다. 우리 예수님도 우리의 죄를 대속하시고 구원해 주시기 위하여 우리와 같은 인간으로 성육신하시고 십자가에 못 박혀 고난 당하셨다(마 27:32-50). 그리고 이 고난의 죽음에서 다시 살아나심으로 죽음을 이기셨고(히 2:14,15). 영원히 사는 영생을 우리에게 선물로 주셨다(10절). 우리들의 고난이 아무리 크고 심하다 해도 우리를 위해 당하신 주님의 고난과는 비교될 수 없다. 그런데 우리가 주님의 십자가의 고난을 망각하고 그 분을 증거하는데 부끄러워 할 수 있단 말인가?

II. 주님으로 인해 갇힌 것을 부끄러워하지 말라

수많은 사람들은 주님을 위해 고난 받았고 심지어는 참혹한 죽음까지도 불사했다. 다니엘과 그의 세 친구 사드락과 메삭과 아벳느고는 주님을 위해 고난이나 죽음을 두려워하지 않았다(단 6:16-23). 초대교회의 베드로, 야고보와 스데반은 순교하면서도 두려워하지 않았다(행 7:54-60). 사도요한의 제자요 익나티우스(Ignatius)의 친구요, 이레니우스(Irenaeus)의 스승이었던 폴리갑(Polycarp)은 주를 위해 갇혀도 겁내지 않았다. 그는 A.D.155년경 화형당하기 전에 "신앙을 버리면 살려주겠다"는 제의를 받았지만 "나는 86년 동안 주님을 섬기며 살아왔다. 그 동안 주님은 단 한 번도 나를 부인한 적이 없다. 내가 살겠다고 신앙을 버리며 주님을 욕되게 할 수 없다" 담대히 말했다. 사도 바울은 로마의 감옥에 갇히어 쇠사슬에 매인 상태에서 복음을 전하고 또 주 안에서 형제들을 권면했다. 그는 이렇게 복음을 인해 갇힌 것을 오히려 기뻐했다. "내가 복음을 부끄러워하지 아니하노니 이 복음은 모든 믿는 자에게 구원을 주시는 하나님의 능력이 됨이라"(롬 1:16) 예수를 위해 고난 받을 때 오히려 기뻐하며 승리자가 되자.

디모데후서 1장 13-18절

성도의 사명 (충성하라)

"너는 그리스도 예수 안에 있는 믿음과 사랑으로써 내게 들은바 바른 말을 본받아 지키고" 여기 "바른 말"은 바울이 디모데에게 전해준 것으로 하나님께 대한 올바른 신앙고백과 삶을 가능케 하는 건전한 복음의 진리를 가리킨다(딤후 4:3, 딤전 1:10). 오늘 본문 말씀을 통해서 '성도의 충성'에 대해서 살펴보고자 한다. 곧 이 말은 하나님의 말씀에 충성하라는 의미이다. 하나님은 당신의 말씀을 바울에게 맡기셨으며(딤전 1:11), 바울은 받은 말씀을 디모데에게 맡겼다(딤전 6:20). 그래서 디모데는 하나님의 말씀을 굳게 지키며(14절), 다른 사람에게 그 말씀을 전해야 할 책임을 맡게 된 것이다(2:2). 여기서 우리는 하나님의 말씀을 맡기는 것도 그것을 지키도록 도우시는 것도 성령의 역사이심을 본문을 통해 알 수 있다(14절).

"우리 안에 거하시는 성령으로 말미암아 네게 부탁한 아름다운 것을 지키라" 여기 '부탁한 것'($παραθήκην$, 파라데켄)은 12절의 의탁한 것과 동일한 단어이나 의미에는 차이가 있다. 12절의 '의탁한 것'은 바울이 자신의 구원사역을 하나님에게 맡긴 것과 하나님께서 복음전파사역을 바울에게 맡긴 것을 말하고 본 절의 '부탁한 것'은 바울이 디모데에게 맡긴 것을 의미한다. '부탁한 것'은 생명에 이르게 하며 삶을 풍요롭게 하는 복음을 가리킨다. '복음'은 그것을 받아들이는 사람들을 구원하는 하나님의 능력이 되기 때문에 풍성하고 아름답다(롬 1:16, 고전 4:14).

I. 하나님의 종에게 충성하라(15-18절)

하나님께 대한 충성은 그분의 종에 대한 충성이다(마 25:40). 오늘 본문에 보면 두 부류의 인물을 보게 된다. 하나는 부겔로와 허모게네이다. 이들은 바울에게 충성하지 않았다(15절). 오네시보로는 바울에 충성했다(16-18). 부겔로와 허모게네에 대해서 자세히 알 수 없지만 이들도 처음에는 사도 바울에게 충성했을 것이다. 바울이 옥에 갇히게 되자 그들이 바울을 배신했을 것이다. 어려울 때 돕는 친구가 진정한 친구라 했는데 사역자(목회자)를 배신한 적은 없는지 자신을 돌아보아야 한다.

오네시보로는 바울이 갇힌 것을 부끄러워하지 않고 함께 고난을 당하면서 바울에게 충성을 다했다. "죽도록 충성하라 내가 생명의 면류관을 주리라"(계 2:10) 오네시보로처럼 충성 다하여 축복받고 마지막 때 생명의 면류관을 받을 수 있도록 충성된 일꾼이 되자.

디모데후서 2장 1-2절

성직자의 사명

"내 아들아 그러므로 네가 그리스도 예수 안에 있는 은혜 속에서 강하고"(1절) 여기 "아들아"는 바울이 영적 아버지로서 디모데를 자녀처럼 대하고 있음을 나타낸다 (1,2)

I. 강력한 영력이 있어야 한다(1절).

1절에 "예수 안에 있는 은혜 속에서 강하고"라고 했다. 여기 '강하고' 는 (ἐνδυναμοῦ, 엔뒤나무) '~에게 능력을 부여하다, 활력을 불어 넣다' 의 의미이다. 바울은 디모데에게 강력한 영력이 있기를 바랬다(1:6-8 행 9:22, 롬 4:20, 엡 6:10, 빌 4:13, 딤전 1:12). 모세는 자신이 죽기 전에 그의 후계자가 될 여호수아에게 "이스라엘의 하나님께서 너를 도우시리니 너는 강하고 담대하라"고 부탁했다. 지도자는 하나님의 능력이 있어야 한다. 사도 바울은 디모데에게 영력이 있기를 원했다. 왜 사도 바울이 디모데에게 강하고 담대하라고 했는가? 그것은 당시 거짓선생과 이단자들이 많이 일어나 교역자들과 신자들을 미혹했기 때문이다. 우리들이 바른 신앙을 유지하기 위해서는 그리스도 안에 있는 생명으로 강력한 영력이 있어야 한다.

II. 진리를 바로 전해야 한다(2절).

교역자의 사명은 진리를 사수하고 전파하는 것이다. 바울은 디모데에게 "네가 많은 증인 앞에서 내게 들은 바를 충성된 사람에게 전하라"(2절) 여기 "내게 들은바" 이 말은 복음의 진리가 바울에게서 디모데에게로 계승되고 있음을 나타낸다(1:13). 이처럼 복음을 받은 자는 자기가 듣고 본 바를 다른 사람들에게 올바로 전해야 한다. 왜냐하면 복음이 온 세상 끝까지 전파되어야 하나님 나라가 이 땅에 도래하기 때문이다. 그래서 주님은 우리에게 땅끝까지 이르러 내 증인이 되라고 하셨다(행 1:8).

III. 고난을 참고 이겨야 한다.

교역자의 생활 속에는 언제나 고난이 따른다. 그래서 예수께서는 "따라 오려거든 자기를 부인하고 자기 십자가를 지고 나를 좇으라"고 하셨다(마 16:24). 사도 바울도 그리스도의 복음을 전하다가 수많은 고난을 겪었다(고후 11:23:28). 그러나 좌절하지 않고 오직 믿음으로 승리했다. 신앙의 능력을 힘입어 고난을 극복하며 이겨나가자.

디모데후서 2장 3-7절

성도의 참된 모습

본문에서 사도 바울은 우리의 생활과 친근한 군사 운동경기자, 농부의 비유를 통하여 사단의 유혹과 공격에 대처할 수 있는 성도의 참된 모습을 제시해 주고 있다.

I. 고난을 참는 군사

3절에 "네가 그리스도 예수의 좋은 군사로 나와 함께 고난을 받을지니" 바울은 군대와 관련된 용어를 서신에서 많이 사용했다(롬 6:13, 7:23, 고전 9:7, 고후 6:7, 엡 6:11-18). '군사'라는 비유는 바울이 목회자에게 사용한 것으로 (빌 2:25, 몬 1:2) 혹자는 '종' 이라고도 한다. 예수 그리스도의 좋은 군사는 생활에 얽매이지 말고 그의 군사가 되어 고난을 받으라고 격려하고 있다. 성도들은 하나님의 부르심을 입은 그리스도의 군사들이다. 그러므로 우리를 구속하여 주신 주님을 기쁘시게 해야 한다.

II. 규칙을 지키는 경기자

바울은 그의 서신에서 운동선수의 예화를 종종 사용했다(딤전 4:7). 본문 5절에도 "승리의 면류관을 받기 위해서 법대로 경기하라"고 했다. "경기하는 자가 법대로 경기하지 아니하면"(5절) 여기 '경기하는"($d\theta\lambda\eta$, 아들레)은 70인역과 신약성경에서 이곳에만 나타난다. 이것은 경쟁을 뜻하는 아들로스($d\theta\lambda\delta s$)에서 파생된 말로 '분투하다' '경쟁하다' 라는 의미이다. 그러므로 운동선수는 법대로 규칙대로 경기하라는 것이다. 경기의 규칙을 지키지 않는다면 승리의 면류관을 받을 수 없으며 받을 자격도 없다. 성도들도 바울처럼 하나님의 말씀대로 행하여 주님 오시는 그날에 승리의 면류관을 받아야겠다.

III. 수고하는 농부

사도 바울은 고린도전서 3:5-9에서 교회를 성도들이 함께 일하는 밭으로 비유했고, 본문 6절에서는 "수고하는 농부"로 비유했다. 농부가 수확하기 위해서는 먼저 경작지에 씨를 뿌려야 하듯이 성도는 하나님 나라의 확장을 위해 복음의 씨를 세상에 뿌려야 한다. 복음의 씨를 뿌리되 눈물을 흘리며 뿌려야 한다. 눈물을 흘리며 씨를 뿌리는 자는 기쁨으로 거두며 울며 씨를 뿌리러 나가는 자는 정녕 기쁨으로 그 단을 가지고 돌아오기 때문이다(시 126:5,6).

디모데후서 2장 14-19절

부끄러울 것이 없는 일꾼

사도 바울은 사랑하는 믿음의 아들 디모데에게 "부끄러울 것이 없는 일꾼"이 되라고 부탁했다. 오늘 우리는 하나님 앞에 부름 받은 일꾼들이다. 그러므로 우리는 하나님을 위하여 부끄럼 없이 주의 일을 해야 한다.

I. 하나님 마음에 합당한 일꾼이 되어야 한다.

15절 "…부끄러울 것이 없는 일꾼으로 인정된 자로 자신을 하나님 앞에 드리기를 힘쓰라" 여기 '인정된'은($δόκιμον$, 도키몬) 시험을 거친 후 받아들여지는 의미이다. 바울은 디모데에게 임무를 잘 감당하여 하나님이 보시기에도 부끄럼이 없을 정도로 최선을 다하여 애쓰라고 명령한다. 일꾼은 먼저 하나님 마음에 들어야 한다. 하나님 마음에 들려면 믿음이 있어야 한다(히 11:1-). 믿음이 있어야 하나님의 좋은 일꾼이 될 수 있다.

II. 충성스러워야 한다.

고린도전서 4:2절에 "맡은 자들의 구할 것은 충성이라"고 했다. 하나님 앞에서 부끄러울 것이 없는 일꾼이 되려면 ① 작은 일에 충성해야 한다. 사람이 작은 일에는 소홀하면서 큰일에 충성할 수 없다. 큰일에 충성하려면 작은 일에 충성해야 한다(마 25:21). "작은 일에 충성하였으니 내가 많은 것으로 네게 맡기리니"(마 25:21) "지극히 작은 것에 충성된 자는 큰 것에도 충성되고"(눅 16:10) 작은 일에 충성할 때 큰일도 맡겨 주시고, 큰 일꾼이 될 수 있다. ② 남들이 알아주지 않아도 충성해야 한다. ③ 시종일관 충성해야 한다(계 2:10). 이렇게 할 때 하나님 앞에서나 사람 앞에서 부끄럽지 않는 일꾼이 될 수 있다.

III. 자기 직무에 책임을 다해야 한다.

여호수아 1:7절에 "오직 너는 마음을 강하게 하고 담대히 하여 나의 종 모세가 네게 명한 율법을 다 지켜 행하되 좌로나 우로나 치우치지 말라 그리하면 어디로 가든지 형통하리라" 하나님의 사명과 자기의 직무에 책임을 다했을 때 어떻게 되는가? ① 주인의 즐거움에 참예하게 된다(마 25:29). ② 풍족한 축복을 받는다(마 25:29). ③ 권세를 차지한다(눅 19:17). ④ 생명의 면류관을 얻는다(계 2:10).

디모데후서 2장 20-21절

귀히 쓰는 그릇

바울은 본문 20절에서 "큰 집에는 금과 은 그릇 뿐만 아니라 나무와 질그릇이 있어 귀히 쓰이는 것도 천히 쓰이는 그릇도 있다"고 했다. 이처럼 교회에도 여러 부류의 사람들이 섞여 있다. 믿음이 충실하고 신실한 성도가 있는 반면에 말썽꾼들이 있다. 예수님도 가라지(마 13:24-30)와 그물 비유에서(마 13:47,48) 알곡과 가라지 좋은 고기와 나쁜 고기를 구분하여 가르치셨다. 여기 '큰집'은 하나님의 교회를 의미한다(엡 2:21,22). '귀히 쓰는 그릇이 되려면'

I. 자기를 깨끗하게 하는 그릇

21절에 "누구든지 이런 것에서 자기를 깨끗하게 하면" 여기 '깨끗하게'는 악한 생각을 버리고 정결함을 의미하며 후메네오와 빌레도와 같은 거짓교사들의 행위나 가르침을 피하여 깨끗하게 하라는 의미이다(2:16-18). 자기를 깨끗하게 함은 ① 진리의 말씀을 옳게 분별함을 말한다(딤후 2:15). "네가 진리의 말씀을 옳게 분변하며"(2:5) '옳게 분변함'이란 성경을 바르게 취급함을 의미한다. ② 부끄러움이 없는 일꾼으로 인정된 자이다(15절). ③ 자신을 하나님께 드리기를 힘쓰는 자이다(롬 12:2).

II. 주인의 쓰심에 합당한 그릇(21절)

21절에 "주인의 쓰심에 합당하며"라고 했다. 이는 주인의 사용하기에 편한 것을 말한다. 그릇이란 주인이 언제든지 편하게 쓸 수 있어야 한다. 교회의 그릇인 성도들도 하나님께서 쓰시기에 편한 그릇이 되어야 한다. 하나님은 다윗 왕을 세우시고 "내 마음에 합한 사람이라"고 하셨다(행 13:22). 귀히 쓰임 받는 그릇이 되려면 믿음을 가지고 크든 작든 하나님께서 주신 사명에 최선을 다해야 한다(마 25:21).

III. 모든 선한 일이 예비함이 되는 그릇(21절)

21절에 "모든 선한 일에 예비함이 되리라" 디도서 3:1절에 "모든 선한 일 행하기를 예비하게 하며" 모든 선한 일이 쓰여질 수 있도록 주인의 손만 기다리는 준비된 그릇을 의미한다. 선한 일에 예비되려면 ① 기도로 준비해야 한다(삼상 7:5, 왕상 18:41-45). ② 연단과 고난으로 준비해야 한다. ③ 봉사로 준비해야 한다. 우리는 하나님 앞에 부름 받은 교회의 그릇이다. 귀하게 쓰임 받는 성도들이 되자.

디모데후서 2장 22-26절

주를 깨끗한 마음으로 부르자

"네가 청년의 정욕을 피하고"(22절) 바울은 본문에서 디모데가 버려야 할 것을 말한다. '청년의 정욕'은 단순히 성적인 욕망뿐만 아니라 지나친 식욕, 명예욕 등을 가리킨다. "주를 깨끗한 마음으로 부르는 자들과 함께 의와 믿음과 사랑과 화평을 좇으라"고 사도 바울은 청년목회자 디모데에게 부탁했다.

I. 의를 좇으라

바울은 본문에서 디모데가 추구해야 할 덕목을 말하고 있다. '의'는 하나님의 뜻과 부합되는 마음의 상태를 의미한다. 예수 그리스도를 말미암아 하나님께로부터 난 의를 말한다. 성도들 상호간에 지켜야 할 신의(信義)를 가리킨다. 성도들은 서로 신의를 가지고 살아간다.

II. 믿음을 좇으라

'믿음'은 하나님께 대한 겸손하고 전적인 신뢰를 의미한다. 히브리서 11:1에 "믿음은 바라는 것들의 실상이다" 믿음은 현재 보지 못하는 미래의 세계를 현재 보는 것처럼 하나님을 신뢰하는 것이다. 어느 날 여호와께서 아브라함에게 이렇게 말씀하셨다. "너는 너희 본토와 친척 아비 집을 떠나…너는 복의 근원이 될찌라"(창 12:1-) 아브라함은 그 말씀을 믿고 순종했다. 그 결과 믿음의 조상이 되는 축복을 받았다.

III. 사랑을 좇으라

'사랑'은 원수까지도 자비의 대상으로 삼는 형제에 대한 깊은 애정을 의미한다. 요한복음 15:13절에 "사람이 친구를 위하여 자기 목숨을 버리면 이에서 더 큰 사랑이 없느니라" 말과 혀로만 사랑하지 말고 오직 행함과 진실함으로 피차 사랑하라.

IV. 화평을 좇으라

'화평'은 모든 그리스도인들 간의 평화롭고 완전한 상호 이해를 의미한다(마 5:9, 요 13:31, 롬 12:18). 화평은 성령의 열매(갈 5:22)로 이것도 사랑의 산물로 이루어진다. 그래서 바울은 에베소교회를 향하여 "평안의 매는 줄로 성령이 하나 되게 하신 것을 힘써 지키라"(엡 4:3)고 했다. 교회가 화평할 때 은혜가 넘치고 부흥된다.

디모데후서 3장 1-5절   년 월 일

말세에 나타날 현상

오늘 많은 사람들은 말세라고 탄식한다. 예수께서 친히 아버지 외에는 '그 날과 그 때는 아무도 모른다'(마 24:36)하셨다. 그러나 성경에서는 말세의 징조들에 대해서 말해 주고 있다(신 31:29, 마 24:12). 사도 바울도 본문에서 말세는 고통하는 때가 될 것이라고 디모데에게 알려 주고 있다. "사람들은 자기를 사랑하며 돈을 사랑하며 자긍하며 교만하며…거룩하지 아니하며"(2절)라고 하였다.

Ⅰ. 말세의 증거

말세의 증거는 ① 사람들이 자기를 사랑한다. '자기를 사랑하는 자'는 그리스도와의 교제가 단절된 자이다(눅 14:26). 가인은 자기만을 사랑하다 동생 아벨을 죽임으로써(창 4:8) 인류의 역사를 피로 점철되게 만들었다. 에서는 자기 배만을 채우려다 동생 야곱에게 장자권을 빼앗겼다(창 27:36). ② 돈을 사랑한다. 오늘날은 황금만능시대로 돈 자체를 우상화 시키고 있다. "돈을 사랑함이 일만 악의 뿌리가 되나니 이것을 사모하는 자들이 미혹을 받아 믿음에서 떠나 많은 근심으로써 자기를 찔렀도다"(딤전 6:10). ③ 극단적인 이기주의와 개인주의들이 팽배하게 된다. 그래서 자긍과 교만과 자고가 난무하며 화목하지 못하고 싸움만 있게 된다(2,3절). 그러므로 우리 성도들은 양심을 바르게 하여 빛과 소금의 역할을 다해야 한다.

Ⅱ. 경건의 위기

본문에서 "쾌락을 사랑하기를 하나님 사랑하는 것보다 더하며 경건의 모양은 있으나 경건의 능력이 없다"고 했다(4,5절). 여기 "경건의 모양"은 외형적이며, 가식적인 것으로서 혹자는 유대인의 율법주의를 뜻한다고 본다. 참된 경건은 하나님을 아버지로 섬기며 순종하며 존경하며 두려워하는 것이다. "나는 길이요 진리요 생명이니 나로 말미암지 않고는 아버지께로 올 자가 없느니라" 경건은 하나님 앞에서 우리 자신이 얼마나 가치 없고 부족한 존재인가를 인정하고 그의 자비하심에 온전히 자신을 의탁하는 것이다. 그러므로 경건은 신앙 안에서 이루어지고 유지되며 말씀의 성취를 위해 순종하는 생활이다. 사도 바울은 우리들에게 말세의 형상들에 현혹되지 말고 "이같은 자들에게서 돌아서라"(5절)고 했다. 여기 '돌아서라'는($ἀποτρέπου$, 아포트레푸) 등을 돌리다 거짓교사들과 관계를 맺지 말라는 말이다.

디모데후서 3장 10-14절

배우고 확신한 일에 거하라

"너는 배우고 확신한 일에 거하라"(14절) 여기서 "거한다"는 말은($μέve$, 메네) '끝까지 그 상태를 유지하며 머무르라'는 의미이다. 당시 신자들 중에 유대 출신의 개종자들은 자신들의 율법을 숭상하기도 하였으며 이방 출신 개종자들은 영지주의(Gnosticism)의 유혹에 넘어가곤 하였다. 그래서 바울은 디모데에게 복음의 바른 진리를 굳게 믿고 신앙을 지킬 것을 권면한다.

I. 배우라(14절)

14절 "뉘게서 배운 것을 알며" 디모데는 성경의 기본적인 진리를 그의 외조모 로이스와 어머니 유니게로부터 배웠으며(1:5), 예수 그리스도에 관한 복음의 진리는 바울로부터 배웠다(10,11절, 행 14:12). 여기 '배우라' 이 말은 말씀 그대로 그리스도를 배우라는 것이다. 예수 그리스도를 배우는 것은 매우 다양하다. 여기서는 겸손과 사랑의 정신을 배우라고 강조하고 있다. 예수께서 "수고하고 무거운 짐진 자들아 다 내게로 오라 내가 너희를 쉬게 하리라 나는 마음이 온유하고 겸손하니 나의 멍에를 메고 내게 배우라 그러면 너희 마음이 쉼을 얻으리니"(마 11:28-29). 주님의 멍에는 쉼과 화평을 준다. 온유와 겸손을 배우게 하신다.

II. 확신하라

우리에게 필요한 것은 하나님에 대한 절대적 확신이다. 신앙에 확신이 있는 사람은 자신이 하는 일에 대해 보람과 희열을 느낀다. 때로는 인간의 지식으로는 이해도 안 되고 맞지도 않는 것들이 있지만 그래도 믿어야 한다. 믿음은 능력이기 때문이다. 성경이 믿어져야 한다. 그래야 확신이 있다.

III. 증거하라

성도들은 확신을 가지고 증거하는 자들이다. 예수 그리스도는 하나님의 아들로서 이 땅에 오셔서 우리의 죄를 위하여 십자가에 달려 죽으시고 장사한지 사흘 만에 부활하사 하늘로 승천하셨다. 하나님 보좌우편에 앉아 계시며 우리를 사랑으로 지켜주시고 장차 재림의 주로 이 땅에 오셔서 심판하신다. 이러한 사실을 증거할 때 하나님의 영광이 나타나고 우리에게는 축복이 된다.

디모데후서 3장 14-17절

하나님의 말씀인 성경

영국의 왕 죠지 5세는 "성경은 영국에 있어 가장 귀한 보배이며 세상에서 가장 귀중한 것이다"라고 했다. 링컨도 "인류창조이래 하나님의 최대의 선물은 곧 성경이다"고 했다. 이 세상에는 '코란' '불경' '논어' 등 많은 책들이 있다. 그러나 하나님의 말씀인 성경만큼 가장 위대하고 소중하고 보배로운 책은 없다. 왜냐하면 성경은 인간의 모든 요구를 충족시켜 주기 때문이다. 오늘 본문에서 사도 바울은 하나님의 말씀인 성경에 대하여 어떻게 교훈하고 있는지 살펴보자.

I. 성경은 하나님의 감동으로 되었다.

16절 "모든 성경" ($πᾶσα\ γραφή$, 파사 그라페)은 모든 책으로 구약성경을 의미한다. "하나님의 감동으로 된 것으로" "하나님의 감동"은($θεόπνευστος$, 데오프뉴스토스) 하나님께서 호흡하시는 의미로 사람이 하나님의 생기로 생령이 된 것같이 (창 2:7) 성경의 말씀도 하나님의 영감으로 되었음을 의미한다. 이것은 성경의 절대영감설을 뒷받침해 주는 근거가 된다(16:17, 벧후 1:21). 하나님께서 영감을 주셨기 때문에 성경의 저자는 하나님 자신이며 인간은 다만 하나님의 영감을 받아 적는 도구에 지나지 않는다. 베드로후서 1:21절에도 "예언은 언제든지 사람의 뜻으로 낸 것이 아니라 오직 성령의 감동하심을 입은 사람들이 하나님께 받아 말한 것임이니라"

II. 성경은 우리를 구원으로 인도한다(15절).

하나님께서 성경을 우리에게 주신 목적은 모든 사람들로 하여금 구원에 이르게 하는 지혜를 얻게 하기 위함이다(시 19:7, 롬 11:11, 빌 1:19).

III. 성경은 교육과 선행의 표준이 된다(16,17절).

여기 '교육'은 자아완성을 의미한다. 사상가 루소(Rousseau)는 '교육의 목적은 기계를 만드는 것이 아니라 인간을 만드는 것이다'고 했다. 여기 '교육하기에' ($παιδεία$, 파이데이아)는 모든 삶 가운데 어린아이를 올바로 교육하고 훈련시키는 것을 의미한다. 성경은 우리에게 삶의 유익과 구원을 주는 하나님의 감동으로 된 정확무오한 하나님의 말씀이다. 주님께서도 "천지가 없어지기 전에는 율법의 일점일획이라도 반드시 없어지지 아니하고 다 이루리라"(마 5:18).

| 년 월 일 | 디모데후서 4장 1-2절 |

성도의 사명 (말씀을 전파하라)

복음전파는 주님의 지상 명령이요, 우리의 지상 최대의 사명이다. 예수님은 "너희는 온 천하에 다니며 만민에게 복음을 전파하라"(막 16:15)고 하셨다. 사도 바울도 "하나님의 복음을 위하여 택정함을 입었으니"(롬 1:1) 복음을 전파하는 일이 지상 최대의 사명인가? 그것은 복음이 인류의 구원과 천국의 소망이기 때문이다.

I. 긴급하게 전파해야 한다(2절).

2절에 "너는 말씀을 전파하라 때를 얻든지 못 얻든지 항상 힘쓰라" 했다. 여기 '전파하라'(κήρυζον, 케릭손)는 대중 앞에서 선포하라는 의미로, 바울은 디모데에게 그리스도 안에서 이루신 하나님의 구속사역을 모든 사람에게 담대히 전할 것을 명령한다. 예수께서 "손에 쟁기를 잡고 뒤를 돌아보는 자는 하나님 나라에 합당치 아니하니라"(눅 9:62) 전도를 해야 되는데 어떤 사람은 시간이 없다고 한다. 그러나 '주님은 도적같이 임하신다' 고 했다(계 3:3). 그러므로 우리는 죽어가는 영혼을 구원하기 위해 긴급하게 복음을 전파해야 한다.

II. 인내를 가지고 전파해야 한다(2절).

"범사에 오래 참음으로" 복음을 전파하라고 했다. '오래 참음' 은 죄인을 대하시는 하나님과 그리스도의 속성과 태도로서(롬 2:4, 9:22, 고후 2:5-11) 죄인들이 복음을 거부하고 받아들이지 않을지라도 인내함으로 전해야 하는 그리스도의 자세를 나타내고 있다. 우리가 복음의 씨만 뿌려 놓으면 그 결실은 하나님이 하신다(요 4:36,37).

III. 지혜롭게 전파해야 한다.

본문에서 "가르침으로 경책하며 경계하며 권하라"고 했다. ① '가르침' 은 복음을 전파하는 방법을 의미한다. ② '경책하며' 는 사람들이 회개할 수 있도록 증거를 제시하여 뼈져리게 죄를 각성시킴을 뜻한다(요 16:8). ③ '경계하며' 는 앞의 경책하며와 비슷한 말로서 비난하다, 혹은 벌하다의 뜻을 갖는다. 이는 죄인을 경책하는 과정에서 호되게 책망함을 뜻한다(고후 2:6) ④ '권하라' 는 용기를 북돋우다, 위로하다라는 뜻으로 그릇된 길로 가는 자를 책망할 때 사랑으로 하는 것을 의미한다(고전 5:1-8,13).

디모데후서 4장 6-8절

바울의 고별사

오늘 본문을 통해서 바울의 고별사에 대하여 함께 은혜 받기 원한다.

I. 선한 싸움을 싸웠노라

7절 "내가 선한 싸움을 싸우고" 했다. 여기 '선한 싸움'은 ($ἀγῶνα$, 아고나) 전장에서 병사들이 싸우는 것을 의미 한다(고전 9:24,25, 빌 3:12,14, 히 12:1-4). 선한 싸움이란 생존을 위한 처절한 혈투가 아니라 복음 전파를 위한 믿음의 싸움이다. 바울은 디모데전서 6:12절에 "디모데에게 믿음의 선한 싸움을 싸우라"고 했고 본문 7절에서는 자신도 "선한 싸움을 싸웠노라"고 고백하고 있다. 성도들도 복음을 전할 때 항상 외부의 불신세력의 도전을 받게 된다. 빛과 어두움이 함께 할 수 없기 때문이다(요 15:18-20). 그러므로 우리는 환난과 핍박에서 담대히 싸워 이겨야 한다(요 16:33). 이 싸움은 사탄과의 싸움이기 때문이다. 바울은 이러한 선한 싸움에서 이겨냈다.

II. 나의 달려갈 길을 마쳤노라

7절에 "나의 달려갈 길을 마치고" 했다. '달려갈 길'은 ($δρόμον$, 드로몬) 마라톤 경기에서 정해진 경주 코스를 말한다. 이것은 하나님께서 바울에게 맡기신 사명을 비유한 말로서 바울이 사역을 감당하기 위해 애쓰며 살아온 전 생애를 상징한다(행 20:24, 갈 2:2). 한편 '마치고'는 바울이 경주에서 승리했다는 말이 아니라 포기하지 않고 끝까지 달렸다는 것을 의미한다.

III. 믿음을 지켰노라

7절에 "믿음을 지켰으니" 했다. '지켰으니'는 군인이 상관에게 충성을 지켰다는 의미이다. 올바른 교의를 지켰다는 의미이다. 사단의 끊임없는 도전과 생명의 위협까지 겪으면서도 믿음을 지켰으니 얼마나 위대한가? 바울은 다메섹에서 예수를 만난 이후 믿음을 져버리지 않고 주님께 충성을 다했다. 그는 어떤 환난도 핍박도 고난도 훼방도 유혹에도 굴하지 않고 믿음을 굳게 지켰다. "이제 후로는 나를 위하여 의의 면류관이 예비되었으므로"(8절) '면류관'($στέφανος$, 스테파노스)은 당시 운동경기에서 승리자에게 주는 것으로 월계수, 상수리나무 등의 잎을 엮어 만들었다. 우리도 바울처럼 이렇게 자신 있게 대답할 수 있기를 바란다.

디모데후서 4장 9-18절

어서 속히 내게로 오라

"너는 어서 속히 내게로 오라"(9) 사도 바울이 디모데에게 속히 오라고 한 이유는 무엇인가? 바울이 디모데와의 재회를 애타게 기다린 것은 ① 디모데의 애정어린 눈물에 마음이 강하게 끌렸기 때문이요, ② 2차로 투옥되어 죽음을 기다릴 뿐만 아니라 자신을 따라 다니던 사람들이 모두 떠나고 누가만 남아 있는 외로운 상황에서 디모데를 만나 봄으로 기쁨을 회복하기 위해서이다.

I. 동지의 힘

10절 "데마는 이 세상을 사랑하여 나를 버리고 데살로니가로 갔고" '데마'는 초기에 바울의 동역자였으나(골 4:14, 몬 24) 후에 세상을 사랑하여 실패한 자였다. 데마는 그리스도보다 세상을 사랑하여 그리스도에 대한 믿음을 저버렸다. 왜냐하면 두 주인을 섬길 수 없기 때문이다(마 7:22,23, 딤전 6:17). 데마는 바울을 버리고 데살로니가로 갔다. "그레스게는 갈라디아로" '그레스게'는 신약성경에서 이곳에만 언급되는 인물로 더 이상 알려진 바가 없다. '디도는 달마디아로 갔고' '달마디아'는 아드리안 연안 동쪽에 있는 일루리곤(Illyricum)에 속해있는 한 지역으로서 바울이 이미 개척해 두었던 곳이었다(롬 15:19). 디도가 달마디아로 파송된 것은 그곳에서 바울의 사역과 연관된 것 같다.

II. 누가

11절에 "누가만 나와 함께 있느니라" 누가는 사도행전의 저자이며, 의사이다(골 4:14). 그는 바울의 2차 전도여행 때부터(행 16:10) 바울과 더불어 활동했으며 아시아 (행 20:6) 예루살렘(행 21:25) 등지에서도 바울의 신실한 동역자로서 함께 복음을 전파했다. 바울이 로마 감옥에 있을 때 누가를 통해서 바깥세계를 접촉할 수 있었으며 또한 누가가 본서신의 전달자였다. "네가 올 때에 내가 가보의 집에 둔 겉옷을 가지고 오고"(13절) 여기 '겉옷'은($\phi\alpha\iota\lambda\acute{o}\nu\eta\nu$, 파일로넨) 외투를 가리킨다. 바울은 로마 감옥에서 맞은 추운 겨울을 대비하기 위해서 디모데에게 '겉옷'을 가지고 오라고 부탁한 것이다. "또 책은 특별히 가죽종이에 쓴 것을 가져오라" 여기 '책'은 성경책 아니면 로마시민권이 아니겠는가? 그러나 확실한 것은 알 수 없다.

디모데후서 4장 19-22절 　　년　월　일

겨울이 오기 전에

"브리스길라와 아굴라"(19) 브리스가와 아굴라는 본도(Pontus) 출신으로 로마에 살았으나 글라우디오 황제의 반(反) 유대주의 정책으로 거기서 쫓겨나 고린도에 머물게 되었다. 이들은 장막 제조업자로 바울과 동업했으며(행 18:1-3), 바울의 전도 여행에 동행하였다(행 18:18). 그들은 바울의 동역자로서 활동했고 자신들의 생명을 바칠만큼 헌신적으로 바울을 도왔다(롬 16:3,4).

한편 브리스길라와 아굴라의 이름이 신약성경에 여섯 번 나타난다(19절, 행 18:2, 18,26, 롬 16:3, 고전 16:19). 이 중에 네 번이 브리스길라가 먼저 나온다(19절, 행 18:18, 26, 롬 16:3). 이것을 보면 브리스길라가 남편 아굴라보다 월등하게 복음선교를 위해 더 충성 봉사한 것 같다(행 18:23-28). '오네시보로의 집에 문안하라' 오네시보로는 바울이 로마감옥에 갇혔을 때 특별히 바울을 도왔으며, 에베소에서도 바울을 섬겼다(딤후 1:16-18).

I. 겨울이 오기 전에 어서 오라

21절에 "겨울 전에 너는 어서오라" 바울이 디모데에게 겨울 전에 오라고 재촉하는 이유는 지중해 전역에서 겨울철(10월부터 4월사이)에는 파도가 높아서 항해하기 어렵기 때문이며(행 27장), 또 자신의 죽음이 얼마 남지 않았음을 알고 있었기 때문이다(6절).

"으불로와 부데와 리노와 글라우디아와 모든 형제가 다 네게 문안하느니라" 여기에 언급된 네명의 사람들과 모든 형제들은 로마교회의 교인들이었다. 본절의 11절의 '누가만 나와 함께 있느니라'와 모순되는 것 같으나 11절에서는 동역자를 언급한 것이며 여기서는 단순한 교우로서 언급된 것이기 때문에 문제 될 것은 없다. '리노'는 로마교회 전승에 의하면 베드로의 뒤를 이은 로마교회의 최초의 감독이었다.

II. 기회가 있을 때 오라

"천하에 범사가 기한이 있고 모든 목적을 이룰 때가 있다"(전 3:1). 씨를 뿌릴 때가 있고 거둘 때가 있으며 일할 때가 있고 쉴 때가 있다. 세월은 사람을 기다려 주지 않는다. "지금은 은혜 받을 만한 때요 구원의 날이로다"(고후 6:1-2).

디 도 서

디도서 서론 | 청지기의 사명 | 책망할 것이 없는 하나님의 청지기 | 그레데의 거짓 교사들 | 노년기 성도의 인격과 삶 | 충성의 사명을 다하라 | 구원을 주시는 하나님의 은혜 | 성도의 생활 | 이단을 배격하라 | 성령으로 거듭난 신앙 | 바울의 최후의 인사

디도서

디도서 서론

본 서신의 저자는 사도 바울이다(1:1-4). 본 서신의 수신자는 디도라는 한 개인으로 되어있다(1:4). 디도는 헬라사람으로 할례를 받지 않았지만, 예루살렘 총회(A.D. 50년경)때 바울과 바나바와 함께 참석했던 사실을 보면, 그 이전부터 신앙생활을 하고 있었음을 알 수 있다(갈 2:1-5).

디도는 바울의 제2차 전도여행(행 15:36-18:23) 이후 그와 계속 동행하였으며, 고린도에 파송되기도 하고(고후 7:6, 8:6), 그레데 교회를 돌보기도 하였다(1:5). 이렇게 오랫동안 바울과 동역한 디도는 바울에게 참아들(1:4), 동무, 동역자(고후 8:23)라고 불릴 정도로 바울의 많은 사랑과 신임을 받은 신실한 주의 종이 되었다.

본 서신이 언제 어디서 기록되었는지 정확히 알기는 어렵다. 사도행전 28:30, 31에 나타난 기록이 바울의 신변에 관한 최후의 기록이 아니므로 바울이 1차 체포되었다가(빌 1:12-14), 2~3년 뒤에 석방되어 다시 선교하다가 재차 투옥되어 로마에서 순교하기까지 중간 선교지역과 그 기간에 본 서신을 기록한 것으로 추정된다. 그렇다면 본 서신은 A.D. 66년 초에 디모데전서가 기록된 장소인 마게도냐에서 기록된 것으로 추측된다.

본 서신이 기록된 당시의 그레데 교회는 상당히 혼란스럽고 믿음의 선한 행위가 없었기에 교회 내의 질서 확립과 바른 신앙관의 정립이 시급한 상태였다(1:10-13, 2:1-10). 그래서 그레데 교회에서 목회하는 디도에게는 올바른 권면과 격려가 필요하였다. 바울은 디도에게 장로의 자격, 거짓 교사들에게 취할 자세, 신앙윤리, 복음내용, 이단에 대한 태도 등을 자세히 기록하여 보냈다.

본 서신의 주제는 "선한 생활과 올바른 믿음"이다(1:16). 오늘 우리는 하나님의 은혜로 구원받은 사람들이다. 그러므로 우리의 믿음과 선행을 통해서 하나님께 영광을 돌려야 한다. 구원의 결과로서의 성도의 선행은 본서 전체를 통해 거듭 강조되고 있다. 사도 바울은 디모데에게 모든 성도들의 삶 속에 구체적인 변화가 일어나도록 진리의 말씀으로 그들을 잘 권면해야 할 책임이 있음을 말하고 있다. 그리스도의 은혜와 성령의 역사로 말미암아 구원 받은 성도들은 모든 생활에 모범이 되어야 하며, 교회운동을 통하여 하나님 나라를 확장해 가야 한다.

디도서 1장 7절

청지기의 사명

'청지기'에 해당하는 헬라어 오이코노몬(οἰκονόμον)은 재산을 관리하는 종을 의미한다(Grosheide). 감독은 하나님의 집인 교회(딤전 3:15)를 관리하고 통치하는 직분이다(Calvin). 청지기란 이름은 구약시대부터 내려왔다. 그 뜻은 '집 맡은 자, 재산관리자'라는 뜻으로, 큰집에는 여러 종(하인)이 있다. 청지기는 그중에서 높은 지위에 있고, 그 종들의 전체를 책임져야 하는 막중한 자리이다.

I. 청지기의 사명

1. 하나님의 청지기

일반적으로 청지기하면 보통 개인 부잣집에 많은 종(하인)들을 의미한다. 하나님의 청지기라고 하면 교회의 직원(일꾼)을 말한다. 어떤 직분이라고 정확히 지목하기는 어렵다. 어떤 의미에서는 목사나 전도사와 같은 교역자에 해당될 수도 있고, 장로나 안수집사, 기타(권사, 집사, 서리집사, 권찰)도 하나님의 교회 살림을 맡아 관리하는 일꾼들이니 다 하나님의 청지기라고 할 수 있다(눅 12:42, 벧전 4:10).

2. 교회의 청지기는 기둥으로서 견고해야 한다.

갈라디아서 2:9절에 '기둥 같이 여기는 야고보' "이 집은 살아계신 하나님의 교회요, 진리의 기둥과 터니라"(딤전 3:15). 요한계시록 3:12절에 '이기는 자는 내 하나님 성전의 기둥이 되게 하리라'

3. 교회의 기둥감은…

① 곧아야 한다. ② 굵어야 한다. ③ 튼튼해야 한다. ④ 가지를 다듬어야 한다. 혈기의 가지, 인색의 가지, 원망과 불평의 가지, 욕심의 가지, 정욕의 가지 "너희는 유혹의 욕심을 따라 썩어져가는 구습을 쫓는 옛사람을 벗어버리고…"(엡 4:21)

II. 청지기는 책망할 것이 없어야 한다(7절).

감독은 신약성경에서 이방인 교회에만 관련되어 나타난다(행 20:28, 빌 1:1, 딤전 3:1,7). 이 직분은 5절에 언급된 장로와 동일한 직분이다. 청지기의 직분을 맡은 것은 귀하다. 그러므로 책망할 것이 없도록 그 사명에 충성해야 한다. "…맡은 자들의 구할 것은 충성이니라."(고전 4:2). 하나님의 청지기로서 피선된 것을 영광으로 생각하고 최선을 다하여 그 임무를 수행하여 칭찬받는 성도들이 되자.

디도서 1장 6-8절

책망할 것이 없는 하나님의 청지기

'장로'(πρεσβύτερος, 프레스뷔테로스)에 대한 언급은 신약성경에서는 사도행전 11:30에 처음 나타난다. 사도행전 14:23절에 보면 바울은 전도여행 중 바나바와 함께 장로들을 임명하였었다. 초대교회의 장로된 자들은 '감독자'(행 20:28) 혹은 '수고하는 자'(고전 16:16) 등으로 불린 자들과 동일한 직책을 맡은 자들이다. 이들은 주로 설교, 교훈, 치리, 훈련 등 교회의 성숙을 위해 여러 가지 필요한 봉사의 사역을 감당했다.

I. 장로의 자격(6-7절)

'장로'는 6절의 말씀처럼 사회에서나 교회에서 책망 받을 것이 없어야 한다. 여기 '책망할 것이 없고'는 어떠한 잘못이나, 오류, 또는 비난받을만한 것이 조금도 없음을 의미한다. 신앙생활에서 타인에게 흠 잡힐 데가 없어야 함을 시사한다(딤전 3장). 장로의 자격에 대하여 디모데전서 3장에 잘 나타나 있다. 장로는 교회의 지도자요, 교회의 어른이므로 연세도 어느 정도 있어야 한다. 가정에 있어서 한 아내의 남편이어야 하며, 자녀를 신앙 안에서 잘 다스려야 한다. 또한 술 취하거나 방탕해서는 안 된다. 성격에 있어서도 자기 고집대로만 해서는 안 된다. 급히 화를 내어 일을 성급하게 처리해도 안 되는 것이다. 에베소서 5:18절에 "술 취하지 말라 이는 방탕한 것이니 오직 성령의 충만을 받으라." 장로는 더러운 이(利)를 탐하지 말아야 한다. 모세의 장인 이드로도 '지도자는 불의한 이(利)를 미워해야 한다'(출 18:21)고 하였다.

II. 장로의 사명(7-8절)

장로의 사명은 교회를 돕는 일이다. 바른 교훈으로 가르치며, 행동으로 본을 보여주어야 한다. 잘못된 자를 보면 권면하고 책망해서 바로 걷도록 해야 한다. 또 교회 안에 어려운 일이 있으면 힘써 도와야 한다. 장로는 교회의 기둥으로써 교회의 부흥을 위하여 기도, 전도, 봉사, 섬김에 있어 제 고집만을 내세우지 말아야 한다(7절). 고집에는 자만과 오만과 경멸이 내포되어 있기 때문이다. 또한 장로는 급히 분을 내지 말아야 한다. 장로는 근신하며, 의로우며, 거룩하며, 절제하여야 한다(8절). 장로는 주님의 몸된 교회를 위해 죽도록 충성하며 섬겨야 할 청지기이므로 생활과 인격이 훌륭해야 한다.

| 년　월　일 | 디도서 1장 10-16절 |

그레데의 거짓 교사들

　디도는 본래 할례 받지 아니한 헬라인으로 예루살렘대회에 참석한 것으로 보아 그보다 앞서 신자가 된 것이 분명하다. 바울은 제1차 로마 옥중생활을 마치고 서바나에까지 전도하고 동방교회를 돌아보는 중에 그레데까지 가서 디도를 그레데교회 목회자로 임명하고 떠났다. 디도는 바울전도단의 일행이요, 사역을 승계하는 뜻에서 디모데와 같이 "내 참아들아"라고 불렀다(딛 1:4). 디도서는 디모데전후서와 같이 목회서신에 속한다. 바울 당시에도 많은 거짓 교사들은 어떤 사람들이며, 이들에 대한 대책은 어떠했는지 함께 생각해보겠다.

I. 거짓 교사들의 특성

　"거짓 교사"란 구약의 거짓선지자를 뜻한다(벧후 2:1). 이들의 특성은 ① 하나님 외에 다른 신을 섬기도록 유혹하며(신 13:12), ② 하나님의 이름으로 거짓을 예언한다(렘 14:14, 29:9). 사도 바울은 이러한 거짓 교사들은 '복종치 아니하고 헛된 말을 하며 속이며 더러운 이(利)를 취한다'고 하였다(10-11). '헛된 말'($\mu\alpha\tau\alpha\iota o\lambda \acute{o} \gamma o\iota$, 마타이올로고이)은 빈말 혹은 유익이 없는 말을 뜻한다. 이는 헛된 말을 통해서 사람들을 현혹시켜 잘못된 길로 가게 하는 것을 뜻한다. 특히 시한부 종말론 등을 주장하는 이단주의자들 중에 더러운 이를 취하는 거짓 교사들이 많이 있다. 그러므로 우리 성도들은 이들의 감언이설에 넘어가지 않도록 주의해야 한다. 거짓 교사들은 집들을 온통 뒤집어엎는다(11절). 거짓 교사들은 거짓말쟁이며 악한 짐승이며, 배만 위하는 게으름쟁이다(12절).

II. 거짓 교사들을 어떻게 할 것인가?

　거짓 교사들에 대하여 어떻게 대처해야 할 것인가? 바울은 디모데에게 "그들로 하여금 회심케하고 온유함으로 대하라"(딤후 2:25)고 했고, 본문에서는 "저희의 입을 막고…"(11절) "저희를 엄히 꾸짖으라"(13절)고 디도에게 가르치고 있다. 여기 "입을 막으라"($\epsilon\pi\iota\sigma\tau o\mu \acute{\iota} \zeta\epsilon\iota\nu$, 에피스토미제인)는 '입에 자갈을 물리는 것'으로 출교(딤전 1:3,4, 딤후 3:5)나 '정죄'(딤전 6:5)를 통해서 설 곳을 주지 말라는 뜻일 것이다. 목회자는 교회의 질서를 바로 잡아야 한다. 거짓 교사들의 행위를 단호히 막아야 한다. 성도는 늘 깨어 기도하며 분별의 은사를 받아 적들을 물리쳐야 한다.

디도서 2장 1-3절

노년기 성도의 인격과 삶

인격은 그 사람의 됨됨이를 말해준다. 인생에 있어서 가장 중요한 시기는 노년기이다. 왜냐하면 노년기에는 모든 것을 정리하고 결실을 맺어야 하기 때문이다. 사람의 인격은 꽃향기와 같아서 좋은 인격은 향기를 발하여 사회에 덕을 끼치지만, 나쁜 인격은 악취를 발하여 사회와 교회에 폐를 끼치게 된다. 사람은 누구나 좋은 인격을 가지려고 노력한다. 그러나 좋은 인격은 하루아침에 이루어지는 것이 아니다. 오늘 본문에서 사도 바울은 성도들이 갖추어야 할 덕목에 대해서 교훈하고 있다.

I. 노년기의 성도에게 주는 교훈은 어떤 것인가?

2절에 "늙은 남자로는 절제하며 경건하며, 근신하며, 믿음과 사랑과 인내함에 온전케 하고" 여기 "절제하며"($νηφαλίους$, 네팔리우스)는 생각이나 언행의 절제를 의미한다. 사람들은 나이가 들면 말을 함부로 하고 행동이나 옷차림도 조심성이 없다. 여기 "경건하며"($σεμνούς$, 셈누스)는 위엄이나 품위를 드러내는 것을 의미하며 다른 곳에서는 '단정하고' 로 번역되어 있다(딤전 3:8, 1). "경건한 사람"은 하나님이 자신을 감찰하고 계심을 알며(롬 8:27), 영원한 세계를 소망하게 된다(히 11:13-16).

II. 늙은(노년) 사람이 경계해야 할 것이 무엇인가?

1. 완고한 고집을 버려야 한다.
사람이 늙으면 몸이 굳어지듯이 마음도 굳어지기 쉽다. 나이 많으신 분이 옳지 않은 것을 가지고 고집을 부린다면 그 가정은 불화하게 된다. 불평과 불만이 생긴다. 교회에서도 고집이 너무 세고 완고한 사람이 있으면 은혜롭지 않다.

2. 욕심을 버려야 한다.
사람이 나이가 들면 정욕이나 허영은 줄어든다. 그러나 물질에 대한 애착심, 권세나 명예에 대한 욕심은 늘어나게 된다. "윗물이나 맑아야 아랫물이 맑다"는 속담이 있다. 베드로는 "믿음에 덕을 덕에 지식을 지식에 절제를 절제에 인내를 인내에 경건을 경건에 형제우애를 형제우애에 사랑을 공급하라"(벧후 1:5-7)고 했다.

사람이 나이가 들면 여러 가지 이유로 은퇴를 하게 된다. 그러나 은퇴했다고 해서 일도 안하고 놀면 안 된다. 하나님께서 건강을 허락해 주시는 동안 열심히 일을 해야 한다. 잠언 16:31절에 "백발은 영화의 면류관이라…" 이라고 했다.

디도서 2장 9-10절

충성의 사명을 다하라

오늘 본문의 말씀은 종들이 자기 상전에게 어떻게 행동해야 할지 그 의무를 가르쳤으나 결국 교회의 성도들이 어떻게 충성해야 할 것인가를 권면하는 말씀이다.

I. 충성이란 무엇인가?

"충성"($\pi\iota\sigma\tau\acute{o}\varsigma$, 피스토스)은 신실성이 발견되는 것을 뜻한다. 청지기는 주인 앞에서 신실한 자로 인정받아야 하며, 완전히 신뢰할 수 있도록 최선을 다해야 한다. 고린도전서 4:2에 "…맡은 자들의 구할 것은 충성이다"

충성에 대해서 여러 가지로 정의할 수 있으나 여기서는 실제적인 입장에서 생각해 보자. ① 처음부터 끝까지 잘 해야 한다. ② 칭찬이 없어도 주님이 아시니까 잘 섬겨야 한다. ③ 힘이 들고, 어려워도 주님주신 사명이기에 충성을 다해야 한다. ④ 정성을 다하여 제단(교회)을 섬기고 주의 종들을 섬겨야 한다. ⑤ 원망과 불평하지 말고 받은 은사대로 봉사해야 한다. ⑥ 범사에 순종해야 한다(9). 여기 "범사에"는 ($\acute{e}\nu$ $\pi\hat{a}\sigma\iota\nu$, 엔 파신) '모든 것에 대해서'라는 의미이다. 이것은 종들이 모든 일에 있어서 주인에게 순종해야 함을 강조한다.

II. 오직 선한 충성을 해야 한다(10절).

"…오직 선한 충성을 다하게 하라…" 개역성경에는 '파산' 혹은 '모든 일에' 충성을 다해야 함을 의미한다. ① 자기 상전들에게 범사에 순종하라(9) "범사"란 말은 괴로운 일이든 힘든 일이든 어려운 일이든, 회피하지 말고 충성스럽게 주님을 위해서 일하는 것을 의미한다.

② 거스리지 말고 기쁘게 하라(9). 여기 "거스려 말하지" ($\dot{a}\nu\tau\iota\lambda\acute{e}\gamma o\nu\tau a\varsigma$, 안티레곤타스)는 말대답하다는 의미로 상전에 대한 반대나 저항을 의미한다. 아무리 자신이 바르다고 해도 상전에게 말대답하지 말아야 한다. 어떤 때는 억울하고 기막혀도 거스리지 말고 오직 주인만을 기쁘게 해야 한다.

③ 떼어 먹지 말라(10). 이는 상전의 돈이나, 물건들을 떼어먹지 말라는 것이다. 당시 종들의 경우 대다수가 주인이 운영하는 사업을 맡고 있었기 때문에 흔히 있는 일이었다. "충성을 하라" 여기 "다하라"고 한 말은 책임을 완수하라는 뜻이다. "네가 죽도록 충성을 다하라 그리하면 생명의 면류관을 네게 주리라" (계 2:10)

디도서 2장 11-15절

구원을 주시는 하나님의 은혜

"모든 사람에게 구원을 주시는 하나님의 은혜가 나타나"(11절) "구원을 주시는"($\sigma\omega\tau\eta\rho\iota o\varsigma$, 소테리오스) 이 말은 '소테르'($\sigma\omega\tau\eta\rho$, 구원자)에서 파생된 형용사로서 '해방하다' '석방하다' 라는 의미를 지니며(Simpson), 죄로부터의 해방을 의미한다. "하나님의 은혜"란 예수 그리스도 안에서 새로운 축복이요, 하나님 사랑이다. 구원은 모든 사람에게 주어지는 하나님의 선물이다(엡 2:1-10).

사도 바울은 "나의 나된 것은 하나님의 은혜"라고 했으며(고전 15:10), 에베소서 2:7, 8절에 "그리스도의 은혜로 인하여 믿음으로 구원을 얻음은 하나님의 선물"이라고 했다.

I. 우리를 구속하신 하나님(14절)

"구속사"(Redemption History)란 무엇인가? ① 하나님께서 그의 기쁘신 주권적 의지와 계획을 따라 ② 죄인된 우리를 구원하기위해 ③ 계시하시고(성경) ④ 교회운동을 통하여 ⑤ 성취해 가는 역사적 진행과정을 의미한다.

여기 "구속하시고"($\lambda\upsilon\tau\rho\omega\sigma\nu\tau\alpha\iota$, 뤼트로세타이)는 뤼트로오($\lambda\upsilon\tau\rho\acute{o}\omega$, 속전을 받고 놓아주다) 속전을 치르고 놓아 준다를 의미한다. 예수 그리스도는 친히 우리의 죄를 대가를 치르신 속전이 되셨다. "친히 나무에 달려 그 몸으로 우리 죄를 담당하셨다"(벧전 2:24). 이같은 예수의 구속에 대한 구원은 하나님의 은혜요 사랑이다.

II. 우리를 변화시켜 주시는 하나님

하나님의 은혜로 구원받은 성도는 성결한 삶을 살아야 한다. ① 물질관계에서, ② 이성에 대해서, ③ 명예에 대해서도 깨끗해야 한다. 인간의 3대 욕망은 물욕, 성욕, 명예욕이다. 우리는 이 시험에 들지 말아야 한다.

III. 은혜 받은 결과

① 새로운 희망을 갖게 된다. ② 새로운 인생관을 갖게 된다. ③ 예수 그리스도의 재림을 바라보며 살게 된다. 하나님의 은혜를 받으면 우리의 영혼은 새로운 소망을 가지게 된다. 이 소망이 바로 예수 그리스도의 재림이다(13절). 하나님의 은혜는 지금도 우리 가운데 역사하고 있다.

디도서 3장 1-8절

성도의 생활

우리 성도는 "영적으로 하나님의 자녀요 천국시민이다"(빌 3:20). 동시에 육적으로는 사회의 일원으로서 한 국가의 시민이다. 그러므로 성도는 국가에 대한 의무와 권리가 있다. 오늘 본문에서 사도 바울은 당시 말썽 많고 다투기 잘하고 권위에 복종치 않았던 그레데인들에게 이 교훈을 주고 있다.

I. 집권자에게 복종하라고 하였다(1절).

여기 "정사와 권세 잡은 자들"은 어떤 개인을 지칭하는 것이 아니고 국가의 통치 세력을 의미한다(Hiebert Lenski). 사도 바울은 본 절에서 국가의 통치 권력에 대한 순종을 디도에게 권하고 있다. 당시 그레데인들이 로마의 지배아래 있으면서 많은 소란과 폭동을 일삼았던 것을 염두에 둔 것이다(Scott). 지상국가의 권세는 하나님께서 허락하신 것이기 때문에 통치세력은 하나님의 선하신 뜻에 복종해야 하며, 성도들은 집권자에게 복종해야 하며, 시민으로서의 의무를 다해야 한다.

성도는 천국시민이요(빌 3:20), 이 땅의 시민으로서 의무를 다해야 신앙생활을 할 수 있으며(딤전 2:2), 전도의 문을 넓힐 수 있다(벧전 2:15). 성도는 모든 법을 잘 지켜 예수의 정신과 의를 이 세상에 나타내야 한다.

II. 복음을 담대히 전하라고 하였다(8절).

여기 "굳세게 말하라" 이 말은 거짓 교사를 전제로 하고 있다(Guthrie). 그레데교회는 거짓 교사들이 허탄한 교훈을 전하여 혼란되었기 때문에 디도가 하나님의 구원 사역을 확신 있게 선포하는 것이 필요하였다. "굳세게 말하라"는 말은 "복음"을 담대히 전하라는 의미이다. "복음전파는 주님의 지상명령"(The Great Commission)이다(행 1:8). 또한 성도들의 사명이다. 따라서 우리 성도들은 국법을 준수하고 복종할 의무가 있다. 그리고 사회에 그리스도의 복음을 담대히 전할 사명이 있다.

예수 그리스도의 복음은 사람의 영혼을 구원하고, 부패한 사회를 치유하는 능력이 있다. "세상에는 의인이 없나니 한 사람도 없다"(롬 3:10, 시 14:1-3). 오늘 우리는 예수 그리스도 안에서 새롭게 거듭난 사람들이다(5). 그러므로 누구도 비방하지 말고, 다투지 말고, 관용하고 범사에 온유함을 모든 사람에게 보임으로써 예수 그리스도의 복음을 사회에 전파해야 한다.

디도서 3장 9-11절

이단을 배격하라

바울은 앞 절과는 달리 금지명령을 하고 있다. 본 절에서 바울이 디도에게 금지시킨 명령들은 에베소교회의 디모데에게도 동일하게 주어졌다(딤전 1:3-7). 지금 한국교회는 사이비신앙과 이단들의 시한부 종말론에 휘말려 중병을 앓고 있다. 신실한 성도들도 적지 않은 피해를 당하고 있다. 교회사를 보면 어느 시대나 이단들은 있었다. 초대교회 당시에도 이단은 있었다(벧후 2:1). 오늘 본문을 중심으로 해서 이단이 무엇인지 생각해 보고자 한다.

I. 이단의 정체를 알아야 한다.

"이단"은 ① 거짓선지자(신 18:20-22), ② 거짓목자(슥 11:15-17)를 의미한다.

이단들은 하나님의 말씀을 왜곡하여 전하거나 하나님의 말씀이 아닌 것을 전한다(갈 1:8, 9). 한때 시한부 종말론자들이 성경을 얼마나 왜곡했던가? 아모스 3:7절의 "하나님은 자기 비밀을 그의 종들에게 알리지 않고는 행하시지 않는다"는 구절을 가지고 주님의 재림을 정확하게 언제 온다고 예언하고 있다. 그러나 예수께서 말씀하시기를 "그날과 그때는 아무도 모르나니 하늘에 있는 천사들도 아들도 모르고 아버지만 아시느니라"(막 13:32) 이단자는 성경을 아무렇게나 해석해 버린다.

이단들은 자신을 신격화하고, 더러운 이(利)를 탐한다. 여기 "이단"($αἱρετικόν$, 하이레티콘)은 본래 '견해', '학파', '종파' 등을 의미한다. 그러나 이단자들은 자신의 견해를 고집함으로써 '분파'나 '당파'를 만드는 사람으로 전락했다. 그래서 그들은 '구별하는 사람', '당파싸움을 좋아하는 사람'으로 번역되기도 한다. 본 절에서는 당시 그레데교회의 거짓 교사들을 가리킨다.

II. 이단을 배격해야 한다.

사도 바울은 이단을 지적하면서 "…어리석은 변론과 족보 이야기와 분쟁과 율법에 대한 다툼을 피하라 이것은 무익한 것이요 헛된 것이니라"(9절) '율법에 대한 다툼'은 1장에서 언급된 바와 같이(1:10-16) 그레데에 살던 유대인들의 거짓교훈을 말한다. 유대인들은 안식일의 준수, 할례, 정결례 등에 대한 끊임없는 논쟁으로 다투었고 그 결과 분쟁을 초래하였다. 성도들은 이단의 유혹에 빠지지 않도록 하나님의 전신갑주로 무장해야 한다(엡 6:13).

디도서 3장 5-7절

성령으로 거듭난 신앙

"누구든지 그리스도의 영이 없으면 그리스도의 사람이 아니라"(롬 8:9). 사람은 호흡하며 살아가고 있다. 그러나 그리스도의 영을 받지 않은 사람은 살았다고 할 수 없다. 왜냐하면 그리스도의 영이 없이는 영원한 생명을 얻을 수 없기 때문이다. 성령을 충만히 받아 성령의 이끄시는 데로 살아가자.

I. 성령은 우리에게 능력을 주신다(5절).

성령을 받지 못한 사람은 육신의 정욕을 따라 혈기를 부리며 제 고집대로 제 마음대로 살아간다. 하나님을 기쁘시게 하기 보다는 자신의 정욕대로 살아간다. 그러나 성령을 충만히 받으면 사랑의 사람으로 진리의 사람으로 은혜의 사람으로 능력의 사람으로 살아간다.

디도서 3:5에 "오직 그의 긍휼하심을 좇아 중생의 믿음과 성령의 새롭게 하심으로 하셨나니" 여기 '좇아'($κατά$, 카타)는 기준을 나타내는 것으로 그리스도인의 구원이 하나님의 긍휼하심에 따라 주어진 것임을 의미한다. '긍휼하심'은 앞 절에서 언급한 두 가지 속성, 즉 자비와 사랑을 가리킨다. 하나님께서 죽을 수밖에 없는 인간을 불쌍히 여겨 용서하시고 호의를 베풀어서 구원을 허락하신 것은 구원이 인간의 행위가 아닌 하나님의 은총에 달려있음을 명백히 보여준다(롬 11:6).

II. 성령은 우리의 마음을 새롭게 하신다(5-6절).

디도서 3:5에 "중생의 씻음과 성령의 새롭게 하심으로…" 여기 '씻음'($λουτροῦ$, 루트루)은 '대야' 혹은 '씻는 행위'를 의미한다. 씻음은 종말론적 입장에서 세례(침례)를 의미한다. 사도 바울은 고린도전서 15:10절에서 "나의 나된 것은 하나님의 은혜로 된 것이니" 우리는 성령께서 역사하지 않으면 아무것도 할 수 없다.

III. 성령은 우리를 늘 인도하신다(7절).

"후사가 되는 것이" 하나님의 구원계획의 목적이다. '후사'란 상속자란 의미로 그리스도인들이 더 이상 종이 아니라 그리스도와 함께 상속자가 됨을 나타낸다(갈 4:4-7). 후사된 성도들은 미래에 그리스도와 함께 영광을 누린다(롬 8:17). 성령은 우리를 거룩한 생애로 인도하신다(갈 4:6, 롬 5:5, 엡 4:22-24).

디도서 3장 12-15절

바울의 최후의 인사

사도 바울은 언제나 서신을 마무리하면서 당부와 인사말로 끝을 맺는다.

I. "아데마나 두기고를 네게 보내리니"(12절)

아데마는 '아데미도루스'(Aaremidorus)의 약칭인 것 같다. 아데마에 대해서는 신약에 알려진바 없지만 전승에 의하면 '아데마'는 루스드라의 감독이었다고 한다(Scott). 두기고는 우리에게 잘 알려진 인물이다. 그는 바울과 함께 여러 번 여행하였으며(행 20:4, 엡 8:21, 22, 골 4:7, 8), 바울이 디모데를 불러오기 위해서 에베소에 보낸 동역자였다(딤후 4:12). 한편 바울이 아데마와 두기고 중 누구를 디도에게 보냈는가에 대하여, 혹자는 바울이 로마 감옥에 갇혀 있을 때 디모데를 부르기 위해 두기고를 에베소로 보냈기 때문에(딤후 4:12) 아데마가 그레데에 갔을 것이라고 추측한다(Hervey). "…그때에 네가 급히 니고볼리로 내게 오라" 여기 "그때에"는 아데마나 두기고가 그레데에 도착했을 때를 가리킨다. 이는 바울이 그레데 교회에 교역자를 한시라도 비우지 않으려고 하였음을 보여준다. 바울이 이렇게 한 이유는 그레데 교회에 거짓 교사들이 있어서 교인들을 유혹하였기 때문이다.

II. 교법사 '세나'(13)는 제노도루스의 약칭으로 확실한 것은 알 수 없다.

교법사는 로마의 법률가로 볼 수 있으나 유대교의 율법 교사였던 것 같다(마 22:35). 아볼로는 성경에 능한 자이며, 아가야와 고린도에서 하나님의 도를 가르쳤던 사역자였다(행 18:24-28, 19:1, 고전 1:12, 3:4-6, 4:6, 16:12). 한편 세나와 아볼로는 바울의 파송명령을 받고 파송지로 가는 도중 그레데를 경유하게 되었다. 아마 이때 본 서를 전달했을 것으로 본다. "저희로 궁핍함이 없게 하고"(13절) 본 절은 바울이 디도에게 명령한 것이다.

III. "나와 함께 있는 자가 …너도 문안하라"(15절)

여기 나와 함께 있는 자는 바울과 함께 하는 모든 동역자를 가리킨다. "은혜가 너희 무리에게 있을지어다" 바울은 디도에게 서신을 보내면서 마지막으로 디도와 그레데 교인들을 위해 축도를 하였다.

빌레몬서

빌레몬서 서론 | 예수를 위하여 갇힌 자된 바울 | 저는 내 심복이라 | 형제처럼 영접하라 | 주 안에서 너를 인하여 기쁨을 얻게 하라

빌레몬서 서론

빌레몬서 서론

바울이 골로새에 사는 빌레몬에게 보낸 서신인 본서는 바울의 여러 서신들 중에 가장 짧으며 극히 개인적인 성격을 띠고 있다. 하지만 본서 속에는 비록 노예 신분일지라도 그리스도 안에 있으면 한 형제이므로 사랑안에서 서로 용납하고 받아들여야 한다는 사랑의 윤리가 감동적으로 그려져 있다.

바울의 이러한 권면 속에는 기독교의 참된 정신적 교훈인 화해와 용서라는 사실이 함축되어 있다. 우리 기독교의 진리인 화해와 용서의 정신은 죄로 인해 영원히 죽을 수 밖에 없는 인류를 구원하시려고 자기 몸을 드려 대속의 죽음을 택하신 그리스도의 참된 용서와 신적 사랑에 기인한다.

1. 저자

본서의 저자는 사도 바울이다(1:1, 1:19). 바울은 본서의 서두에서부터 자신이 발신자임을 밝히고 있으며(1:1), 후반부에서는 자신이 친필로 기록했음을 고백하고 있다(1:19). 즉 자신이 갇힌 상태에 있다는 것(1:1,9,10,13), 기도의 부탁(1:22) 그리고 그의 동역자들의 문안인사(1:23,24)를 보면 바울 자신이 본 서신의 저자임을 암시하고 있다.

2. 수신자

빌레몬이라는 한 개인이다(1:4-22, 1:2, 22, 25).

3. 기록장소

본 서신은 로마 감옥에서 기록했다(행 25:11, 28:14-16,23,30,31, 21:17-30, 빌 1:13, 4:22)

4. 기록연대

본 서신의 기록장소가 로마 감옥임을 볼 때 기록연대는 A.D. 61,63년일 것이다.

| 년 | 월 | 일 | 빌레몬서 1장 1-3절 |

예수를 위하여 갇힌 자된 바울

"그리스도 예수를 위하여 갇힌 자된 바울…"(1절) 바울은 일반적으로 다른 서신들에서는 자신을 ① 예수 그리스도의 종(롬 1:1, 딛 1:1), ② 사도로 부르심을 입은 자(롬 1:1, 고전 1:1, 갈 1:1-2), ③ 예수 그리스도의 사도 (고후 1:1, 엡 1:1, 골 1:1, 딤전 1:1) 등으로 소개하는데, 본서에서는 자신을 "갇힌 자"로 소개한다. 여기 "갇힌 자"는 감옥에 갇혀 있는 상태를 의미한다. 바울은 제3차 전도여행(A.D. 53-58)을 마친 후 예루살렘 성도들에게 구제헌금을 전달하기 위해 갔다가 붙잡혀서 약 2년 이상 호송기간을 거쳐 로마감옥에 갇히게 되었고(행 19:21, 21:5, 26-35, 25:11), 바로 그 감옥에서 본서를 기록하였다(1, 9, 10, 23절).

Ⅰ. 그리스도 예수를 위하여 갇힌 자된 바울(1절)

바울의 이러한 표현은 다른 데서도 찾아볼 수 있다. 에베소서 3:1절에 "이러하므로 그리스도 예수의 일로 너희 이방을 위하여 갇힌 자된 나 바울은" 에베소서 4:1절에도 "그러므로 주 안에서 갇힌 내가 너희를 권하노니" 사도 바울은 예수를 위하여 감옥에 갇힌 것을 자랑스럽게 여겼을 것이다.

Ⅱ. 형제 디모데(1절)

"형제 디모데" 바울이 자신과 함께 디모데를 수신자로 언급한 것은 디모데와 빌레몬 사이에 친분관계가 있었음을 말해준다. 디모데는 3년 동안에 에베소에 거주하면서 바울과 함께 사역하였다(창 19:22, 고후 1:1). 아마도 이 기간 동안에 디모데는 빌레몬을 알게 되었을 것이다.

Ⅲ. 우리의 사랑을 받는 자요 동역자인 빌레몬(1절)

"…우리의 사랑을 받는 자요 동역자인 빌레몬" 빌레몬은 본서의 수신자이다. "빌레몬"은 바울의 사랑을 받는 자요, 또 바울을 통해서 예수를 믿게 되었고, 그의 집을 교회로 사용했었다. 바울이 이처럼 빌레몬을 '사랑하는 형제'로 칭찬하면서 서신을 보낸 것은 오네시모를 관대하게 대해주기를 요청하기 위함이다(16, 17).

빌레몬서 1장 8-14절

저는 내 심복이라

"이러므로 내가 그리스도 안에서 많은 담력을 가지고 네게 마땅한 일로 명할 수 있으나 사랑을 인하여 도리어 간구하노니 나이 많은 나 바울은 지금 또 예수 그리스도를 위하여 갇힌 자되어 갇힌 중에서 낳은 아들 오네시모를 위하여 네게 간구하노라"(8-10). "담력"(παρρησίαν, 파르레시안)은 자유나 말의 특권을 의미하는 것으로 (엡 3:12) 사람들에 대한 자신의 개방성과 솔직함을 나타낸다(고후 3:12, 7:4, 엡 6:20, 딤전 3:13). 바울이 타인에 대해 애정을 가지고 마음을 열어 놓고 있음을 의미한다.

I. 마음의 간절한 사랑의 간구(8-9절)

1장 9절에 "사랑을 인하여…" 본 절의 사랑은 빌레몬의 사랑을 의미한다. 바울은 자신의 나이가 많아도 그리스도를 위하여 갇히게 되었다고 상황을 말해 주고 있다. 이런 상황 속에서도 복음을 전하여 갇힌 중에서 오네시모를 얻었다고 말하고 있다. "오네시모"란 이름의 뜻은 유용하다, 쓸모 있다 란 뜻이다. 그는 노예였지만 바울의 복음을 통하여 회개하고 바울의 믿음의 아들이 되었다. 바울은 이러한 심정으로 빌레몬이 알아주기를 명령할 수도 있겠지만 간청하고 있다.

II. 오네시모를 돌려보내려는 바울의 마음(10-13절)

"갇힌 중에서 낳은 아들 오네시모" '갇힌 중에서'는 1:9절에서처럼 바울이 옥중에 있음을 나타낸다. "낳은 아들" 그리스도 안에서 영적 해산의 고통을 통해 오네시모를 개종시켰음을 나타낸다(고전 4:14-17, 갈 4:19, 딤전 1:18, 딤후 2:1). 바울은 "오네시모"를 빌레몬에게 돌려보내면서 "저가 전에는 네게 무익하였으나 이제는 나와 네게 유익하므로"(11절). 오네시모는 브르기아 출신으로 몸이 건강하고 일을 잘하여 몸값이 비싼 노예였다.

여기 "심복"(σπλάγχνα, 스플랑크나)은 문자적으로 내장이나 핵심을 의미하나, 본 절에서는 마음(heart, NIV)을 뜻하며 동시에 바울 자신을 의미한다. 바울이 오네시모를 빌레몬에게 돌려보내면서 오네시모에 대해 "내 마음"이라고 말함으로 마치 자신이 가는 것으로 설명하고 있다. 오네시모는 바울의 심복이었다. 바울 곁에서 수종 들며 충성을 다했다. 바울은 오네시모와 함께 있기를 간절히 원했지만 빌레몬의 승낙 없이는 절대로 함께 있지 않겠다는 의미이다.

빌레몬서 1장 15-17절

형제처럼 영접하라

본 서신은 바울의 저작이다(1:1, 19). 수신자는 '빌레몬'이라는 한 개인이다(1:4-22). 본 서신을 기록한 장소는 A.D. 61-63년에 로마의 감옥에서 기록하였다. 사도 바울이 3차 전도여행을 마치고 예루살렘에 있을 때(행 19:21, 21:17), 잡힌 시기가 A.D. 58년이었다. 바울은 잡힌 후 가이사랴로 호송되어 약 2년을 보냈다(행 24:27). 이때 바울은 자신의 무죄를 증거하기 위하여 가이사의 재판을 호소하여 다시 로마로 호송되어 감옥에 갇히게 되었는데, 이때가 바로 A.D. 61년 경이었다. 그래서 본 서신을 비롯한 옥중서신은 A.D. 62년경에 기록되었을 것으로 추정된다.

이때 바울은 로마의 감옥에서 주인인 빌레몬의 재산을 훔쳐 달아난 노예 오네시모를 만났다. 여기서 바울은 오네시모에게 복음을 전하여 거듭나게 하였다(1:10). 오늘 본문에서도 '오네시모'는 무익한 종이었지만 복음을 통해서 거듭난 뒤 새사람이 되었고, 바울의 인정을 받아 옛 주인에게 보내질 때 영접을 받을 수 있도록 호의를 받았다.

I. 저를 내 동무로 알라(17절)

바울은 빌레몬에게 오네시모를 영접하라고 호소하기 전에 빌레몬과 자신과의 관계를 상기시킨다. "저를 영접하기를 내게 하듯 하고"(17절). 여기 "내게 하듯"에서 바울은 자신과 오네시모를 동일시하고 있다. 이처럼 바울이 빌레몬에게 자신을 영접하는 것과 동일하게 오네시모를 영접해 줄 것을 호소하고 있다(16절).

II. 저를 영접하기를 내게 하듯 하라(17절)

바울은 로마 교인들에게 서로 영접하라고 권면한 바 있다(롬 15:7). "영접"은 성도의 의무이다. "영접"은 극진히 맞아 대접하는 것을 말한다. 사도 바울은 형제 오네시모를 빌레몬에게 보내면서 영접해 줄 것을 당부했다. "…저를 영접하기를 내게 하듯 하라"(17절) 예수님도 "너희를 영접하는 자는 나를 영접하는 것이니라"(마 10:40). "네가 나를 동무로 알진대 저를 영접하기를 내게 하듯 하고"(17절) 여기 "동무"란 말은 같은 길을 걸어가며 이해타산을 초월하며 서로 허물이 없는 부부와 같은 관계를 말한다. 이는 바울이 빌레몬을 향하여 "나와 당신은 같은 뜻과 같은 마음을 가지고 있으리라 믿습니다" 하는 것과도 같다.

빌레몬서 1장 18-22절

주 안에서 너를 인하여 기쁨을 얻게 하라

"저가 만일 네게 불의를 하였거나 네게 진 것이 있거든 이것을 내게로 회계하라" (18) 사도 바울은 자신을 영접하는 것과 같이 오네시모를 영접하기를 호소한 후 이야기를 발전시켜서 오네시모가 도망가면서 빌레몬에게 끼쳤을지도 모를 재산상의 손해에 대한 책임에 대해 언급하고 있다. "저가 만일…네게 진 것이 있거든…내게로 회계하라" 오네시모가 끼친 손해에 대해서 두 가지 견해가 있다. ① 오네시모가 빌레몬의 재산을 가지고 도망을 갔고, ② 오네시모가 도망감으로써 해야 할 일을 하지 못한 손해가 발생했다. 바울은 오네시모가 도망가면서 생긴 손해를 오네시모의 아버지로서 회계할 것임을 빌레몬에게 밝히고 있다.

I. 바울과 빌레몬과의 관계(20-22절)

오네시모는 본래 빌레몬의 종으로서 그의 돈을 훔쳐가지고 로마로 도망쳤으나 로마에서 바울을 만나 전도를 받고 거듭나서 바울이 대변하는 편지와 부탁의 글을 빌레몬에게 써 보냈다. "사랑받는 형제로 영접하라" 보통 사이 같으면 바울이 이런 부탁을 했겠는가?

빌레몬의 오네시모를 과거에는 노예로 취급했었고 지금은 범죄한 사람인데 그런데 오네시모가 예수를 믿고 새사람이 되었으니 사랑받는 형제로 영접하라는 것이다. "나 바울이 친필로 쓰노니"(19절) 본 절 이후의 내용만 바울이 썼다는 견해가 있다 (Dibelius- Greeven Friedrich).

그러나 본 절만을 가지고서는 바울이 전체를 썼는지 나머지는 대필시키고 이 부분만 썼는지 확실하지 않다. "너는 이외에 네 자신으로 내게 빚진 것을" "빚진"이 말은 빌레몬이 바울에게 진 빚이 바울이 오네시모로 인해서 빌레몬에게 갚겠다고 한 빚보다 더 큰 빚임을 암시한다. 이것은 바울이 빌레몬을 믿음 안에서 낳은 영적 아버지임을 암시한다. 바울은 빌레몬이 오네시모를 그리스도 안에서 용납하고 한 형제로 받아드릴 것을 부탁한다.

"나로 주 안에서 너를 인하여 기쁨을 얻게 하고…" (20) 여기 "기쁨"(ὀναίμην, 오나이멘)은 자식의 도리를 언급할 때 사용되었다. 바울은 이 표현을 통해서 빌레몬이 주 안에서 낳은 아들로서 영적 아버지인 자신의 호소에 순종함으로 기쁨이 되게 하기를 바라고 있다.

히브리서

히브리서 서론 | 위대하신 예수 그리스도 | 천사론(天使論) | 천사보다 우월하신 예수 | 큰 구원 | 예수를 깊이 생각하자 | 말씀의 능력 | 때를 따라 돕는 은혜를 받자 | 대제사장이신 예수 그리스도 | 그리스도께서 당하신 고난 | 성도의 사명 | 축복받는 비결 | 멜기세덱의 반차를 좇으신 그리스도 | 새 언약을 세우리라 | 그리스도의 피와 교회 | 생명(피)의 종교 | 한 번 죽은 것은 정하신 것이요 | 성도의 생활 | 모이기를 힘쓰라 | 의인은 믿음으로 살리라 | 능력 있는 믿음 | 하나님을 기쁘시게 하라 | 아브라함의 신앙 | 모세의 신앙 | 얽매이기 쉬운 죄 | 예수를 바라보자 | 참 아들은 징계를 받는다 | 성도의 사명(사랑과 봉사) | 성도의 사명(순종과 섬김)

히브리서 서론

히브리서 서론

본 서신은 일명 '유대교에 대한 변증서'라고 할 수 있다. 구약은 신약의 성취를 대망하며 신약은 구약에 의해서만 사실 여부가 확인되므로 구약과 신약은 뗄래야 뗄 수 없게 연결되어 있다. 구약과 신약의 연결은 예수 그리스도에 의해 이루어져 있음을 보여준다. 본 서신은 누가 썼는가? 한마디로 단정하기 어렵다. 본 서신의 저자에 대해서 여러 학자들이 견해가 다양하기 때문이다.

1. 저자

바울, 바나바, 아볼로, 누가, 디모데, 브리스길라, 빌립 집사가 쓰지 않았겠는가 본다. 로마의 클레멘트(Clement.of Rome)와 폴리갑(Polycap), 헤르마스(Chemas) 등은 본서를 바울이 기록했다고 주장했기 때문이다. 알렉산드리아의 클레멘트(Clement.of Alexandria)와 A.D. 1세기경의 교회사가 유세비우스(Eusebius) 등은 본서를 바울이 기록했다고 주장한다.

2. 수신자

그리스도인 유대인들이다(Dodd, thiessen 등). 기록 동기는 당시 배교의 위험에 처해있던 1세기 무렵의 그리스도인들을 격려하기 위함이다. 본 서신이 기록된 1세기 후반은 그리스도인들 특히 유대교에서 개종한 그리스도인들이 박해와 고난을 당하던 시기였다. 그들 동족인 유대인들과 로마제국으로부터 양면의 핍박을 받고 있었기 때문이다. 그들 중 어떤 사람들은 육체적으로 고통을 당하였고 집과 재산은 약탈당하였다. 어떤 이들은 신앙 때문에 옥에 갇히기도 했으며, 믿음 때문에 조롱거리가 되기도 하였다(10:32-34).

3. 기록 연대

주후 60연대 후반으로 추정된다. 기록 연대에 대해서 조기 기록설(A.D. 58-60, Ramsay)과 예루살렘이 로마의 티도(Titus) 장군에 의해 멸망되기 직전 설(A.D. 70년)과 그 이후의 설(A.D. 80-90)로 보고 있다. A.D. 65년경 네로(Nero)의 심한 박해를 받고 있었다(10:32-36, 12:4). 디모데의 석방이(13:23) 소개되고, 디모데는 로마에서 바울을 도우며 사역했었다. 그렇다면 본 서신의 저작 연대는 60년대 후반이 될 것이다.

히브리서 1장 1-3절

위대하신 예수 그리스도

하나님께서는 구약시대부터 여러 선지자들을 통하여 여러 부분과 여러 모양으로 우리 조상들에게 말씀하셨다.

I. 예수 그리스도는 구약시대의 예언된 자이다.

1:1절에 "옛적에…" 여기 '옛적에' ($πάλαι$, 팔라이)는 지나간 시대, 즉 구약시대를 의미한다. 이것은 하나님께서 과거에 행하셨음을 의미한다. 옛적 선지자들에게 여러 부분, 여러 모양으로 하나님은 계시하셨다. 각 시대에 빠짐없이 여러 모양과 방법으로 여러 가지 방편 곧 예언, 시, 교훈, 제사 등을 통해 여러 선지자와 제사장들을 통하여 계시한 것이다.

1:2절에 "이 모든 날 마지막에…" 여기 "이 모든 날 마지막에…" 이 말은 구약시대가 끝나고 메시아가 오심으로 시작된 새로운 시대 곧 그리스도의 초림에서부터 재림 때까지 모든 날을 가리킨다. 이것은 신약성경의 다른 곳에서 '마지막 때' 혹은 '말세'로 표현되고 있다(행 2:17, 약 5:3, 벧전 1:20, 벧후 3:3, 요일 2:18, 유 1:18).

"…이 아들을 만유의 후사로 세우시고…"(2절) 그리스도는 하나님의 상속자이시다. 주님은 계시의 본체로서 직접 오셔서 예어해 놓으신 계시를 성취하신 것이다. 하나님께서는 자신이 만드시고 운행하시는 모든 세계를 아들에게 전임하셨다.

그리스도는 태초부터 하나님과 함께 계셨으며 만물의 존재의 근원이시다.

II. 예수 그리스도는 하나님의 광채이시다.

1:3절에 "이는 하나님의 영광의 광채시요…" 여기 "영광"($δόζης$, 독세스)은 구약에서 하나님의 임재(겔 1:28, 11:23)를 나타내며, 신약에서 하나님의 속성 전체를 의미한다(마 16:27, 행 7:2,55, 롬 1:23, 3:23, 5:2, 딤전 1:11).

"광채"($ἀπαύγασμα$, 아파우가스마)는 ① 빛의 근원으로부터 나오는 빛, ② 외부에서 빛을 받아서 반사하는 빛을 의미한다. 신약성경에서는 그리스도께서 '빛' 자체로 묘사하며(요 1:4-9, 고후 4:6), 중보자로서 하나님의 빛을 반사하여 드러내는 분으로 나타나기도 한다. 성도들은 그리스도 안에서 하나님의 모든 속성과 영광을 볼 수 있다. 기독교는 생명의 종교이다.

히브리서 1장 4절

천사론(天使論)

I. 천사의 존재

천사는 창세 전에(욥 38:6-7) 신성한 형태로(유 1:6) 하나님에 의해 창조되었다(골 1:16). 천사란 단어가 신구약에 약 275회 등장한다. 예수님은 천사의 존재를 알고 가르치셨다(마 18:10, 26:53). 이런 점에서 천사는 확실히 존재함을 알 수 있다.

II. 천사의 속성

① 인간과 같이 지(벧전 1:12), 정(눅 2:13), 의(유 1:6)를 지닌 인격적 존재이다. ② 인간은 영과 육을 지녔으나 천사는 영만을 가진 존재이다(14절). ③ 천사는 육이 없으므로 결혼하지 않으며(마 22:30), 번식의 능력이 없다(막 12:25). 천사는 성경에 남성으로 쓰이고 있다(창 18:1-2). ④ 천사는 영이므로 죽지 않는다(눅 20:36). ⑤ 천사는 하나님과 같이 무한한 지식과 능력을 지닌 것은 아니다.

III. 천사의 수효와 조직

요한계시록 5:11절에 "내가 또 보고 들으매 보좌 생물들과 장로들을 둘러선 많은 천사의 음성이 있으니 그 수가 만만이요 천천이다" 천사는 수천만이 있으며 일정한 조직을 가지고 있다.

1. 천사의 계급과 직분

① 미가엘: 악한 영계의 권세에 대항하여 싸우는 천사(단 10:13, 21, 유 1:9, 계 12:7)] ② 가브리엘: 계시를 전달하며 해석하는 천사(단 8:16, 눅 1:19) ③ 그룹: 하나님의 거룩함을 수호하는 천사(창 3:24, 출 25:18, 삼하 22:11, 시 80:1, 사 37:16)) ④ 스랍: 인간을 하나님께 접근시키며 예배를 수종드는 천사(사 6:2, 3, 6) ⑤ 수호천사: 성도들과 어린아이들을 보호하는 천사(히 1:14, 마 18:10) ⑥ 정사권세, 능력, 주관하는 자, 보좌: 천사들 중에 계급이 있다(엡 1:21, 3:10, 골 1:16, 2:10).

2. 천사의 사역(그리스도, 성도에 대하여)

그리스도에 대하여는 ① 탄생을 예언하고(눅 1:26:33), ② 탄생을 알리고(눅 2:13), ③ 아기예수를 보호하고(마 2:13), ④ 예수님 시험 후에 강하게 했다(마 4:11). 성도에 대하여는 ① 성도를 돕고(히 1:14), ② 기도응답을 돕고(행 12:15), ③ 지켜보고(고전 4:9, 딤전 5:21), ④ 위험할 때 용기를 주고(행 27:23, 24), ⑤ 사망시 돕는다(눅 16:22).

히브리서 1장 4-14절

천사보다 우월하신 예수

"저가 천사보다 얼마만큼 뛰어남은…"(4절) 여기 "뛰어남"(κρείτρων, 크레이트론)은 '보다 우월한', '보다 탁월한'의 의미이다. 천사들보다 월등하게 뛰어난 하나님의 맏아들 또는 외아들로 만왕의 왕이시요, 만주의 주가 되사 모든 세계를 다 유업으로 받아 통치하신다.

I. 유대인들의 천사

유대인들은 천사가 선지자보다 우월하다고 생각했다. 또한 예수 그리스도는 천사보다 우월하다고 역설하였다. 유대인들은 한 사람 한 사람에게 천사 한 분씩 함께 있다고 믿었다. 특히 이스라엘 사람들은 천사가 하나님이 부리시는 영들이라고 생각하고 있었다. "천사들은 예수께 수종 들었다"(마 4:11, 막 1:13). 누가복음 22장 43절에 "사자(천사)가 하늘로부터 예수께 나타나 힘을 돕더라"

1. 천사는 하나님의 아들을 경배하도록 지음 받았다(6).

1:6절에 "…하나님의 모든 천사가 저에게 경배할지어다" 본 절은 신명기 32:43의 인용이다. 신명기에는 '천사들'이 아니라 '하나님의 아들들'(υἱοί θεοῦ, 휘오이 데우)로 기록되어 있으나 본 절에서는 '천사들'이라고 기록되어 있다. 천사들은 그리스도를 경배해야 한다. 천사는 피조물이다(골 1:16). 천사는 그리스도 앞에 무릎을 꿇어야 하며(빌 2:10), 그리스도에게 경배해야 한다(6절, 시 97:7). 천사는 하나님 사역자로 부림을 당하는 자들이요, 심지어 구원 얻은 성도들에게까지 수종 드는 자들이다(고전 6:3). 본래 천사는 하나님을 섬기며 구원 얻은 성도들을 위해 섬기라고 파견되었다. 그러나 천사는 사명을 버리고 하나님을 반역하여 타락한 악령이 되었다.

II. 천사보다 우월하신 그리스도

유대인들은 천사를 영적존재중 하나님 다음으로 경외했다. 하나님은 이스라엘 백성들에게 당신의 뜻을 전달하는데 중요한 시기마다 천사를 보내셨다(창 18:1-8, 19:1-23, 행 7:53). 그리스도는 하나님의 말씀 그 자체이신 하나님의 아들이기 때문이다(4,5절). 또 그리스도는 영원한 신성을 지니셨다(7). 그리스도는 온 우주 왕국의 왕이시다. 천사는 왕되시는 그리스도를 수종드는 존재에 불과하다(눅 22:43).

히브리서 2장 1-4절

큰 구원

"우리가 이같이 큰 구원을 등한히 여기면 어찌 피하리요…"(3절). 여기 "큰 구원"이란 선지자보다 우월하시고 천사보다 높으신 하나님의 아들 그리스도의 구원을 가리킨다. 그리스도로 말미암아 성취된 구원을 의미한다. "하나님이 세상을 이처럼 사랑하사 독생자를 주셨으니"(요 3:16). 우리는 큰 구원을 등한히 여겨서는 안 된다.

I. 주께서 친히 말씀하셨기 때문이다(3절).

2장 3절에 "…이 구원은 처음에 주로 말씀하신 바요…" 여기 "주로"에서 '로'의 헬라어 디아(διά)는 …을 통하여의 뜻을 갖는 전치사이다. 이 말의 뜻은 하나님께서 그리스도를 통하여 구원을 이루셨다는 의미로 구원이 궁극적으로 하나님께서 비롯되었음을 나타냈다. "…들은 자들이 우리에게 확증한 바니"(3절). 여기 "들은 자들"은 예수님으로부터 직접들은 사도들을 포함하여 복음을 들은 모든 사람들로서 복음이 예수님의 말씀과 일치하는가를 증거해 줄 사람들을 가리킨다.

II. 하나님도 저희와 함께 증거하셨기 때문이다(4절).

2장 4절 "하나님도…저희와 함께 증거하셨느니라" 본 절은 "큰 구원"(3절)과 상관된 것으로 하나님께 큰 구원에 대해 함께 증거하셨음을 나타낸다. 여기 "함께 하셨느니라"는 말은 예수로부터 복음을 들은 자들이 복음을 전파할 때 하나님께서 그들과 함께 하여 그들이 전하는 복음을 확증해 주셨음을 의미한다. 하나님께서 그들이 복음을 선포할 때 확증시켜 주는 방법은 네 가지이다.

① 표적을 나타내신다. 여기 "표적"(σημείοις, 세메이오스)은 표시, 증거, 기적을 의미한다. ② 기적을 나타내신다. 여기 "기사들"(τέρασιν, 테라신)은 하나님의 기적을 의미한다. 신약성경에서 표적과 함께 나타났다(마 24:24, 막 13:25, 요 4:48, 행 2:19, 22, 43, 4:30, 5:12, 6:8). ③ 능력을 나타내신다. 여기 "능력"(δονάμεσιν, 뒤나메신)은 초자연적인 하나님의 능력, 힘, 하나님의 역사(마 8:13), 계시를 의미한다. ④ 성령을 나눠 주신다. 하나님은 성도들에게 성령을 선물로 주시고(갈 3:5), 성령의 은사를 부어주신다(고전 12:11). "지금은 은혜 받을 때요 보라 구원의 날이로다"(고 6:1, 2). 질병에서 구원해 주시고(약 5:15), 성령의 능력을 부어 주신다(막 16:17-18).

히브리서 3장 1절

예수를 깊이 생각하자

현대인들은 너무 바쁘게 움직이다보니 생각할 여유를 가지지 못한다. 특히 복잡한 생활에서 인간의 정서마저 황폐해져 가고 있다. 우리 성도들도 세상일에 바쁘게 살다보니 신앙생활에 대하여 생각할 여유를 잃게 되었다. 자연스럽게 예수님에게서 멀어져 가고 있다. 본문을 통해서 "예수를 깊이 생각하자" 제목으로 은혜를 받자.

I. 예수를 깊이 생각하라.

1. 예수는 어떤 분이신가?

① 예수는 대사이시다. 3장 1절에 "…우리의 믿는 도리 …예수를 깊이 생각하라" 여기 "믿는 도리"(1절)(ὁμολογίας, 호몰로기아스)는 고백을 의미한다. 이것은 하나님의 행위에 대한 믿음의 응답으로서 예수를 하나님의 아들로 고백하는 것을 뜻한다 (4:4 Cane). '사도' 복음서에서는 예수를 하나님으로부터 "보냄을 받은 자"로 자주 표현하고 있으나(마 10:40, 눅 10:16, 요 4:34, 5:23, 24) 예수님을 '사도'라 표현한 곳은 오직 본 절 뿐이다. "대사"는 나라와 왕의 권위를 가진다(마 28:18).

② 예수 그리스도는 대제사장이시다(1절). "제사장"이란 말은 라틴어로 "다리 놓는 사람"이란 뜻이다. 예수 그리스도가 대제사장이라 함은 하나님과 인간 사이를 다리 놓는 사람이라는 것이다.

③ 예수 그리스도는 영원한 집의 건축가이시다(3-4절). 3장 3절에 "…마치 집 지은 자가 그 집보다 더욱 존귀함 같으니라" 여기 "집"(οἶκου, 오이쿠)은 2절의 '온 집'과 같이 하나님의 백성, 혹은 구원받은 무리를 의미한다. 모세는 그가 아무리 탁월한 이스라엘의 지도자였다 하더라도 그 집의 한 부분에 불과하였으나 예수는 그 집을 자신의 피로 세우신 분으로 (행 20:28) 모세보다 훨씬 존귀한 존재이시다.

"예수를 깊이 생각하자" 여기 "깊이 생각 한다"는 말은 심사숙고하라는 뜻이니 보통 예사롭게 생각하는 것이 아니고 '골똘히' '진지하게' '똑바로' '전문적'으로 생각하라는 뜻들이 내포되어 있다.

예수님이 나와 무슨 관계가 있는지 깊이 생각하라는 뜻이니 보통 예사롭게 생각하는 것이 아니고 '골똘히' '진지하게' '똑바로' '전문적'으로 생각하라는 뜻들이 내포되어 있다. 우리는 예수님이 나와 무슨 관계가 있는지 깊이 생각해야 한다. 예수는 나의 생명의 주님이시요, 나를 구원한 구원의 주님이시다. 예수를 깊이 생각하자.

히브리서 4장 12절

말씀의 능력

하나님의 말씀은 단순히 문자나 사상만이 아니고 능력이다. 하나님의 말씀 곧 "복음은 믿는 자들에게 구원을 주시는 하나님의 능력이라"(롬 1:16).

I. 하나님의 말씀은 살았고 운동력이 있다.

"하나님의 말씀은 살았고 운동력이 있어…" 여기 "살았고 운동력이 있어"는 '말씀'이 인격성과 역동성을 지녀서 행위를 동반함을 의미한다. '살아있다'는 말은 생명력이 있다는 것이다. 예수님은 태초부터 계신 말씀이요(요 1:1).
"말씀이 육신이 되어 우리 가운데 거하시며…은혜와 진리가 충만하더라"(요 1:14). "내가 곧 길이요 진리요 생명이니 나로 말미암지 않고는 아버지께로 올 자가 없느니라"(요 14:6). 하나님의 말씀은 성령의 영감으로 기록된 것이며, 성령은 그 말씀을 통해 역사하신다. 성도는 낭패를 당할 때, 실망할 때도 말씀을 통하여 새 힘과 위로를 받는다. "주의 말씀은 내 발에 등이요 내 길에 빛이니이다"(시 119:105). "나의 영혼이 주의 구원을 사모하기에 피곤하오나 나는 오히려 주의 말씀을 바라나이다"(시 119:81). "너는 마음에 새기고 네 자녀에게 부지런히 가르치며…"(신 6:6-9).

II. 하나님의 말씀은 좌우에 날선 어떤 검보다 예리하다.

하나님의 말씀은 출애굽 세대뿐 아니라 오늘 우리에게도 동일하게 역사하신다. 말씀은 '검'과 같아서 하나님의 말씀에 계속 순종할 때 치명적인 무기가 될 수 있다. 이스라엘 백성이 하나님의 말씀에 거역했을 때 아말렉과 가나안 사람들의 '검'($μάχαιραν$, 마카이란)에 패배하여 도망할 수밖에 없었다(민 14:43-45).
"하나님의 말씀은 능력이 있어 어떤 검보다 예리하다(엡 6:17, 계 1:16). '검'은 사물을 잘라서 그 내부를 보게 한다. 하나님의 말씀은 능력이 있어 인간의 가장 깊숙한 부분에 있는 것, 마음의 생각까지도 감찰하며 찔러 쪼개기 까지 한다.

III. 하나님의 말씀은 감추인 것을 드러낸다.

히브리서 4장 13절에 "…오직 만물이 우리를 상관하시는 자의 눈앞에 벌거벗은 것 같이 드러나느니라." 하나님의 말씀 앞에서는 그 어떤 것도 감추어질 수 없고 드러난다. 말씀은 능력이요, 생명력이다. 하나님의 말씀은 능력이다.

히브리서 4장 14-16절

때를 따라 돕는 은혜를 받자

사람은 때를 잘 만나야 하고 잘 이용해야 한다. 예수님은 때를 잘 아시는 분이시다. 때를 모르는 바리새인들과 사두개인들을 책망하시면서 "너희가 저녁에 하늘이 붉으면 날이 좋겠다 하고 아침에 하늘이 붉고 흐리면 오늘은 날이 궂겠다 하나니 너희가 천기는 분별할 줄 알면서 시대의 표적은 분별할 수 없느냐"(마 16:3)고 책망하셨다. 마태복음 4장 17절에 "이때부터 예수께서 비로소 전파하며 가라사대 회개하라 천국이 가까웠느니라"고 말씀하셨다. 지금은 어떤 때인가?

I. 이때는 악한 때이다.

에베소서 5:16절에 "세월을 아끼라 때가 악하니라" 지금 이 시대는 참으로 죄악이 관영한 시대이다. 도덕이 땅에 떨어지고 사회가 불안하며 참 교육을 잃어가고 교회에까지 불의가 침투하여 추악상을 드러내고 있다. 이때는 경성할 때이다.

II. 지금은 은혜의 때이다.

고린도후서 6:2절에 "보라 지금은 은혜 받을 만한 때요 보라 지금은 구원의 날이로다"라고 했다. 지금은 은혜의 때이다. 기도할 때이다.

은혜란 무엇인가? 은혜란 하나님이 값없이 주시는 선물이다(엡 2:1-10). ① 은혜는 믿음으로 받는다(롬 5:2). ② 은혜는 겸손한 자가 받는다(약 4:6, 잠 3:34). ③하나님 앞에 담대히 나아가는 자가 받는다(히 4:16). 이사야 49:8절에 "…은혜의 때에 내가 네게 응답하였고, 구원의 날에 내가 너를 도왔도다."

III. 은혜를 받으려면 때(기회)를 놓치지 말아야 한다.

하나님은 어떤 때 은혜를 주시는가? ① 위험할 때 돕는 은혜를 주신다(사 43:1-3). ② 환난의 때 돕는 은혜를 주신다(시 50:15). ③ 시험의 때 돕는 은혜를 주신다. 하나님은 시험당할 즈음에 피할 길을 주신다(고전 10:13). ④ 축복의 때 돕는 은혜를 주신다. ⑤ 복음을 전할 때 돕는 은혜를 주신다.

"너희를 넘겨줄 때에 어떻게 무엇을 말할까 염려치 말라 그때에 무슨 말 할 것을 주시거니 말하는 이는 너희가 아니라 너희 속에서 말씀하시는 자 곧 너희 아버지의 성령이시니라"(마 10:19-20).

히브리서 5장 1-10절

대제사장이신 예수 그리스도

오늘 우리는 본서를 통해서 예수님의 대제사장 직분을 발견하게 된다. 신약성경에서 예수님을 대제사장으로 언급한 곳은 오직 본서뿐이다. 예수님을 통해 모든 구약시대의 제사의식이 완성되었으며, 그 결과로 더 이상 희생제사는 필요 없게 되었다. 더욱이 대속죄일에 대제사장이 일년에 한 번씩 지성소에 들어가서 제사하는 것까지 예수께서 완성하셨기에 더 이상 대제사장을 통한 속죄가 필요 없다. 이처럼 예수는 구약의 완성자로 오셨다. 특히 본서의 저자는 예수님의 영원한 대제사장직에 대해 진술함으로써 성도가 제사장을 통하지 않고 하나님께 직접 나아가서 영적제사를 드릴 수 있음을 가르침이다. 이런 의미에서 베드로는 "하나님이 기쁘시게 받으실 신령한 제사를 드릴 거룩한 제사장이 될지니라"(벧전 2:5)

I. 그는(예수) 우리를 대신하여 영원한 제사를 드렸다.

구약시대 제사장은 도덕적으로 흠이 없어야 했으며 또한 일반 제사장들보다 더 엄격한 규정이 적용되었으나(출 28:1, 2), 그럼에도 불구하고 그는 여전히 죄지을 가능성이 있었다. 그래서 율법은 대제사장이 죄를 지었을 경우에 대비하여 속죄할 수 있는 규정을 마련해 놓았다(레 4:3-16). 그래서 우리는 왕같은 제사장 직분을 하나님께 얻었다.

II. 그는(예수) 하나님의 부르심을 입은 자이다(4절).

대제사장의 직분은 인간의 노력에 의해서가 아니라 오직 하나님의 부르심에 의해서만 가능하였다. 이스라엘의 초대 제사장이었던 아론은 하나님에 의해서 제사장으로 임명되었으며 그 직분이 세습되었다(출 28:1, 민 3:10, 18:1). 아론 집안외의 사람이 제사장 직분을 감당하게 될 때도 하나님께서는 직접 하나님이 우리를 부르신 것은 구원하기 위함이다(행 4:12). 하나님이 구약시대 때 선지자나 모세를 부르신 것은 그들에게 하나님의 사역을 수행하도록 하기 위해서였다.

하나님께서 예수님을 향해 "네가 영원히 멜기세덱의 반차를 좇는 제사장이다"(시 110:4). 이 말씀은 예수께서 온 인류의 구원을 통해 특별한 임무를 띠고 이 땅에 오셨음을 의미한다. 그러나 유대인들은 예수께서 온 인류의 구원을 위해 오신 분임을 알지 못했기 때문에 예수님을 십자가에 못 박는 어리석음을 범했다.

그리스도께서 당하신 고난

"그는 육체에 계실 때에…"(7절) 이 말은 예수께서 완전한 인간으로 오셔서 인간과 똑같은 시험을 당하셨음을 의미한다(2:14-18). 여기 "육체"($\sigma\alpha\rho\kappa\acute{o}s$, 사르코스)는 '살'을 뜻하는 말로서 영과 반대되는 물질적인 육체를 의미한다. 이것은 예수께서 인간의 연약성을 지니셨으며, 인간이 느끼고 당하는 감정이나 어려움을 똑같이 느끼시는 대제사장이심을 의미한다(4:15). 오늘 본문을 통해서 예수께서 당하신 고난의 의미가 무엇인지 생각해 보자.

I. 우리와 동일한 고난을 당하셨음을 의미한다(7절).

이사야 선지자는 장차 오실 메시야에 대해 예언하기를 "그는 멸시를 받아서 사람에게 싫어 버린바 되었으며, 간고를 많이 겪었으며 질고를 아는 자라…"(사 53:3)고 묘사했다. 실제로 예수님은 이 땅에 오셔서 우리와 동일한 상황에서 고난을 당하시면서 사셨다. 그래서 예수님은 고난당하는 자들을 위해 많은 일을 행하셨다. 지금도 예수님은 성도들을 위해 친히 간구하고 계신다(롬 8:26).

II. 하나님께 순종을 의미한다(9절).

예수께서 온전케 되신 결과로 자신에게 순종하는 모든 자에게 구원의 근원이 되셨다. 본 절의 '순종'은 앞 절에 언급된 예수 자신이 행하신 '순종' 즉 죽음의 고난을 받기까지 행한 철저한 복종을 의미한다. 이것은 그리스도 자신이 하나님께 죽기까지 복종한 것과 같이 자신을 따르는 자들도 그러한 순종을 해야 함을 의미한다. 여기 "영원한"($\alpha\iota\omega\nu\acute{\iota}o\upsilon$, 아이온이우)은 "끝없는 시대"를 의미하는 것으로, 그리스도께 순종하는 자에게 주시는 구원은 시간의 차원을 뛰어 넘는 참된 것이며, 사람의 손으로 짓지 아니한 참 하늘에 속한 것이다.

III. 고난을 통해 온전케 되셨음을 의미한다(8절).

그리스도는 하나님의 아들이시므로 고난 받아야 할 이유가 없으시다(Morris). 그럼에도 불구하고 인류의 구원을 위하여 고난을 받으셨다. 예수님은 고난과 시험을 극복하셔서 율법을 완전케 하셨으며, 하나님의 아들로 인정될 수 있었다. 고난이 없으면 우리는 사생아이다(히 12:8).

히브리서 6장 9-12절

성도의 사명

"사랑하는 자들아 우리가 이같이 말하나…"(9절) "사랑하는 자들아"(ἀγαπητοί, 아가페토이)는 본 서신 전체에서 오직 본 절에서만 사용된 표현으로 수신자들에 대한 저자의 애정어린 호칭이다. 본문을 통해서 성도가 견고한 신앙의 사명을 다하려면 어떻게 해야 하는가를 살펴보자.

I. 부지런해야 한다(11절).

6:11절에 "우리가 간절히 원하는 것은 너희 각 사람이 동일한 부지런을 나타내어…" "부지런" 이 말은 단순히 어떤 일을 열심히 한다는 의미가 아니다. 여기서 "부지런"은 영적인 일을 위해 열심을 낸다는 뜻이다. 성도는 부지런히 신앙의 진보를 이루는 가운데 하나님의 일을 위해 부지런할 때 하나님께 영광을 돌리게 된다.

II. 끝까지 소망의 풍성함에 이르기를 힘써야 한다.

6:11절에 "…끝까지 소망의 풍성함에 이르러" 성도들이 소망의 풍성함에 이르기 위해서는 믿음과 오래 참음이 있어야 한다. 성도는 믿음과 오래 참음으로 무장 되어 있을 때 소망의 풍성함에 이를 수 있다. 성도들은 신앙생활을 하면서 끊임없이 도전을 받는다. 그 도전을 끝까지 견디어 나아갈 때에 약속된 축복을 받게 된다(12).

"믿음과 오래 참음으로 말미암아 약속들을 기업으로 받은 자들"이란 말은 13절의 아브라함과 같은 자들을 말한다. 그런 사람들은 하나님을 신뢰하고 의지함으로 하나님께서 하신 약속에 대해 오래참고 기다려 기업을 받은 자들이다.

III. 선진들의 믿음을 본받아야 한다(12절).

"…약속들을 기업으로 받는 자들을 본 받는 자 되게 하려는 것이니라" 여기 "기업으로 받는" 이 말은 '확실히 소유하다' 라는 의미로 하나님께서 약속하신 기업, 즉 구원을 온전히 소유한 것을 의미한다. 우리에게도 하늘의 영원한 기업이 약속되어있고, 거기에 두 가지 사실이 전제되어 있다. ① 아브라함이 참고 견딤으로 하나님께 약속된 축복을 받은 사실이다. 아브라함도 똑같은 사람이다. 아브라함은 소망 중에 모든 고난을 참고 기다림으로 축복을 받았다. ② 예수께서 멜기세덱의 반차를 좇아 영원히 대제사장이 되어 우리를 위하여 돌아가셨다.

히브리서 6장 13-18절

축복받는 비결

"…내가 반드시 너를 복주고 복주며 너를 번성케 하고 번성케 하리라"(14절). 인간은 제 나름대로의 꿈과 이상이 있다. 축복받기를 원한다. 그래서 그 축복을 쟁취하기 위해서 무슨 일이든지 가리지 않고 최선을 다한다. 하나님께서 우리를 선택한 목적은 ① 하나님께서 우리를 통하여 영광을 얻고자 함이요, ② 복음을 증거하기 위함이요, ③ 축복하려고 택하셨다. 그러므로 우리는 축복을 받아야 한다.

I. 축복을 받으려면 하나님의 명령에 순종해야 한다.

신명기 28:1-6절에 "네가 네 하나님 여호와의 말씀을 순종하면 이 모든 복이 네게 임하며 성읍에서도 복을 받고 들에서도 복을 받고 네 몸의 소생과 네 토지의 소산과 네 짐승의 새끼와 우양의 새끼가 복을 받을 것이며 네 광주리와 떡 반죽 그릇이 복을 받을 것이며 네가 들어와도 복을 받고 나가도 복을 받을 것이니라" 하나님께서 우리에게 축복을 약속해 주셨다. 성경을 통해 32,500가지의 축복을 약속해 주셨다.

II. 축복을 받으려면 부모님께 효도해야 한다.

에베소서 6:2-3절에 "네 아버지와 어머니를 공경하라 이것이 약속 있는 첫 계명이니 이는 네가 잘 되고 땅에서 장수하리라" 하나님께서 약속하신 축복은 부모 공경이다. 부모님께 효도하는 것은 하나님의 첫 계명을 지키는 것이다. 그렇게 되면 모든 일이 형통하고 장수의 축복을 받게 된다.

III. 축복을 받으려면 교역자를 잘 모셔야 한다.

히브리서 13:17절에 "너희를 인도하는 자들에게 순종하고 복종하라 저희는 너희의 영혼을 위하여 경성하기를 자기가 회계할 자인 것 같이 하느니라 저희로 하여금 즐거움으로 이것을 하게하고 근심으로 하게 하지 말라 그렇지 않으면 너희에게 유익이 없느니라" 여기 "경성하기를"($\dot{\alpha}\gamma\rho\upsilon\pi\nu o\hat{\upsilon}\sigma\iota\nu$, 아그뤼프누신)은 양뗴들을 돌보기 위해 밤을 지새우는 목자상을 은유적으로 나타내는 단어로 신약성경에서 주로 종말론적인 "깨어있음"을 가리키는데 사용되었다(막 13:33, 눅 21:36, 엡 6:18).

목회자(교역자)들은 성도들의 영적 생활을 위해(10:39) '자기가 회계할 자인 것 같이" 기도하며 사명을 다한다.

히브리서 7장 1-3절

멜기세덱의 반차를 좇으신 그리스도

소돔 땅에 살던 아브라함의 조카 롯은 대적들에게 사로 잡혔을 뿐만 아니라 그의 재물까지 빼앗겼다. 이 소식을 전해들은 아브라함은 집에서 훈련시킨 300명의 사람들을 데리고 대적들을 추격하며, 그들을 쳐서 파하고 조카 롯과 그의 재물을 찾아오게 되었다. 이때 멜기세덱은(소돔왕과 살렘왕 멜기세덱) 승리를 얻고 돌아오는 아브라함을 영접하고 축복하였다(창 14:1-20). 멜기세덱은 이방인의 왕으로서 특별히 하나님께 인정받은 제사장이었다. 멜기세덱이 어떤 면에서 그리스도와 비교되었는지 본문을 통해서 생각해 보자.

I. 그는 의의 왕이시다.

멜기세덱에 대해 '의의 왕'이란 말은 창세기 14:18에서 멜기세덱이 '하나님의 제사장'으로 소개되고 있다. 7:1절에 "이 멜기세덱은 … 복을 빈 자라 지극히 높으신 하나님의 제사장이다" 제정(祭政)이 분리되지 않았던 고대에 왕이 제사장 직책을 수행한다는 것은 흔한 일이었다. 여기 "지극히 높으신 하나님"은 하나님의 초월적인 신성을 의미한다. 멜기세덱은 하나님의 제사장으로서 아브라함을 축복하였고, 이에 아브라함은 멜기세덱을 제사장으로 인식하여 십일조를 그에게 바쳤다(창 14:19, 20).

II. 그는 평강의 왕이시다.

7:2절에 "…또 살렘왕이니 곧 평강의 왕이요" '살렘'이란 지명은 '평강'을 의미하는 샬롬과 동일한 어근에서 비롯된 단어로 '평화'로 번역될 수 있다. 장차 나실 예수 그리스도를 가리켜 '평강의 왕'(사 9:6)이라 칭한 것과 연결된다. 저자는 멜기세덱이라는 이름의 의미를 통하여 멜기세덱과 그리스도에게 참된 평강을 주러 오셨다(마 9:7, 11:1-5).

III. 그는 영원한 제사장이다.

"영원한 제사장"이란 표현은 그의 제사장직이 끊어지지 않는다는 의미이다. 예수님은 레위인이 아니면서 하나님의 보내심을 받아 자신의 몸을 바쳐 영원한 제사를 드렸다. 멜기세덱은 예수님의 그림자이다.

히브리서 8장 7-13절

새 언약을 세우리라

본문에서 새 언약이 왜 필요했으며, 어떻게 약속되었고, 그 새 언약의 우월성은 무엇인가? ① 7절의 첫 "언약"이란 하나님께서 모세를 통하여 이스라엘 백성들과 맺었던 계약 즉 유대인들의 율법과 규례와 계명을 가리킨다(출 19:3-8, 24:7, 신 6:1-3). ② "둘째" 것이란 8절에 나타나는 "새 언약" 즉 하나님께서 이스라엘 집과 유다집으로 더불어 세우셨으며, 예수 그리스도로 말미암아 성취된 새로운 계약을 의미한다(막 14:24, 요 19:30). "언약"이란 말은 말로써 약속한다는 뜻인데 여기에서는 하나님께서 인간에게 말씀으로 약속해 주시는 축복을 의미한다.

I. 첫 언약(낡은 언약)은 무엇인가?

옛 언약은 하나님께서 애굽의 노예와 같은 처지에 있던 이스라엘 백성들을 애굽 땅에서 인도하여 내셨던 날에 주신 것이다(출 24:4-8). 그러나 그들은 하나님의 언약을 저버리고 그 언약을 준행치 않았다. 그 결과 버림을 받았다(렘 22:5, 31:31-34).

II. 새 언약은 무엇인가?

"새 언약"이란 십자가 사건을 통하여 성취된 예수 그리스도의 피 언약을 대표하는 것으로서 패역한 이스라엘을 회복시키기 위해 하나님께서 주권적으로 제시하신 약속이다. 옛 언약은 흠이 있었기 때문에 새 언약이 필연적으로 나오게 되었다(7절). 옛 언약은 돌비에 새겨졌으나 새 언약은 사람의 마음에 새겨진다(고후 3:3).

우리가 성령충만을 받으면 받을수록 하나님의 뜻을 분명하게 깨닫게 되며 또한 그 뜻대로 살아갈 수 있다. 성령께서는 우리 속에 계시기에(요 14:17) 우리의 삶을 변화시킨다. 그리고 우리로 하여금 새 언약을 따라 살게 하신다.

III. 새 언약은 사람을 구원시킨다(12절).

새 언약 안에는 하나님이 백성들의 죄를 용서한다는 약속이 있다. 옛 언약 속에 있던 사람들은 자신이 범죄할 때마다 제사장에게 가서 속죄 제사를 드려달라고 요청해야 했다. 그러나 이제 새 언약 아래 있는 사람들은 그럴 필요가 없다. 새 언약의 중보자 예수께서(6절) 단번에 신자들의 모든 죄를 속하는 제사를 드리셨기 때문이다(히 7:27, 10:10). 우리 마음에는 마땅히 새 언약이 기록되어 있어야 한다.

히브리서 9장 11-12절

그리스도의 피와 교회

"그리스도께서 장래 좋은 일의 대제사장으로 오사…"(11절) 여기 "장래 좋은 일"은 옛 언약이 제공해 주지 못한 온전한 죄의 씻음과 하나님께로 자유롭게 나아가게 해주는 새 언약의 구속을 의미한다(Morris). 이러한 영적 축복은 구약의 아론계통의 대제사장들이 속죄일에 행한 제사와는 달리 영원한 새 언약의 대제사장이신 그리스도께서 성취한 종말론적 특성을 말한다.

"…더 크고 온전한 장막으로 말미암아"(11절)는 그리스도께서 더 크고 온전한 장막에 의해서 하나님께로 나아갈 수 있음을 의미한다. 그리스도의 몸과 피를 통해서 새 언약의 구속사역이 성취되었다(24절, 10:20). 구약 아론계통의 대제사장들은 속죄일에 동물의 피를 통해서 구속사역을 행하였다(레 16:3, 5-11, 15, 16).

염소는 백성의 죄를 위한 희생 제물이었으며, 송아지는 대제사장 자신과 가족을 위한 희생 제물이었으나, 효력은 일시적이고 불완전한 것이었기에 매년 속죄일마다 희생 제사를 드려야 했다. 그리스도의 피를 통한 희생제사는 영원하며 완전한 것이었다. "단번에"($ἐφάπαξ$, 에파팍스)는 그리스도께서 행하신 속죄사역의 특성을 나타내는 표현으로 매년 반복되는 옛 언약의 구속사역과는 달리 반복의 가능성이나 필요성이 없음을 의미한다. 그리스도께서 흘리신 피는 교회와 무슨 관계가 있는가?

I. 구속하는 진리가 있다.

하나님께서 세상에 교회를 세우시려고 많은 피를 흘리셨다. 마태복음 16:18에 "…내가 이 반석위에 내 교회를 세우리니 음부의 권세가 이기지 못하리라" "하나님이 자기 피로 사신 교회…"(행 20:28) 라고 하였다.

II. 영생하는 진리가 있다.

피는 곧 생명이다. 생명이 계속하여 살아가는 것이 영생이다. "피"($αἷμα$, 하이마)는 '죽음'과 '생명' 이라는 이중 개념으로 인해 죽음을 생명으로 바꾸어 놓는 속죄의 상징적 수단으로 사용되었다. 구약시대에 '피'를 먹지 말라고 했었다(창 9:4, 5, 레 7:27, 17:10). 신약시대에도 예루살렘총회에서 동일한 원칙이 가결되었다(행 15:20). '피' 는 육체의 생명과 동일시되었으므로 피를 마시는 행위는 사실상 생명을 삼키는 것과 같았기 때문이다.

히브리서 9장 16-22절

생명(피)의 종교

기독교를 피의 종교라고 한다. 이것은 "생명의 종교"라는 말이다. "피"는 곧 생명이기 때문이다. 기독교는 이 생명의 피로 계약된 속죄신앙 위에 세워진 것이다.

I. 언약의 피

9장 15절에 "이를 인하여 그는 새 언약의 중보니…" "이를 인하여" 말은 본문이 11-14절에서 언급한 내용의 결과임을 나타낸다. 이는 그리스도의 피가 양심을 깨끗하여 하나님을 섬길 수 있도록 한 것을 가리킨다. 여기 "중보"($\mu\epsilon\sigma\iota\tau\eta\varsigma$, 메시테스)는 그리스도의 구속적인 죽음의 효과를 의미한다. 그리스도는 십자가의 죽음을 통해서 종말론적 구속을 성취하심으로 하나님께서 자기 백성과 맺기로 약속하신 새 언약을 실현시키셨다(8:8-12,10:16,17, 렘 31:31-34). 따라서 그리스도는 새 언약의 중보자이시다. 9장 16,17절에 "유언은 유언자가 죽어야 되나니 살았을 때에는 언제든지 효력이 없느니라" 여기 "유언"은($\delta\iota\alpha\theta\eta\kappa\eta$, 디아데케) 두 가지 의미를 지닌다. ① 언약. ② 유언. 디아데케($\delta\iota\alpha\theta\eta\kappa\eta$)는 신약 성경에서 보통 언약을 가리키나 본 절에서는 유언을 의미한다. 유언은 언약과는 달리 반드시 죽음을 전제로 하는 것으로 그리스도께서 새 언약의 중보지기 되기 위해서 죽어야만 하셨음을 의미한다.

1. 율법적인 속죄신앙

구약시대에도 피를 속죄의 제물로 삼았다. 창세기 3:21절에 "아담의 범죄수에 하나님께서 첫 구속 사업으로 인생에게 가죽옷을 지어 입히셨다" 창세기 4장에 아벨이 양을 가지고 제사를 드릴 때 하나님께서 아벨의 피를 제물로 받으셨다.

2. 복음적 속죄신앙

마태복음 20:28절에 "인자가 온 것은 섬김을 받으려 함이 아니라 도리어 섬기려하고 자기 목숨을 많은 사람의 대속물로 주려함이라" 마태복음 26:27-28절에 "이 피는 죄사함을 얻게 하려고 많은 사람을 위하여 흘리는바 나의 피 곧 언약의 피니라"(요 6:53-54).

3. 베드로의 신앙고백

예수님의 수제자인 베드로는 예수님을 잘 섬겼다. "주는 그리스도시요 살아계신 하나님의 아들이시니이다"(마 16:16). 베드로는 "우리가 구속함을 얻은 것은…어린 양 그리스도의 보혈로 한 것이니라" 라고 했다.

히브리서 9장 27절

한 번 죽은 것은 정하신 것이요

사람으로 태어나서 이 세상에 살다가 한 번 죽는 것은 정하신 것이요, 누구도 이를 변경할 수도 없고, 피할 수도 막을 수도 없는 절대적이고 엄연한 사실이다. 다만 죽는 때는 하나님의 정하신 것이다.

I. 죽음은 누구에게나 다 찾아온다.

지상의 모든 것은 다 한계가 있다. 인생은 그 하나에 속한다. 그래서 예부터 인생을 '초로 인생' 이니 '일엽편주' 니 하는 말이 있다. 죽음은 시간과 공간을 가리지 않고 찾아온다. 죽음은 빈부, 귀천 없이 찾아온다.

황인종도 죽고, 백인종도 죽고, 흑인종도 죽고, 남녀 가리지 않고 죽는다. 인생의 죽음은 만민의 평등이다. 죽음은 항거할 수도 없고, 피할 수도 없고, 연기할 수도 없다. 인간 사회의 대소사는 형편이나 사정으로 일시 연기는 할 수 있으나 죽음은 하나님의 절대적인 섭리에 의한 것이므로 일초의 연기도 안 된다.

II. 죽음은 만인에게 비밀이다.

우리 인생은 많은 것을 안다. 인체의 내부, 외부 사회의 사건, 세계사를 알고 있다. 그러나 죽음에 대해서는 아무도 모른다. 하나님께서 우리에게 많은 것을 계시해 주셨지만 죽음(사망) 날짜만은 가르쳐 주시지 않았다. 이것은 하나님의 은혜이다. 만일 사람이 자기가 죽는 날을 안다면 이 사회는 어떻게 되겠는가?

죽음은 두 가지 죽음이 있다. ① 영광의 죽음이 있다. 이것은 좁은 길을 걸어간 성도의 죽음이다. 예배드리다가, 기도하다가, 전도하다가, 봉사하다가 하나님의 사명을 위해 일하다가 죽는 것은 영광스러운 죽음이다. 영혼을 주님께 부탁하는 죽음이다. ② 영벌과 멸망의 죽음이 있다. 이것은 불신자가 죽는 죽음이다.

III. 어떻게 죽어야 하나?

사람이 한 번 죽는 것은 정하신 것이고 피할 수 없는 것이라면 어떻게 죽어야 잘 죽는 것이 될까? ① 부끄럽지 않게 죽어야 하겠다. ② 주님의 일을 하다가 죽어야 하겠다. 생의 목적이 과연 무엇이었으며, 생의 기록을 무엇으로 남겨 놓겠는가.

성도의 생활

히브리서 10장 19-25절

어떤 학자는 예수 그리스도가 오심으로 율법이 폐기되었으므로 성도는 더 이상 율법을 지킬 필요가 없다고 말한다. 물론 이 말은 한편으로는 옳지만 다른 한편으로는 틀렸다. 예수께서 십자가에서 율법을 완성하셨다. 그 율법은 성도에게 더 이상 왕노릇할 수 없게 되었다. 그렇다고 해서 성도가 마음대로 죄를 범하는 것을 허용하신 것은 아니다. 오히려 성도는 성령을 따라서 율법이 요구하는 그 이상 행할 수 있는 능력을 부여받았다. 본문을 통해서 "성도의 삶"이란 제목으로 은혜받고자 한다.

I. 성도는 온전한 믿음으로 살아가야 한다.

10:19절에 "…우리가 예수의 피를 힘입어 성소에 들어갈 담력을 얻었나니" 새 언약 하에 있는 성도는 언제든지 하나님 앞에 나아갈 수 있는 담력을 소유하게 되었다. 여기 "담력"($παρρησίαν$, 파르레시안)은 하나님 앞에 자유롭게 나아갈 수 있는 권리로 양심을 깨끗케 함으로 하나님과 사람사이의 관계를 회복시킨 예수 그리스도의 구속사역을 전제로 함과 동시에 그리스도의 결정적인 속죄사역을 의미한다(22절, 9:9,14).

II. 성도는 소망을 굳게 잡아야 한다.

10:23절에 "…우리가 믿는 도리의 소망을 움직이지 말고 굳게 잡아" 여기 "믿는 도리의 소망"($τὴν ὁμολογίαν τῆς ἐλπίδος$, 텐 호몰로기안 테스 엘피도스)이란 우리가 고백하는 소망이라는 의미이다. 이 소망은 미래의 구원이다. 성도는 이러한 소망을 굳게 잡고 살아야 한다(시 39:7).

III. 성도는 사랑과 선행을 서로 격려해야 한다.

10:24절에 "서로 돌아보아…격려하며…" ① 사랑은 다른 그리스도인들의 삶속에서 필요 하는 것을 돌아보는 것을 가리킨다. ② 선행은 돌보는 사랑을 구체적으로 표현하는 행위이다(6:10). 교회는 성도들 간에 선행을 서로.격려하며 주의 일에 힘써야 한다. 살아있는 교회는 사랑이 넘치고 서로 격려해주며, 친교하며, 일하는데 힘을 복돋아 주는 교회이다. 초대교회는 모이면 교제하며 떡을 떼고 나누었다. 그 결과 복음은 확산되었고 교회는 부흥되었다(행 2:43-47).

히브리서 10장 25절

모이기를 힘쓰라

크리소스톰(Chrysostom)은 말하기를 "교회를 어머니로 삼지 않는 자는 하나님을 아버지라 부를 수 없다"고 했으며, 루터(Luther)는 "누구든지 그리스도를 찾고자 하면 교회를 찾으라"고 했다. 교회를 통하여 복음을 듣고 진리를 배우고 깨달아 예수를 믿고 구원 얻은 성도가 교회를 소중히 여김은 당연한 일이다. 교회를 사랑한 성도는 피땀 흘려 섬기며 자기의 재산까지도 교회를 위하여 바친다. 구원받은 성도는,

I. 모이기를 힘써야 한다.

10:25절에 "모이기를…"($ἐπισυναγωγήν$, 에피쉬나고겐)은 "암탉이 병아리를 그 날개 아래 모음"(마 23:37)을 의미한다. 암탉이 병아리를 그 날개 아래 모아서 그 체온으로 보호하며 적의 공격에서 지킨다. 그처럼 주님께서 그 사랑하는 자녀들을 양육하며 지키는 것이 교회이다. 성도는 교회에 모이므로 신앙생활을 하며 교회의 권위와 법적 제재를 받으며, 목회자의 말씀과(교훈) 감시를 받게 된다. 바른 신앙은 교회를 통해서 얻어진다. "두 세 사람이 내 이름으로 모인 곳에는 나도 그들 중에 있느니라"(마 18:20).

II. 교회는 자주 모여야 한다.

"…오직 권하여 그 날이 가까움을 볼수록 더욱 그리하자" '그 날'에 대해서는 두 가지 해석이 있다. ① 본서의 기록연대와 연관되어 예루살렘 멸망의 때를 가리키고, ② 그리스도의 재림의 날을 가리킨다. 그 날 곧 심판의 날이 다가오면 올수록 모이기를 폐하지 말고 더욱 열성을 내어 다가오는 고난과 박해 속에서 서로 격려와 위로를 통해 담대해지기를 권면하고 있다. 교회는 하나님의 말씀을 중심으로 하는 곳이기 때문에 말씀을 먹지 못하는 성도들은 신앙생활을 유지할 수 없다.

1. 하나님의 말씀은 여러 가지로 역사한다.

① 말씀으로 거듭나며(벧전 1:23), ② 말씀으로 성장하며(벧전 2:2), ③ 말씀으로 심령과 행실이 깨끗해지며(요 15:3, 시 119:9), ④ 말씀으로 거룩해지며(요 17:17), ⑤ 말씀으로 보호받으며(엡 6:17), ⑥ 말씀으로 심판한다(요 12:48). 이와 같이 하나님의 말씀이 선포되는 교회의 모임은 생명같이 귀하다. 교회는 예수님의 피로 값 주고 사서 세운 제단이다(행 20:28). 그러므로 우리는 교회를 사랑하여 모이기를 힘쓰자.

| 년 | 월 | 일 | 히브리서 10장 37-38절 |

의인은 믿음으로 살리라

"잠시잠깐 후면"은 "잠시잠깐 후"에 그리스도께서 오신다는 사실이다. '잠시잠깐'은 이사야 26:20절을 인용하여 그리스도인이 당하는 환난과 위협의 기간이 짧음을 의미하는 것으로 그리스도께서 곧 재림하셔서 심판과 보상을 하실 것을 말한다. 오늘 본문은 하박국 2:3, 4절의 인용이다. 예수 그리스도는 지체하지 않고 오실 것이다. 그러므로 그리스도인들은 고난과 위협 속에서도 인내해야 한다.

Ⅰ. 믿음의 역사

1. 믿음은 역사를 일으킨다.

10:38절에 "오직 나의 의인은 믿음으로 말미암아 살리라…" '나의 의인'은 살리라와 '물러가면'의 주어로서 믿음으로 의롭게 된 그리스도인을 가리킨다(롬 1:17, 갈 3:11). 성도들이 그리스도께서 지체하지 아니하시고 속히 오시리라는 사실을 믿고, 직면한 고난과 박해에 대해 담대하게 맞서며 인내하면, 그리스도께서 오셔서 상과 약속을 허락하신다. 그러나 뒤로 물러나 인내하지 못하고 배교하면 하나님께 버림을 받고 엄중한 심판을 받게 될 것이다.

2. 오직 의인은 믿음으로 산다.

인간의 공로나 인간의 선행으로 인하여 하나님께 의롭다고 인정함을 받는 것이 아니라 하나님께서 인간을 긍휼히 여기시고 사랑하셔서 우리의 죄를 그리스도께 맡기고 다만 십자가를 믿는 믿음만으로 우리를 의롭다고 인정해 주신다는 말씀이다.

3. 오직 성경에만 권위를 둔다는 것이다.

개혁신앙을 가진 성도들은 권위의 소재를 오직 성경에만 둔다. 설교도 오직 성경적이어야 한다. 예정론을 주장했던 칼빈(Calvin)의 이야기다. 그의 제자가 오랫동안 선생님을 모시고 배워왔지만 천국 갈 사람과 지옥 갈 사람이 이미 예정되어 있다는 예정론만은 아무리 생각해 보아도 이해가 되지 않아서 의심을 품고 있다가 칼빈이 임종하는 그 자리에서 이제라도 비합리적인 예정론을 취소할 수 없느냐고 물었다.

숨이 넘어가는 그 순간에 칼빈은 "성경이 그렇게 말한다"라고 했다. 이 말은 스스로 합리적인 이론을 말하려는 것이 아니라 자기가 믿는 바로는 성경이 그같이 말한다고 하는 것이다. 결국 칼빈과 루터에게 성경은 유일한 신앙의 근거였던 것이다.

능력 있는 믿음

"하나님께서 각 사람에게 나누어 주신 믿음의 분량대로 지혜롭게 생각하라(롬 12:3)" 하나님은 각 사람에게 믿음의 분량을 주셨다. 그러므로 사람에 따라 크고 작은 믿음, 강하고 약한 믿음, 높고 낮은 믿음이 있다. 믿음이 없이는 하나님을 기쁘시게 못한다. 성경은 믿음으로 하지 아니하는 일은 모든 것이 죄라고 지적하고 있다.

I. 믿음은 바라는 것들의 실상이다.

11장 1절에 "믿음은 바라는 것들의 실상이요…" "믿음은 바라는 것들의 실상"이라고 정의함으로써 '믿음' 과 '바람' (hope)을 거의 동일시하였다.

1. 요셉은 믿음으로 마음에 실상을 그렸다.

요셉은 어려서부터 많은 고난을 겪었다. 억울한 일을 당해도 꿈을 기억하면서 그 꿈이 이루어질 것을 마음에 그렸기 때문에 오직 믿음으로 고난을 이겨나갔다. 그 결과 애굽의 총리가 되는 축복을 받지 않았는가?

2. 다니엘도 실상을 그렸다.

다니엘은 바벨론 포로생활에서 자신의 개인적인 신앙원칙을 세 가지로 정했다. ① 나는 부귀에 미혹되지 않을 것이다(단 1:8-10). ② 나는 인정에 넘어가지 않을 것이다(단 1:8-10). ③ 생명의 위험이 올지라도 신앙의 양심을 지킬 것이다(단 1:8-10). 이 원칙들을 마음에 새겼기에 죽지 않고 나라와 민족을 구원하는 축복을 받았다.

II. 믿음은 보지 못하는 것들의 증거이다.

11장 1절에 "…보지 못하는 것들의 증거니" "보지 못하는 것들" ($\pi\rho\alpha\gamma\mu\acute{\alpha}\tau\omega\nu$ $o\dot{\upsilon}$ $\beta\lambda\epsilon\pi o\mu\acute{\epsilon}\nu\omega\nu$, 프라그마톤 우 블레포메논)에서 '것들' 에 해당하는 프라그마톤 ($\pi\rho\alpha\gamma\mu\acute{\alpha}\tau\omega\nu$)은 사실, 행위, 사건, 업무, 등을 의미하는 말로서 인간사를 의미한다. 우리는 하나님 나라와 영생을 아직 보지 못했다. 그렇지만 믿음을 통해서 증거를 얻었다. 이 증거는 성령을 통해서 주어진다. 예수께서 물과 성령으로 거듭난 사람만이 하나님나라를 볼 수 있고 들어갈 수 있다고 하셨다(요 3:3-5).

1. 능력 있는 믿음을 소유하려면,
① 예수의 마음을 가지고, ② 입으로 시인해야 한다.(롬 10:10)

하나님을 기쁘시게 하라

"믿음이 없이는 기쁘시게 못하나니…" 에녹은 하나님을 기쁘시게 하는 자로 하나님께서 저를 옮기우셨다. 하나님을 기쁘시게 하는 것은 믿음과 관계를 맺고 있기 때문에 믿음이 없이는 하나님을 기쁘시게 할 수 없다. 그 "믿음"에 대해서 두 가지로 생각해 보자.

I. 하나님께 나아가는 자는 반드시 그가 계신 것을 믿어야 한다.

'그가 계신 것'은 단순히 하나님의 존재만을 의지하지는 않는다. 왜냐하면 이런 믿음은 사탄도 소유하고 있기 때문이다(약 2:19). 그것은 구약시대 선지자들을 통해 알려지고 마지막 때에 아들 그리스도를 통해 나타난(1:1-2) 하나님의 실존을 뜻한다.

하나님은 인격적인 분이시기 때문에 그가 기뻐하시는 일과 싫어하시는 일들이 있다. 말라기 선지자는 하나님께 십일조를 바치는 것으로 축복을 시험해 보라고 했고(말 3:10), 사도 바울은 "주께 기쁘시게 하실 것이 무엇인가 시험해 보라"고 하였다(엡 5:10). 하나님께서 항상 기뻐하시는 일만 하자. 하나님이 기뻐하시는 일은 죄인이 회개하고 돌아오는 것이다(겔 33:11).

II. 그가 자기를 찾는 자들에게 상주시는 이심을 믿어야 한다.

여기 "상주시는"($\mu\iota\sigma\theta\alpha\pi o\delta \acute{o} \tau\eta\varsigma$, 미스다포도테스)은 '보상하다'라는 의미로 '상'은 하나님을 아는 즐거움을 가리킨다. 성도들에게 있어서 최상의 기쁨의 근원은 하나님 자신이기 때문이다(시 43:4). 하나님을 기쁘시게 하는 자들은 하나님께서 자신을 믿는 자들에게 보답하시는 공의로우신 속성을 소유하신 분이심을 믿어야 한다.

III. 하나님은 말씀에 순종하는 자를 기뻐하신다.

하나님의 명령은 억지가 아니다. 하나님의 부탁은 무거운 짐이 아니다. 그러므로 하나님의 명령을 받고, 부탁을 믿고 순종하는 생활이 곧 하나님을 기쁘시게 하는 생활이 된다. 사무엘상 15:22절에 "순종이 제사보다 낫고 수양의 기름보다 나으니라" 자녀는 부모님 말씀에 순종해야 하고, 성도는 하나님 말씀에 순종해야 한다. 그리하면 하나님의 축복을 받는다(신 28:1-10).

히브리서 11장 8-10절

아브라함의 신앙

"믿음"의 조상하면 아브라함이다(창 12:1-9). 아브라함의 신앙이 어떠했는가?

I. 순종하는 믿음이 있었다.

11장 8절에 "믿음으로 아브라함은 부르심을 받았을 때에 순종하여…" "아브라함'이 여호와를 믿으니 여호와께서 이를 그의 의로 여기시고(창 15:6)" 이 말씀을 보면 그의 믿음이 있었음을 알 수 있다. 여기 "부르심을 받았을 때"($καλούμενος$, 칼루메노스)는 칼레오($καλέω$)의 현재 분사형으로 아브라함이 부르심을 받은 즉시 즉각적으로 순종하였음을 의미한다(Westcott).

1. 정든 고향을 떠나는 믿음이 있었다(창 12:1-9).
2. 하갈과 이스마엘을 내쫓았다(창 21:14).
3. 이삭을 바치는 믿음이 있었다(창 22:1-18).

II. 미래를 바라보는 믿음이 있었다.

아브라함은 고향을 떠날 때 그의 나이 75세였다(창 12:4). 한창 안정을 누리고 살 수 있는 나이였다. 그 당시 갈대아 우르는 세상에서는 가장 훌륭한 나라요, 부유한 도시였다. 그의 부친은 그곳에서 상당한 기반을 가진 사람이었다. 그런데 이러한 고향을 떠나간다는 것은 쉬운 일이 아니었다. 그러나 그는 말씀을 쫓아갔다(창 12:1-9). "믿음으로 아브라함은 부르심을 받았을 때에 순종하며 떠났다"고 했다(8). 로마서 4:18절에 "아브라함은 바랄 수 없는 중에 바라고 믿었으니…"라고 하였다.

III. 천국을 바라보는 믿음이 있었다.

아브라함은 하나님의 말씀에 순종하여 고향을 떠나면서 하늘의 소망을 바라보았다. 11장 8절에 "…장래기업으로 받을 땅에 나갈 새 갈 바를 알지 못하고 나갔으며" 아브라함은 "내가 네게 지시할 땅으로 가라"는(창 12:1) 하나님의 명령을 받고 즉시 길을 떠났으며 가나안 땅에 이르렀을 때도 그곳이 하나님이 자신과 후손에게 주리라고 약속하신 땅인지 몰랐으며(창 12:5-6), 하나님께서 다시 가르쳐주신 후에야 알았다(창 12:7). 그러나 아브라함은 오직 하나님만 의지하며 천국을 바라보는 믿음만 가지고 떠났다(9-10).

히브리서 11장 23-29절

모세의 신앙

애굽 왕 바로는 이스라엘 백성의 인구가 급증함에 따라 위협을 느끼며 그들의 숫자를 줄이기 위해 사내 아이가 출산 되었을 때 그들을 전부 나일 강에 던져 죽이라는 명령을 내렸다(출 1:9-10,15-22). 그런 상황에서 모세가 출생하였다(출 2:1-2). 모세는,

I. 거절할 것을 거절할 수 있는 사람이었다.

11:24절에 "믿음으로 모세는 장성하여…" 여기 "장성하여"($μέγας\ γενόμενος$, 메가스 게노메노스)는 출 2:11절의 '장성한 후에'를 인용한 것이다. 이것은 그가 히브리인 어머니를 통해서 양육을 받았기 때문에(출 2:9) 모세 자신이 누구인가 하는 정체성을 알았음과 동시에 그가 내린 결단은 장성한 사람이 내린 신중한 것이었다. 모세는 자기 형제인 히브리 노예를 돕는다고 무력으로 개입하여 애굽사람을 죽였다. 이것은 모세가 자신을 히브리인으로 자처한 행위였으며 바로의 아들 됨을 거절하는 행위였다. 모세는 바로의 공주의 아들로서 온갖 부귀영화를 누릴 수 있는 기회를 가졌지만 믿음으로 그 모든 것을 거절하였다(25절).

II. 하나님의 상을 바라보는 사람이었다.

11:26절에 "그리스도를 위하여 능욕을 애굽의 모든 보화보다 더 큰 재물로 여겼으니 이는 상 주심을 바라봄이라" 본문에서 모세가 그리스도를 위하여 능욕 받았다고 했으니 이는 그리스도가 신약시대 뿐 아니라 구약시대에도 하나님의 백성과 함께 있었다는 사상에서 비롯된 것이다. 이사야 63:9에 "그리스도가 그들의 모든 환난에 동참하사"라고 기록되어 있으며, 고린도전서 10:4에서 바울은 출애굽사건을 언급하면서 "다 같은 신령한 음료를 마셨으니 이는 저희를 따르는 신령한 반석으로부터 마셨으매 그 반석은 곧 그리스도시니라."

결국 그리스도는 하나님의 백성과 함께 동행하시는 분이시기 때문에 모세가 하나님의 백성과 함께 고난 받은 것(25절)은 그리스도를 위하여 고난 받는 것과 동일한 것이었다(히 13:8). 모세는 많은 하나님의 사역을 하면서 하나님의 상을 바라보았다. 모세는 기도의 사람이요, 충성의 사람이었다(27-29). 모세처럼 거절할 수 있는 신앙, 하나님의 상을 바라보는 신앙, 기도하는 신앙, 충성하는 신앙을 소유하자.

히브리서 12장 1절

얽매이기 쉬운 죄

"이러므로 우리에게 구름같이 둘러싼 허다한 증인들이 있으니…" 여기 "증인"($\mu\alpha\rho\tau\acute{\nu}\rho\omega\nu$, 마르튀론)은 '관람자'를 의미한다. 이들은 신앙의 선배들을 가리키는 것으로(히 11장) 하나님을 의지하면서 고난 속에서도 인내하며 충성을 다한 자들이었다. 본문은 성도들에게 세 가지를 가르쳐 주고 있다. ① "모든 무거운 것과 얽매이기 쉬운 죄를 벗어 버리라"고 하였고, ② "인내로써 경주장에 달리라" 하였다. ③ "신앙의 주요 온전케 하시는 이인 예수를 바라보라"고 하였다(2). 이 세 가지 중에서 '무거운 것'과 '얽매이기 쉬운 죄'를 벗어버리라고 한 말씀에 대해서 은혜를 나누자.

I. 무거운 것이 무엇인가?

"…모든 무거운 것과…"(1절) 여기 "무거운 것"($\acute{o}\gamma\kappa o\nu$, 옹콘)은 운동선수가 운동을 하는데 방해가 되는 체중을 나타내는 것으로 최선을 다하는데 장애물이 되는 것을 가리킨다. 다시 말해서 필요 없는 중량이다. 운동선수는 무거운 옷과 신을 벗어야 한다. 이것은 우리의 신앙생활에 부를 사랑하는 것, 세상적인 관심사나 자만에 빠지거나, 세상에 애착을 두는 것을 의미한다.

사람에게는 선천적으로 장점과 단점이 있다. 구약성경을 보면 '에서'는 모험을 좋아하고 사냥을 좋아했다. 그런데 그는 먹는데 약점이 있었다. 팥죽 한 그릇에 장자권을 팔아버렸다. 또 야곱은 부지런하고 지혜로운 사람이었다. 그러나 그의 약점은 남을 속이는 것이었다. 아버지를 속여 축복을 받았다. 모세는 얼마나 위대했는가? 그러나 그도 약점이 하나 있었다. 그는 성질이 급했다. 백성들이 물이 없다고 원망할 때 하나님께서는 여기 반석을 치라고 명령하셨다. 그런데 한 번만 치면 될 것을 두 번씩 쳤다. 모세는 그것 때문에 가나안 땅에 들어가지 못했다(신 32:52).

II. 얽매이기 쉬운 죄가 무엇인가?

여기서는 경주를 하는 과정에서 경험하게 되는 연약함을 가리킨다. 그리스도인들은 믿음의 경주를 하는 과정에서 불필요하고 장애물이 될 만한 모든 것을 버려야 하며 동시에 인내로서 경주해야 한다. 지금은 구원의 때요, 은혜 받을 때이다(고후 6:1-2). 사도 바울은 "하나님께서 부르신 부름의 상을 얻기 위해 열심히 쫓아간다"고 했다(빌 3:14). 신앙생활에 인내하면서 오직 예수를 바라보자(히 12:2).

히브리서 12장 2-3절

예수를 바라보자

믿음의 주요, 온전케 하시는 이인 예수를 바라보자. 왜 예수를 바라보아야 하는가?

I. 그는 우리의 믿음의 대상이기 때문이다.

"…예수를 바라보자…" 우리가 보아서는 안 될 것이 있다. ① 나 자신을 바라보지 말아야 한다. 나 자신은 약하다. 유혹에 넘어가기 쉽고 시험에 들기 쉽다. 내가 과거에 실패 했던 것 볼 필요 없다. 실망하게 된다. 내가 과거에 성공했던 것 생각할 것 없다. 교만에 빠지기 쉽다.

② 다른 사람들은 볼 필요 없다. 다른 사람도 약하고 허물과 실수도 있다. 아무리 잘 믿는 사람도 허물이 있다. 사람을 보고 예수 믿다가는 실망한다. 넘어지기 쉽다.

③ 환경도 볼 필요 없다. 우리가 사는 세상은 풍파가 심하다. 오직 예수만 바라보자. "내게 능력 주시는 자안에서 내가 모든 것을 할 수 있느니라"(빌 4:13).

II. 그는 우리의 소망이기 때문이다.

우리가 예수를 바라보는 이유는 그가 우리의 참된 소망이기 때문이다. "주여 내가 무엇을 바라리요 나의 소망은 주께 있나이다"(시 39:7). "나는 항상 소망을 품고 주를 더욱 찬양하리이다"(시 71:14). "우리의 소망이신 그리스도 예수의 명령을 따라"(딤전 1:1). "나의 간절한 기대와 소망을 따라 아무 일에든지 부끄럽지 아니하고…"(빌 1:20). "복음의 소망에서 흔들리지 아니하면 그리하리라"(골 1:23).

솔로몬 왕이 기브온 산당에서 일천 번제를 하나님께 드렸을 때 하나님께서는 솔로몬에게 꿈에 나타나셔서 "내가 네게 무엇을 줄꼬 너는 구하라"(왕상 3:5)고 말씀하셨다. 이때 솔로몬은 백성에게 올바른 재판을 할 수 있는 지혜를 구했다.

III. 그는 고난의 모범을 보이셨기 때문이다.

"…저는 그 앞에 즐거움을 위하여 십자가를 참으사 부끄러움을 개의치 아니하시더니 하나님 보좌 우편에 앉으셨느니라"(2절). 그리스도는 성육신하시기 이전에 누리셨던 하늘의 지위와 복을 버리시고 고난을 당하는 길을 걸으셨다. 사도 바울도 "그리스도의 복음"을 전하면서 수많은 핍박과 고난을 받았었다. 그는 그런 가운데서도 자신의 고난을 기쁘게 받아들이면서 복음을 전했다.

히브리서 12장 8-13절

참 아들은 징계를 받는다

"징계는 다 받는 것이거늘 너희에게 없으면 사생자요 참 아들이 아니니라" 여기 "사생자"(νόθοι, 노도이)는 노예나, 첩의 아들, 모든 사생아를 의미한다. "참 아들이 아니니라"(οὐχ υἱοί, 우크 휘오이)는 서자(庶子)를 가리킨다. 만약 성도들에게 하나님의 징계가 없다면 그는 서자이며 사생아이기 때문에 하나님의 사랑을 받지 못한다. 또 하나님 아버지의 상속자도 될 수가 없다.

반대로 성도들이 당하는 고난과 징계는 하나님의 아들로서 아버지의 사랑과 상속자로서의 특권적 위치를 소유하고 누리게 된다. 징계는 필요하기 때문에 허락된 것이다(10절). 우리가 징계를 받아야 죄를 깨닫게 된다. 하나님의 말씀과 법도가 참으로 좋은 줄 알고 순종하면 축복이 된다(11:13).

I. 하나님의 사랑의 표시다.

히브리서 12:6절에 "주께서 그 사랑하시는 자를 징계하시고 그의 받으시는 아들마다 채찍질 하심이니라" 하나님이 사랑하시는 것이 분명하다.

1. 징계를 참으면 큰 유익이 된다.

9절에 "또 우리 육체의 아버지가 우리를 징계하여도 공경하였거든 하물며 모든 영의 아버지께 더욱 복종하여 살려하지 않겠느냐" "… 하나님은 우리의 유익을 위하여 그의 거룩함에 참예케 하시느니라…"(10절) 육체의 아버지가 징계하여도 감수해야 하거든 하물며 영의 아버지의 징계는 참아야 하며 복종하면 큰 유익이 있다고 하였다. 여기 살려하지 않겠느냐(9절) 여기서 "살려"(ζήδομεν, 제소맨)는 생명으로의 초대를 의미하는 것으로(신 30:11-20) 종말론에 가서 구원을 가리킨다.

부모에게 복종해도 축복받는데 하물며 영의 아버지이신 하나님께 복종하면 축복을 받지 않겠는가.

2. 징계는 나중에 축복의 열매를 맺게 된다.

11절에 "무릇 징계가 당시에는 즐거워 보이지 않고 슬퍼 보이나 후에 그로 말미암아 연달한 자에게는 의의 평강한 열매를 맺나니" 징계를 당할 때 당시의 아픔만 생각하지 말고 그 뒤에 평강의 열매 축복의 열매가 있을 것을 생각하라는 것이다. 여기 "의의 평강한 열매"는 평강과 의로 이루어진 열매를 의미한다. "평강과 의"는 종말론적 구원의 선물로서 미래에 소유하게 될 하나님의 거룩함에 참예하는 흔적이다.

| 년 월 일 | 히브리서 13장 1-6절 |

성도의 사명 (사랑과 봉사)

기독교는 말과 이론의 종교가 아니다 실천의 종교이다. 사도 요한은 "자녀들아 우리가 말과 혀로만 사랑하지 말고 오직 행함과 진실함으로 하자 이로써 우리가 진리에 속한 줄을 아느니라"(요일 3:18-19). 사도 바울도 "내가 예언하는 능이 있어 모든 비밀과 모든 지식을 알고 또 산을 옮길만한 믿음이 있을 지라도 사랑이 없으면 내가 아무것도 아니요"(고전 13:2)

Ⅰ. 형제를 사랑해야 한다(1-2절).

13:1절에 "형제 사랑하기를 계속하고" 형제 사랑은 기독교의 미덕이다. "손대접하기를 잊지 말라"(2절). '형제 사랑'을 확대해서 예수님도 말씀하셨다(마 25:35). 당시 그리스도인들은 핍박으로 인해서 복음전도 여행과 그 여행을 위한 숙식을 하기가 어려웠기 때문에 그리스도인들이 손님을 대접하는 것은 복음전도사역에 매우 중요한 역할이요, 사명이었다(행 21:4, 7, 16, 17).

Ⅱ. 옥에 갇힌 자를 생각해야 한다(3절).

본문은 "형제 사랑"에서(1절) '손님대접'으로(2절) '손님대접'에서 갇힌 자와 학대받는 자에 대한 대접으로 확대하고 있다. '갇힌 자들'은 친구나 가족들의 도움을 받아야 한다. 만약 가족이나 친구들의 도움이 없다면 그들은 감옥에서 굶주려 죽어야만 했다. 예수님께서 "너희 형제 중에 지극히 작은 자 하나에게 한 것이 곧 나에게 한 것이라(마 25:30). 여기 "학대받는 자"는 신앙 때문에 악한 대우를 받는 그리스도인들을 가리킨다(11:36-37). 우리 성도는 신앙의 공동체 안에서 고난당하고 소외 받는 형제들과 연대감을 가지고 자신의 몸이 학대 받는 것처럼 생각하여 그들과 교제를 나누어야 한다(10:32-34, 11:36-38).

Ⅲ. 있는 것을 족한 줄로 알아야 한다(5-6절).

5절에 "돈을 사랑치 말고 있는 바를 족한 줄로 알라" 돈을 사랑하면 하나님과 멀어지고 범죄하게 된다(마 6:24, 눅 16:13, 딤전 6:10). 현재 주어진 여건에 만족하라. 하나님께서 우리를 지켜주시고 함께 해주시고 축복해 주시겠다고 약속하셨다(창 28:15, 신 31:6, 수 1:5, 사 41:17).

히브리서 13장 17절

성도의 사명 (순종과 섬김)

"너희를 인도하는 자들에게 순종하고 복종하라 저희는 너희 영혼을 위하여 경성하기를 자기가 회계할 자인 것 같이 하느니라…" 여기 "경성하기를"(ἀγρυπνοῦσιν, 아그뤼프누신)은 양떼를 돌보기 위해 밤을 지새우는 목자상을 은유적으로 나타내는 말이다. 신약성경에서 주로 종말론적인 "깨어 있음"을 가리키는데 사용되었다(막 13:33, 눅 21:36), 엡 6:18). 목회자는 성도들의 영혼, 즉 그들의 영적생활과 복리를 위해서(10:39) 날마다 깨어 돌보며 기도한다.

I. 교역자를 잘 섬겨야 한다.

목회자는 일생동안 성도들의 영혼문제, 가정문제, 자녀문제, 사업문제, 직장문제 등을 놓고 자신의 일처럼 눈물로 간구한다. 하나님은 이렇게 성도를 위해 헌신한 목회자를 즐거움으로 하게 하라고 명하셨다. 성도들이 목회자에게 근심을 주거나 상처를 입히거나 짐을 증가시킨다면 하나님의 축복을 받을 수 없다. "가르침을 받는 자는 말씀을 가르치는 자와 모든 좋은 것을 함께 하라"(갈 6:6).

1. 목회자는 성도들의 영혼을 경성하여 지키는(ἀγρυπνέω, 아그뤼프네오) 사람들이다(17).

성도들의 생명을 구원하고 지키기 위해 늘 깨어 있어야 한다. 예수께서 말씀하시기를 "내 양떼를 치라"(요 21:17)는 명령에 잠시도 졸지 않고 깨어 기도해야 한다.

2. 목회자는 즐거움으로 일을 해야 한다.

하나님의 능력을 받았고 위로부터 권위를 힘입었기 때문이다.

3. 목회자는 성도들의 기도에 힘입는다(18-19).

II. 하나님께 순종해야 한다.

에베소서 6:2-3절에 "네 아버지와 어머니를 공경하라 이것이 약속 있는 첫 계명이니 이는 네가 잘되고 땅에서 장수하리라" 하나님께 순종하는 것도 성도의 사명이요, 부모님께 효도하는 것도 성도의 사명이요, 목회자를 잘 섬기는 것도 성도의 사명이요, 축복받는 비결이다(신 28:1-).

야고보서

야고보서 서론 | 시험에 대한 성도의 자세 | 후히 주시는 하나님 | 하나님은 누구신가? | 시험을 이기는 자는 복이 있도다 | 사람을 외모로 판단하지 말라 | 행함이 있는 믿음 | 혀를 조심하라 | 참된 지혜를 구하라 | 하나님을 가까이 하라 | 두 마음을 품지 말라 | 기도의 능력

야고보서 서론

1. 저자

야고보이다(약 1:1). A.D. 1세기경 야고보(James)라는 이름은 많았다. 신약성경에서만 네 명의 야고보가 등장한다. ① 예수의 형제 야고보(막 6:3), ② 세배대의 아들 야고보(마 4:21), ③ 알패오의 아들 야고보(마 10:3, 27:56), ④ 열두 사도중 하나인 유다의 아버지 야고보(눅 6:16) 등이다.

그렇다면 이 네 사람 중 누가 본 서신을 기록했는가? 주의 형제 야고보는 신약성경에서 계속적으로 언급되어 왔으며(마 13:55, 행 1:13, 고전 15:7), 또 예루살렘 총회의 의장격으로 교회의 지도자적 위치에서 활동하였다(행 15장). 이렇게 볼 때 그는 본 서신의 저자로 보기에 합당하다. 오리겐(Origen, A.D 185-253년경), 유세비우스(Eusebius, 265-340년경), 제롬(Jerome, 340-420년경) 등은 주의 동생 야고보가 기록했음이 틀림없다고 주장했다.

2. 수신자

"흩어져 있는 열두 지파" 였다(1:1). 열두 지파는 이스라엘의 열두 지파를 가리킨다(창 49:28). 본 서신의 수신자인 유대인 성도들이 어디에 살고 있었는지는 확실히 알 수 없다. 어떤 학자들은 그들이 스데반(Stephen)의 순교이후에 박해기간(행 7:54, 8:3) 동안 예루살렘을 떠나야 했던 성도들이라고 주장한다. 이들은 박해를 피해 유대와 사마리아 모든 땅으로 흩어졌고(행 8:1), 멀리 베니게와 구브로와 수리아 안디옥까지 이르렀다(행 11:19).

3. 기록연대

본 서신의 기록연대에 대해서는 학자들 간에 의견이 분분하다. 1:2-12, 5:10-11에 보면 본 서신은 환난과 시험이라는 정황에서 기록되었다. 이것은 네로(Nero, A.D.54-68) 당시 야고보가 순교할 때의 상황과 비슷하다. 로마서에 나오는 '이신득의' 사상을 잘못 인식한 독자들에게 '믿음'과 행함을 가르쳤다. 그렇다면 본 서신의 기록연대를 A.D.62년경으로 추정한다.

야고보서 1장 2-4절

시험에 대한 성도의 자세

로마의 위대한 철학자였던 키케로(M. Cicero, B.C. 106-43)는 "고난이 크면 클수록 그 영광도 크다"고 하였다. 본문에서 야고보도 "시험을 만나거든 온전히 기뻐하고 믿음으로 인내하라"고 하였다. 성도들이 시험을 당할 때 어떻게 해야 하는가?

I. 시험을 기쁘게 여겨야 한다.

2절에 "…너희가 여러 가지 시험을 만나거든 온전히 기쁘게 여기라" 성도들은 시험에 들지 않도록 기도해야 하며(마 6:13), 일단 시험을 맞게 되면 잠시 근심하게 될지라도 그 뜻하는 바가 있기 때문에 기쁘게 여겨야 한다(벧전 1:6). 여기 "시험"($\pi\epsilon\iota\phi\alpha\sigma\mu o\hat{\iota}s$, 페이라스모이스)은 외부에서 오는 시험, 내부로부터 오는 시험, 사람의 생각 즉 죄의 '유혹'(temptation)에서 오는 시험과 '시련'(trial)이 있다.

II. 믿음을 지켜야 한다.

3절에 "이는 너희 믿음의 시련이 인내를 만들어 내는 줄 너희가 앎이라" 시험이 기쁨의 원인이 될 수 있는 이유는 인내를 만들기 때문이다. 시험을 당할 때 성도는 믿음에 굳게 서야 한다. 아브라함은 시험을 받을 때 믿음으로 이삭을 드림으로 믿음의 조상이 되었다(롬 4:16, 히 11:7). 시험을 받을 때에 입으로 범죄치 않고 믿음을 굳게 지켰다(시 17:3). 하나님은 여러 가지 방법으로 믿음의 시험을 주시는데, ① 환경을 통하여 시험을 주신다(출 15:24, 17:3). ② 명령을 통하여 시험하신다(출 15:25).

III. 인내하여야 한다.

4절에 "인내를 온전히 이루라…" 여기 "온전히"($\tau\acute{\epsilon}\lambda\epsilon\iota o\nu$, 텔레이온)는 끝을 의미하는 ($\tau\acute{\epsilon}\lambda os$, 텔로스)에서 유래된 말로 '온전히 이루라' 는 말은 중도에서 포기하지 말고 끝까지 참고 견디라는 의미이다. 이는 하나님께서 온전하신 것처럼 성도들도 온전해져야 함을 의미한다(마 5:48). 누가복음 21:19에 "인내로 영혼을 얻으라" 요한계시록 3:10에도 "인내하는 자는 시험의 때를 면한다"고 했다.

야고보도 "시험당할 때에 인내하라"고 했다(3절). 모세는 므리바에서 물을 달라는 이스라엘 백성들의 원망을 끝까지 인내하지 못하고 화를 낸 고로 꿈에 그리던 축복의 땅 가나안을 들어가지 못했다(민 20:10-12).

야고보서 1장 5절

후히 주시는 하나님

인간은 하나님께 구하여 축복을 받아서 사는 존재이다. 더구나 지혜가 부족할 때 구하면 후히 주시는 하나님이시다. 솔로몬이 왕이 되어 일천번제 제단을 쌓고 기도했을 때 하나님은 그에게 지혜와 부귀영화를 누리게 하셨다(왕상 3:3-15).

I. 모든 사람에게 주시는 하나님

5절에 "…모든 사람에게…" 하나님은 간구하는 자에게 결코 인색하지 않고 풍성히 주시는 하나님의 성품을 잘 나타내 주고 있다. 여기 "모든 사람"은 비그리스도인까지 포함하는 것이 아니고 기도하는 사람을 가리킨다. 하나님께 기도하는 모든 사람에게 풍성하게 주시기 위해서 준비하고 계시는 분이시다. 모든 사람에게 차별 없이 주신다.

II. 후히 주시는 하나님

5절에 "…모든 사람에게 후히 주시고…" 여기 "후히"($ἁπλῶς$, 하플로스)는 '풍성하게' 라는 의미와 '즉각성' 이란 의미를 내포한다(Calvin). ① 고려하지 않고 주시고, ② 아까워 하지 않고 주시며, ③ 주저하지 않고 주신다는 뜻으로 아주 손쉽게 단순히 주신다는 뜻이다. 하나님은 풍성하시다. 지혜를 구하면 지혜를 주시고 능력을 구하면 능력을 주시고 건강을 구하면 건강을 주시고 물질을 구하면 물질을 주신다.

III. 꾸짖지 않고 주시는 하나님

5절에 "…모든 사람에게 후히 주시고 꾸짖지 아니하시는 하나님께 구하라" 여기 "꾸짖지 아니하시고" 이 말은 무엇을 구할 때 주시면서 불쾌한 태도를 표시하거나 주기를 거부하는 태도를 취하심이 아니란 뜻이다. 아무리 좋은 사람도 여러 번 달라고 하면 기분이 나쁘다. 없다는데 자꾸 달라고 하면 화가 난다. 친자식도 자꾸 달라고 하면 화가 난다. 그러나 우리 하나님은 구하면 구할수록 기뻐하시고 주시기를 원하신다. "내 이름으로 무엇이든지 구하면 내가 시행하리라"(요 14:13-14). "너희가 내 안에 거하고 내 말이 너희 안에 거하면 무엇이든지 원하는 대로 구하라 그리하면 이루리라"(요 15:7). "오직 믿음으로 구하고 조금도 의심하지 말라"(약 1:6).

| 년 월 일 | 야고보서 1장 17-18절 |

하나님은 누구신가?

오늘날 우리 한국교계에 종교다원주의와 포스트모더니즘과 같은 신사상이 교회 안팎으로 물의를 일으키고 있다. 포이에르바하(L.A.Feuerbach, 1829-1880)는 '하나님이 없다' 고 했으며, 니체 (F.Nietzsche, 1844-1900)는 '하나님은 죽었다' 고 하였다. 이들은 모두 하나님의 존재를 부인하는 어리석은 자들이다(시 14:1). 성도들은 하나님이 어떤 분이신가를 분명히 알아야 한다.

I. 하나님은 어떤 분이신가? (하나님의 속성)

1. 하나님은 스스로 살아계시는 분이시다(자존성).

"자존" 이란 말은 '스스로 존재한다' 는 의미이다. 하나님은 모세에게 '나는 스스로 있는 자' 라고 선언하셨다(출 3:14). 하나님은 영원부터 영원까지 영존하시는 분이시며(시 90:2), 또 무소부재하신 하나님이시다(시 145:3). 하나님은 시간과 공간의 제한을 받지 않는 초월자이시다. 하나님은 영이신 동시에 인격성을 지닌 분이시다.

2. 하나님은 불변하시다.

17절에 "그는 변함도 없으시고 회전하는 그림자도 없으시니라" 모든 것이 변해도 하나님께서 성도에게 베푸시는 은사와 선물은 변함이 없으시다(말 3:6). 하나님은 목적과 결과에서 (히 6:17,18) 인자하심에서(시 103:8), 공의에서(창 18:25), 축복하심에서(히 6:13,14) 변함이 없으시다. 하나님은 영원히 변치 않으신다(민 23:19, 시 102:26, 사 41:4, 히 13:8).

3. 하나님은 무한하시며 모든 존재의 근원 되신다.

하나님께서는 태초에 천지를 창조하심으로써(창 1:1) 만물의 근원이 되셨다. 사도 바울도 만물이 하나님께서 나왔다고 하였으며(롬 11:36), 하나님은 모든 생명의 근원이 되신다(시 36:9). 또 인간의 육적 생명과 영적 영생의 근원이 되신다. 하나님은 자기 형상대로 사람을 만드시고(창 1:27), 최초로 복을 주셨다(창 1:28).

4. 인간을 사랑하시는 하나님이시다.

하나님은 사랑이시다(요일 4:8). 범죄한 아담을 찾아오신 하나님(창 3:9, 15, 21), 롯을 구원하기 위해 찾아오신 하나님(창 19:16)은 전지전능하시고 신실하시고 공의로우시고 거룩하시다. 하나님은 "수고하고 무거운 짐진 자들아 다 내게로 오라"(마 11:28). "또 목마른 자들도 오라" (요 7:37)고 하셨다.

야고보서 1장 13-18절

시험을 이기는 자는 복이 있도다

"사람이 시험을 받을 때에 내가 하나님께 시험을 받는다 하지 말지니…"(13절) 여기 "시험"($\pi\epsilon\iota\rho\acute{a}\zeta o\mu\epsilon\nu o\varsigma$, 페이라조메노스)은 시련(trial test)이 아니라 '유혹'(temptation)을 의미한다. 야고보는 시험을 하나님께로부터($\dot{a}\pi\grave{o}$ $\theta\epsilon o\hat{u}$, 아포 데우) 받는 것이 아님을 강조하고 있다. 그 유혹은 하나님에게서 비롯된 것이 아니라 사람이 자기 속에 있는 악한 죄악의 기질과 욕심에 미혹되어 발생하는 것이다(14절). 그러므로 죄의 책임은 인간에게 있다.

I. 하나님은 시험을 하시지 않는다(13절).

시험 중에는 하나님께서 시험하실 때가 있고 시험하시지 않을 때가 있다. 하나님께서 하시는 시험은 하나님께서 주관하시고 하나님의 일정한 목적이 있다. 그 시험은 하나님을 믿기만 하면 승리요 축복이다. 근신하지 않고 깨어 기도하지 않으면 넘어진다. 죄의 삯은 사망이다(14-15절).

1. 시험은 어디서 오는가?
자기 욕심에서 온다. 14절에 "오직 각 사람이 시험을 받는 것은 자기 욕심에 끌려 미혹됨이니" "시험"(temptation)이 사람을 연단시키기 위해서 주신 하나님의 섭리라고 합리화 시킬 수 없다. 오히려 사람이 자기 욕심에 이끌려 미혹되는 것이다.

2. 시험은 어떤 사람이 받는가?
믿음이 약한 사람이 받는다. 고전 10:12절 "그런즉 선줄로 생각하는 자는 넘어질까 조심하라"

II. 시험을 이기려면,

① 인내하는 믿음을 가져야 한다(약 5:11). ② 간절한 기도, 깨어 있는 기도가 있어야 한다(마 26:41). 기도는 시험을 이기는 능력이요 비결이다. ③ 말씀으로 무장해야 한다(엡 6:10-19). 예수님도 말씀으로 시험을 이기셨다(마 4:1-11, 신 8:3). 시험을 이기면 면류관을 얻고 축복을 받는다(계 2:10). "만물의 마지막이 가까왔으니 그러므로 너희는 정신을 차리고 근신하며 기도하라"(벧전 4:7). ④ 마귀에게 틈을 주지 말아야 한다(엡 4:27). ⑤ 성령의 능력을 받아야 한다(막 16:16-18).

사람을 외모로 판단하지 말라

우리 속담에 '빛 좋은 개살구' 란 말이 있다. 이는 속은 텅 비어 있으면서 겉만 번지르르한 실속 없는 사람을 두고 한 말이다. 물론 외모도 출중하고 인격도 훌륭한 사람도 있다. 그러나 '빛 좋은 개살구' 같은 사람들이 더 많은 것이 우리 인간사회라 하겠다. 오늘 본문 말씀을 통하여 "사람을 외모로 판단하지 말라" 제목으로 은혜를 받고자 한다.

I. 교회는 차별을 하지 말아야 한다.

2장 1절에 "…영광의 주 곧 우리 주 예수 그리스도를 믿는 믿음을 너희가 받았으니…" 영광이신 우리 주 예수 그리스도 우리가 믿음으로 받았다. 예수 그리스도는 하나님의 모든 성품을 지니신 영광이시다(눅 2:32, 요 1:14, 17:5, 히 1:3) "…사람을 외모로 취하지 말라" 여기 "외모로"($\epsilon\nu\ \pi\rho o\sigma\omega\pi o\lambda\eta\mu\psi\iota\alpha\iota\varsigma$, 엔 프로소폴렘프시아이스)는 70인 역에서 '사람의 얼굴을 보고 강타하다' 라는 의미로 사용되었으나 본래 이것은 '한 사람에게 얼굴을 들다' 라는 의미로서 한 사람에게 호의적으로 대하는 것 즉 같은 상황에서 서로 차별을 두고 대하는 것을 의미한다. 하나님은 절대로 사람을 외모로 보지 않으시며 그 중심을 보신다(삼상 16:7, 행 10:34, 롬 2:11, 엡 6:9, 골 3:25). 하나님의 성품을 닮아가는 성도는 예수 그리스도 안에서 차별 대우를 하거나 외모로 판단해서는 안 된다. 하나님은 우리의 중심을 보신다.

II. 사람을 외모로 취하지 말아야 한다.

많은 사람들은 상대방의 차림새를 보고 그 사람의 빈부를 판단한다. 만약 교회에서 차림새를 보고 대우한다면 분명히 부자는 환영받고, 가난한 자는 멸시받을 것이다. 야고보는 "사람을 외모를 보고 취하면 죄가 된다고(9절) 선언했다. 사람을 외모로 취하면 왜 죄가 될까?

① 편파적으로 판단하게 하기 때문이다. 2장 4절에 "너희끼리 서로 구별하여…" 서로 구별하다 보면 무리를 이루게 된다. 무리를 이루면 또 편당이 된다. 교회 안에서 편당이 생기면 성도가 상처입고 교회는 분열된다. ② 악한 생각으로 판단하기 때문이다. ③ 하나님을 대적하는 것이기 때문이다. 2장 5절에 "하나님은 가난한 자를 택하사 믿음을 부요하게 하시고 천국을 유업으로 받게 하신다"

야고보서 2장 20-26절

행함이 있는 믿음

본문에서 야고보는 "행함이 없는 믿음은 죽은 것이라"(20, 26절)고 하였다. "아아 허탄한 사람아 행함이 없는 믿음이 헛것인줄 알고자 하느냐"(20절) 여기 "허탄한" (χενέ, 케네)은 '공허한' '속이 빈' 의미로 행함이 없는 자들을 향한 말로서 행함이 없는 믿음이 참 믿음이 아니라는 사실을 그들이 전혀 알지 못함을 가리킨다. 따라서 '허탄한 사람'은 영적인 진리를 전혀 몰라 행함이 없는 어리석은 사람을 말한다. 행함이 없는 믿음이 수고하지 않아 아무것도 성취할 수 없는 것임을 시사한다(14-19).

I. 믿음과 행위

사도 바울은 "믿기만 하면 구원을 얻는다"고 하였다(행 16:26절). 바울은 믿음에, 야고보는 행위에 주안점을 두었다. 바울은 예수 그리스도 안에서 주시는 하나님의 은혜로 이제 막 믿기 시작한 사람들에게 주로 권고했고, 히브리서 11:1절에 "믿음은 바라는 것들의 실상이요 보지 못하는 것들의 증거"이다. 우리가 구원 얻는 길은 오직 믿음뿐이다. 야고보가 행위에 주안점을 둔 것은 믿음에 대해 절대 반대한 것은 아니다. 믿음은 산 믿음이어야 하는데, 산 믿음에는 반드시 행위가 따르기 때문이다.

II. 행함에는 믿음의 열매가 나타난다.

21절에 "우리 조상 아브라함이 그 아들 이삭을 제단에 드릴 때에…" 야고보가 '아브라함을 예로 들면서 '우리 조상'이라고 표현한 것은 수신인이 유대인임을 시사한다. 아브라함은 믿음의 열매를 맺음으로써 믿음의 조상이 되었다(롬 4:16). 26절에 "영혼 없는 몸이 죽은 것 같이 행함이 없는 믿음은 죽은 것이니라." 산 믿음에는 반드시 행함이 뒤따라야 하며, 행함은 반드시 믿음에 기초해야 한다. 행함은 곧 믿음의 열매를 나타난다.

III. 행함은 최후심판의 표준이다.

우리는 믿음으로 구원 얻는다. 그러나 그 믿음은 무엇으로 나타는가? 결국 행위로 나타난다. 아무리 믿음이 훌륭해도 행함의 열매가 없으면 소용없다. 일찍이 하나님은 이스라엘 백성들에게 행위대로 심판하시겠다고 하셨다(겔 7:8, 33:20). 믿음에 행함이 따를 때 참된 믿음 산 믿음이 되어 온전한 구원을 이룰 수 있다.

야고보서 3장 1-12절

혀를 조심하라

"말 한마디로 천 냥 빚을 갚는다."는 속담이 있다. "말"이란 사람에게 많은 유익을 주며 절대로 필요하다. 반면에 "말"로 사람 잡는다는 말처럼 말이란 사람에게 많은 피해를 준다. 말 한마디로 사람을 죽일 수도 있고, 살릴 수도 있다. 그래서 야고보는 본문에서 "혀를 조심하라" 곧 "말을 조심하라"고 경계하고 있다.

I. 혀는 작지만 큰 힘을 발휘한다(3-4절).

4절에 "또 배를 보라 그렇게 크고 광풍에 밀려가는 것들을 지극히 작은 키로 사공의 뜻대로 운전하나니" 야고보는 작은 부분을 통해 커다란 몸체를 조종할 수 있음을 암시하면서 배와 키의 관계를 제시한다. 야고보는 말과 재갈 배와 키 몸과 혀를 비교하면서 혀가 작지만 혀를 조심하지 않을 경우 큰 피해를 끼칠 수 있음을 강조한다. '키'는 비록 작지만 큰 배의 방향을 마음대로 좌우한다. 혀는 바로 키와 같다.

II. 혀는 불과 같다(5-6절).

성냥 한 개비는 작지만 그것으로 온 산과 집을 태울 수 있다. 불을 보고 겁내지 않는 사람이 없고 피하지 않는 사람이 없다. 그러나 불은 위험하지만 잘 이용하면 우리에게 유익을 준다. 혀는 바로 이와 같은 것이라고 야고보는 말하고 있다(6).

1. 왜 혀를 불과 같다고 했는가?

① 피해의 범위가 넓다. 산불이 나면 많은 나무를 태우듯이 혀도 많은 사람을 다치게 한다. 한 마디 말이 널리 퍼져 많은 사람의 마음에 상처를 주고 죽이기까지 한다. ② 걷잡을 수 없다. 불이 나면 걷잡을 수 없이 이웃집으로 퍼져간다. 이 세상에서 돌아오지 않는 것이 셋이 있는데, '쏜 화살', '놓쳐버린 기회', '한 말'이라고 한다. 말을 하기 전에 깊이 생각한 후 말하고 자신이 한 말에 대해서는 책임을 져야 한다.

III. 혀는 변덕스럽다(9-10절).

사람은 누구나 한 입으로 칭찬도 하고 미워도 한다. 9절에 "한 입으로 찬송하고 저주하기도 한다."고 했다(10). 11절에 "샘이 한 구멍으로 어찌 단물과 쓴물을 내겠느뇨." 사도 바울은 "더러운 말은 너희 입 밖에도 내지 말라"고 했다(엡 4:29).

야고보서 3장 13-18절

참된 지혜를 구하라

그리스 철학에서는 지혜를 사랑했고, 구약성경의 전도서는 지혜서이다. 잠언서도 지혜서이다. 미국의 사상가요, 시인이었던 에머슨(R.W Emerson 1803-1882)은 "라파엘은 지혜를 그렸고, 헨델은 지혜를 노래했고, 셰익스피어는 지혜를 썼다"라고 말했다. 본문에서 야고보는 성도들이 가져야 할 지혜를 말하고 있다.

I. 그릇된 지혜란 무엇인가?

3:15절에 "이러한 지혜는 위로부터 내려온 것이 아니요…" 본 절은 앞 절에서 언급한 내용인 이기적 욕망과 야망에 사로잡힌 지혜에 대한 설명이다. 그러한 지혜는 위로부터 내려온 것이 아니다. 하나님께서 주시지 않는 지혜는 ① 세상적이다(고전 15:40, 고후 5:1). ② 정욕적이다. 영적인 것과 비교되는 육신적인 것을 의미한다(고전 2:14, 15), ③ 마귀적이다(15절). 이것은 하나님을 알지 못하며 없어질 지혜이며, 번뇌케 하는 지혜이다. 고린도전서 1:21절에 "이 세상에 자기 지혜로 하나님을 알지 못한다"고 했다. 16절에 "요란"($ἀκαταστασία$, 아카타스타시아)은 '무질서함'(고전 14:33)을 의미한다. 이처럼 땅의 지혜는 사회적 혼란과 죄악을 가져온다.

II. 참된 지혜란 무엇인가?

3:17절에 "오직 위로부터 난 지혜는 첫째 성결하고 화평하고 관용하고 양순하며…" ① "성결하고"($ἀγνή$, 하그네)는 혼합되지 않은 상태를 의미한다. 참된 지혜를 소유한 사람들은 성결한 삶을 산다. ② "화평하고"($εἰρηνική$, 에이레니끼)는 올바른 관계를 의미한다. 참된 지혜를 소유한 사람은 하나님과 사람들과 올바른 관계를 맺고 산다. ③ "관용하고"($ἐπιεικής$, 에피에이케스)는 정당한 공정한 의미를 갖는다. 이것은 내 주장만 하지 않으며, 다른 사람의 실수나 과오를 너그럽게 용소해주는 지혜이다. ④ "양순하며"($εὐπειθής$, 유페이데스)는 잘 순종하는 유순함을 의미한다. ⑤ "긍휼과"는 불쌍히 여겨 동정함을 의미한다. 이것은 하나님의 성품이다. 예수 그리스도 안에서 나타난 은혜이다(롬 9:16). ⑥ "선한 열매가 가득하고"는 하늘의 지혜는 사람들로 하여금 선하게 살도록 해주는 지혜($σοφίας$, 소피아스)이다. ⑦ 편벽되지 않는다. ⑧ 거짓이 없다. 하늘의 지혜는 꾸밈이 없다. 속임수를 쓰지 않으며 진실하다. 참된 지혜는 거짓이 없다.

야고보서 4장 7-10절

하나님을 가까이 하라

본서는 A.D. 62년경 네로황제의 기독교 박해 직전 예루살렘에서 기록한 것으로 추정된다. 당시 교회의 박해와 핍박 때문에 멀리 흩어져 박해받고 있는 형제들에게 야고보는 환난 속에 있는 유대인 성도들에게 믿음을 지키도록 권면하고 있다.

I. 하나님을 가까이 하라(8절).

여기 "가까이 하라"($ἐγγίσατε$, 엥기사테)는 제사장들이 하나님께 나아갈 때 사용된 단어이다(출 19:22). 사람들이 하나님께 가까이 가려고 할 때 하나님과 사람 사이를 가로막는 것이 죄이다. 그래서 성경은 '손을 깨끗이 하라' '마음을 성결케 하라' 고 말한다. "손을 깨끗이 한다"는 것은 무엇을 의미하는가? 구약시대에는 제사장들이 지성소에 들어가기 전에 물두멍에서 손을 씻었다. 구약에서 '손'은 '부패한 행동'을 의미하였다. 따라서 손을 씻는 것은 '내가 하나님 앞에서 깨끗이 서기 원한다'는 것을 나타내는 상징적 행위이다. 이것은 또한 '마음을 성결케 하라'는 말씀과 연결된다. 다윗은 "여호와의 산에 오를 자 누구며 그 거룩한 곳에 설 자 누군고 곧 손이 깨끗하며 마음이 청결하며 뜻을 허탄한 데 두지 아니하며 거짓 맹세치 아니하는 자로다"(시 24:3-4). 여기서 "손"은 외적 행동을, "마음"은 내적 사상을 의미한다. 성도는 하나님 앞에서 깨끗이 서야 한다. 하나님 앞에 가까이 나아가는 생활은 주님 오실 그날까지 꾸준히 계속 되어야 한다.

II. 두 마음을 버려야 한다(8-10절).

여기서 "두 마음"을 품었다는 것은 '두 혼'을 의미한다. 어떻게 보면 하나님 뜻대로 사는 것 같고 또 다시 보면 자기 주장대로 사는 것 같은 이중적인 삶을 말한다. 우리는 한마음이어야 한다. "두 마음을 품은 자는 모든 일에 정함이 없는 사람이라"(약 1:8). 하나님은 우리의 한 마음을 원하신다. 마음을 성결케하여 한 마음을 가지고 주의 일을 해야 한다.

9절에 "슬퍼하며 애통하며 울지어다." 성도들은 자신들의 영적 상태를 돌아보면서 내게 있어야 할 것이 없음을 인해서 또 내게 없어야 할 것이 있음을 인하여 슬퍼하며 애통하며 울어야 한다.

야고보서 4장 8절

두 마음을 품지 말라

야고보는 당시 유대인들과 로마제국의 가혹한 핍박 때문에 참된 사랑과 교제를 상실한 유대인 성도들에게 환난 속에서도 인내할 것을 권면했다. 그리고 믿음을 지키고 그리스도의 사랑을 회복하도록 부탁하고 있다. 야고보는 "두 마음을 품지 말라"고 부탁한다. "두 마음을 품어 모든 일에 정함이 없는 자로다"(1:8)

I. 두 마음을 품은 자

8절에 "…두 마음을 품은 자들아…" '두 마음을 품은 자'는 하나님을 사랑하려는 마음과 쾌락을 즐기려는 마음을 동시에 소유한 자를 가리킨다. 그러나 사람들은 '하나님과 세상' 두 주인을 동시에 섬길 수 없다(눅 16:13). 우리는 한 마음으로 하나님을 섬기고 제단을 섬겨야 한다.

1. 한 마음을 품으려면 예수의 마음을 가져야 한다.

예수의 마음은 온유한 마음이요 겸손한 마음이다(마 11:29). 빌립보서 2:5절에 "너희 안에 이 마음을 품으라 곧 그리스도 예수의 마음이니…"

II. 교만한 자와 겸손한 자

야고보서 4:6에 "하나님은 교만한 자를 물리치시고 겸손한 자에게 은혜를 베푸시느니라" 여기 "교만한 자"($ὑπερηφάνοις$, 휘페레파노이스)는 '위에'를 뜻하는 ($ὑπέρ$, 휘페르)와 '자신을 나타내다'를 뜻하는 ($φαίνομαι$, 파이노마이)의 합성어로서 '우월감에 빠져 있는 자'란 의미를 갖는다. 교만한 마음은 언제나 상대적 우월감에 젖어있다. 심지어는 하나님을 의지하지도 않는다. "교만은 패망의 선봉이요 거만한 마음은 넘어짐의 앞잡이니라"(잠 16:18) 어거스틴(St. Augustine)은 첫째도 겸손이요, 둘째도 겸손이요, 셋째도 겸손이라고 하였다. 문제는 교만한 마음을 품고 겸손하게 가장하고 외식하는 것이다.

우리는 하나님을 섬기는 자들이기 때문에 진실한 마음으로 한 마음을 가져야 한다. 사람은 하나님과 재물을 겸하여 섬길 수 없다. 만일 겸하여 섬긴다면 두 마음을 품은 자들이 된다. 그러므로 하나님을 가까이 모시고 오직 겸손한 마음으로 오직 한 마음으로 제단을 섬기며 살아야 한다.

기도의 능력

성도는 고난당할 때 인내하면서 기도해야 한다. 기도는 성도들만이 누릴 수 있는 특권이다. 오늘 본문의 말씀은 고난당한 자와 병든 자를 위한 기도에 대해서 가르치고 있다.

I. 고난당하는 자를 위한 기도(13절)

13절에 "너희 중에 고난당하는 자가 있느냐 저는 기도할 것이요…" 여기 "고난"($κακοπαθεῖ$, 카코파데이)은 개인이 당하는 어려움을 말한다. 야고보는 고난과 기도를 연결시키면서 성도들은 인내하면서 하나님을 소망하며 기도할 것을 가르치고 있다(빌 4:12,13). 여기 "기도할 것이요"($προσευχέσθω$, 프로슈케스도)는 성도들이 고난을 당할 때 계속 기도해야 함을 의미한다. 열왕기하 20:1-7절에 히스기야가 병들었을 때 기도하여 고침 받았다. 기도는 능력이다.

II. 병든 자를 위한 기도(14-18절)

본문에서 말하는 병자는 육체적 또는 영적인 문제로 인하여 연약하게 된 상태에 있는 사람을 의미한다. 이런 사람들은 교회의 장로들을 청하여 기도하게 해야 한다. 교회의 장로들은 감독이나 목사와 동일한 명칭으로(행 15:6, 22, 20:17, 21:18, 빌 1:1, 딛 1:5,7, 벧전 5:1-4) 교회의 대표를 의미한다.

병든 자들은 교회의 지도자들을 청해서 같이 기도해야 하며, 병든 자를 위로하며 믿음의 기도를 해야 한다(살전 5:14). "…그들은 주의 이름으로 기름을 바르며 위하여 기도할찌니라"(14절)

III. 믿음의 기도는 병든 자를 고치느니라(15절)

15절에 "믿음의 기도는 병든 자를 구원하리니 주께서 저를 일으키시리라…" '기도' 에는 믿음이 붙어있다. 병든 자를 치유하는 신유의 기적이 '믿음' 을 요구한다. 기도는 능력이 나타난다. 믿음으로 기도해야 한다(1:6, 마 9:22, 막 9:29). 여기 "구원하시리니"($σώσει$, 소세이)는 신체적인 질병에서의 구원, 곧 질병의 치유를 가리킨다. 곧 회복을 의미한다. "주께서 저를 일으키시리라" 병자를 고치는 것은 기름이 아니라 기도이다. 그리고 그 기도는 믿음의 기도이다(요 5:14-15). 기도의 능력자가 되자.

베드로서

베드로전서 서론 | 성도의 소망 | 불로 연단한 믿음 | 거룩한 생활에 힘쓰라 | 십자가의 보혈 | 신령한 젖을 사모하라 | 모퉁이의 머릿돌 되신 예수 | 마지막 날의 성도의 사명 | 성도의 사명을 다하라 | 사후에도 구원받을 기회가 있을까? | 성도의 3대 사명 | 목회자(장로)의 사명 | 너희 염려를 다 주께 맡기라 | 사탄과 싸워 이기자 | 베드로후서 서론 | 보배로운 믿음 | 성도의 생활 | 베드로의 신앙 | 말씀의 능력 | 타락한 천사들은 무엇인가? | 하루가 천년, 천년이 하루같이 | 저를 아는 지식에 자라가라

베드로전서 서론

본서는 네로(Nero)황제가 기독교를 박해할 즈음에 소아시아에 흩어져 살고 있는 성도들에게 구원의 소망을 가지고 인내할 수 있도록 격려하기 위해 기록했다. 그래서 본서를 '소망의 서신', '격려의 서신'이라고 부른다. 고난 가운데 살아가고 있는 성도들에게 참된 소망과 위로를 주고 있다. 그러므로 성도들이 고난에 직면해 있을 때 불평이나 원망하지 말고 그리스도의 고난에 동참한다는 마음으로 인내하며 그 고난을 감내해야 한다.

1. 저자
본서의 저자는 베드로이다(1:1).

2. 수신자
본 서신의 서두를 보면 수신자는 본도 갈라디아, 갑바도기아, 아시아, 비두니아에 흩어진 나그네(1:1)이다. 이 다섯 지방은 소아시아라고 불리며 '흩어진 나그네'는 역사적으로 남왕국 유다가 B.C. 586년 경에 바벨론에 포로가 된 이후 또는 북왕국 이스라엘이 B.C. 721년 경에 앗수르에 멸망된 이후 여러 지방에 흩어지게 된 유대인들을 가르킨다. 이러한 사실로 보아 '흩어진 나그네'는 유대교에서 기독교로 개종한 '디아스포라' 유대인들을 의미한다(약 1:1). 그러나 본 서신의 수신자는 유대 그리스도인들 뿐만 아니라 이방 그리스도인들도 포함한다. 이렇게 볼때 본 서신의 수신자는 소아시아에 흩어져 있던 여러 교회들의 그리스도인 전체를 가리킨다고 하겠다.

3. 기록연대
네로(Nero)의 박해가 시작되기 직전이나 바로 직후인 A.D. 64년 경에 기록했다.

4. 기록장소
본 서신의 기록장소는 5:13절에 바벨론으로 언급되어 있다. 그러나 많은 논란이 있다. 중세의 인문주의자 에라스무스(Erasmus), 제네바에서 종교개혁을 주도했던 칼빈(J. Calvin) 등의 학자들은 본 서신이 유브라테스강 유역의 바벨론에서 기록되었다고 주장한다. 그러나 A.D. 41년경 로마로 추정된다.

베드로전서 1장 1-5절

성도의 소망

본 서신은 A.D. 64년경 베드로에 의해(1:1) 로마에서 기록되었으리라 추정된다. 베드로의 별명은 시몬이며, 그의 태생은(요 1:44) 벳세다 출신이다. 그는 갈릴리 바다에서 어부로서 잔뼈가 굵었다. 그는(요 1:40-42) 동생 안드레의 인도로 예수를 만나게 되었고 택함을 입어 (눅 5:1-11), 열두 제자의 반열에 들었으며, 수제자로서 주님의 사역을 감당하게 되었다. 본 서신에는 세 가지 특징이 있다.

첫째, 베드로는 본 서신을 통해 환난 중에 있는 성도들에게 산 소망을 제시하여 어떤 고난과 시험에도 약해지지 말고 담대히 대처할 수 있는 믿음을 가질 것을 촉구하고 있으며, 구원의 소망을 잃지 않도록 격려하고 있다. 둘째, 본 서신은 삼위일체론(1:2, 3:12), 창조론(4:19), 그리스도론(1:20, 3:18), 속죄론(2:43, 3:18, 19), 종말론(1:13, 5:1, 10) 등 일종의 교리서와 같다. 셋째, 본 서신은 구약의 역사와 예언이 강조되어 있으며(1:10-12, 3:5, 6, 20), 특히 구약의 진리들이 기독론적으로 해석되었다.

I. 이 땅위에는 참된 소망이 없다는 것이다(3절).

3절에 "…산 소망이 있게 하시며" 여기 산 소망은 그리스도인들이 그리스도의 부활로 말미암아 서듭나게 된 결과이나. 하나님께 사기 백성을 위해 이미 나린한 것이다. 시편 39:7에 '주여 내가 무엇을 바라리요 나의 소망은 주께 있나이다'

II. 성도의 소망은 산 소망이다(4절).

4절에 "썩지 않고 더럽지 않고 쇠하지 아니하는 기업을 잇게 하시나니…" 여기 "기업"은 ① 하나님 나라(마 25:34, 엡 5:5), ② 영생(마 19-29, 막 10:17, 눅 10:25), ③ 구원(히 1:14), ④ 약속(히 6:12), ⑤ 축복(3:9), 이러한 기업은 '산 소망'과 연결된 것으로(3절) 거듭난 자에게 주어지는 선물이다. "곧 너희를 위하여 하늘에 간직하신 것이라"

III. 성도의 참된 소망은 하나님이다.

로마서 15:13에도 "소망의 하나님"이라고 하였다. 하나님은 우리의 영혼을 영원히 채워주시는 소망이다. 이 세상의 소망은 썩고, 더러워지고, 쇠하여지는 소망이다. 그러나 하늘의 소망은 썩지 않고 더러워지지 않고 쇠하지 않는다. 그러므로 산 소망이신 예수 그리스도를 바라보며 성도의 사명을 다하자.

베드로전서 1장 6-12절

불로 연단한 믿음

예수의 십자가는 세상 사람들이 볼 때에는 보잘 것 없이 보일지 몰라도 우리 성도들에게는 가장 필요한 것이다. 그것은 우리의 생명의 길이요, 축복의 길이요, 구원의 길이기 때문이다.

I. 금보다 더 귀한 믿음(6-7절)

6절에 "그러므로 너희가 여러 가지 시험을 인하여…" 여기 "시험"($\pi\epsilon\iota\rho\alpha\sigma\mu o\hat{\iota}\varsigma$, 페이라스모이스)은 외부에서 다가오는 시험으로 상위 단계로 나아가기 위해 거쳐야 하는 시련(Test)을 의미한다(약 1:2). 말세에 하나님이 주신 구원을 끝까지 지키려면 인내가 필요하다. 예수께서 "끝까지 견디는 자는 구원을 얻으리라"(마 24:13).

누가복음 18:8절에 "인자가 올 때에 세상에서 믿음을 보겠느냐?" 7절에 "믿음의 시련이 불로 연단하여도 없어질 금보다 더 귀하여…" 참된 믿음은 변하지 않는다. 금이 불로 연단 받듯이 믿음도 시련을 통해 연단 받는다. "칭찬과 영광과 존귀"는 종말론적 보상 혹은 상급으로서 성도들이 기다리는 온전한 '구원'의 모든 것을 나타낸다(롬 2:7-10, 빌 1:11, 히 2:7-9).

II. 보지 못하고 믿는 자는 복이 있다(8-9절).

지금도 주님은 하나님 우편에 앉아 계시면서 우리의 기도를 듣고 계신다. 지상에서는 역사적인 주님을 보지 못한다. 그러나 보지 않고 믿는 자들은 복이 있다고 했다(요 20:29, 히 11:1,27). "믿음"은 보지 못한 것들의 실상이기 때문이다(히 11:1-). 믿음은 우리에게 구원의 복을 주고 있다.

믿음의 실상은? ① 바라는 것이다(히 11:1). 로마서 14:18에 "아브라함이 바랄 수 없는 중에 바라고 믿었으니…" ② 의지하는 것이요 맡기는 것이다(시 22:8). 시편 37:5 "너희 길을 여호와께 맡기라 저를 의지하면 저가 이루시고…" 잠언 16:3 "너희 행사를 여호와께 맡기라"

믿음의 대상은? ① 하나님이다. 창세기 15:6 "아브라함이 여호와를 믿으니…" 요한복음 14:1 "너희는 마음에 근심하지 말라 하나님을 믿으니 또 나를 믿으라"

믿음은 능력이다(마 9:2, 28, 눅 8:48).

| 년 월 일 | 베드로전서 1장 13-17절 |

거룩한 생활에 힘쓰라

"그러므로 너희 마음의 허리를 동이고 근신하여 예수 그리스도의 나타나실 때에 너희에게 가져올 은혜를 온전히 바랄지어다"(13절). "동이고"($άναζωσάμενοι$, 아나조사메노이)는 급한 일을 당할 때 취하는 태도(출 12:11)로 정신적이든 육체적이든 게으른 삶을 반성하고 목표로 매진하는 자세를 가리킨다(눅 12:35).

I. 진리에 순종해야 한다(14절).

14절에 "너희가 순종하는 자식처럼…" 여기 '자녀'라는 말은 두 가지 의미를 지닌다. ① '상속자'라는 뜻으로 자녀는 부모의 재산을 물려받을 권리를 지니며, ② 부모의 인격이나 성품을 함께 나눈다는 의미이다. 베드로는 수신자들을 향해 '불순종의 자녀'가 아니라(엡 2:2) '순종의 자녀'라고 부른다. 왜냐하면 그리스도인들은 믿음을 통해서(롬 1:5, 16:26) 복음을 받아들이며 순종하는 마음을 보이고, 또한 하나님의 상속자이며 자녀가 되어서 아버지께 순종하며 그 성품을 배워가기 때문이다.

II. 사욕을 본받지 말아야 한다(14절 하).

14절에 "…이전 알지 못할 때에 쫓던 너희 사욕을 본 삼지 말고" 여기 "알지 못할 때"($έν τῇ άγνοίᾳ$, 엔 테 아그노이아)는 하나님을 알지 못하는 무지를 의미한다. 여기에서 하나님을 알지 못한 자들이 누구인가에 대한 견해는 두 가지이다. ① 이방인을 가리킨다(Cranfield Selwyn). 바울도 이 사실을 여러 번 언급했다(행 17:30, 엡 4:18). ② 유대인들을 가리킨다(Michaels Bigg). 이방인이든 유대인이든 하나님을 인식하지 못하고 하나님을 떠나 영적으로 죽은 상태를 나타낸다. 그러나 영적 생명을 소유한 그리스도인들은 과거의 삶, 즉 욕망에 사로잡힌 삶을 버려야 한다(엡 5:5-7, 갈 5:24).

III. 모든 행실에 거룩한 자가 되어야 한다(15-16절).

15절에 "오직 너희를 부르신 거룩한 자처럼 너희도 모든 행실에 거룩한 자가 되라" 여기 "행실"($άναστροφῇ$, 아니스르로페)은 선한 행실(2:12), 선한 양심(3:16), 정결한 행위(3:2)를 의미한다. 성도들은 거룩하여 하나님의 뜻을 이루어야 한다.

베드로전서 1장 18-21절

십자가의 보혈

피는 생명의 근원이다. 만일 피가 없으면 생명체는 죽게 된다. 피는 생명체를 지탱해주는 생명의 근원이다(레 17:11). 하나님은 짐승의 고기를 피채 먹지 말라고 하셨다(창 9:3-4). 피 먹는 것을 금하셨다(레 17:10). 예수 그리스도의 십자가에서 흘리신 피는 인류의 구원을 성취하셨다. 예수의 피는 보배로운 피요, 생명의 피요, 구속의 피요, 구원의 피이다.

Ⅰ. 예수의 피는 구속의 보혈이다(18-19절).

18절에 "…너희 조상의 유전한 망령된 행실에서 구속된 것은…" 여기 "망령된"($\mu\alpha\tau\alpha i\alpha\varsigma$, 마타이아스)은 이방종교의 특성을 나타내는 단어로 우상숭배와 관련되어 사용된다(렘 2:5, 8:19, 행 14:15, 엡 4:17). 우리가 구속받은 것은 금이나 은으로 된 것이 아니고 오직 점도 없고 흠이 없는 어린양 같은 그리스도의 보혈로 된 것이다(9절). 예수 그리스도는 흠 없고 순결한 어린양으로 우리의 구속을 위하여 희생제물이 되셨다(출 12:5).

Ⅱ. 주님의 보혈의 능력

밀턴(John Milton 1608-1674)은 인간이 위대한 것은 ① 하나님의 형상대로 지음을 받았으며(창 1:27), ② 십자가에서 흘리신 예수 그리스도의 피로 구속 받았기 때문이다(고전 13:1)고 하였다. 예수의 피는 능력이다. ① 그 피는 영원한 언약이기 때문이다(마 26:28). ② 그 피를 통하여 의롭게 되기 때문이다(롬 5:9). ③ 그 피는 우리를 하나님과 가까워지게 하기 때문이다(엡 2:13). ④ 그 피는 우리를 하나님과 화평케 하기 때문이다(골 1:20). ⑤ 그 피는 우리를 성결케 하기 때문이다(요한일서 1:7, 계 7:14).

Ⅲ. 십자가의 피는 영광의 보혈이다.

21절에 "너희는…하나님을 그리스도로 말미암아 믿는 자니…" 성도들이 하나님 안에 거할 수 있고 하나님을 믿을 수 있는 것은 예수 때문이다. 왜냐하면 예수께서 아버지 하나님을 계시하셨으며(요 1:18), 자신의 대속적인 죽음을 통해서 하나님과 원수 되었던 인간과 하나님 사이를 화해시켰기 때문이다(고후 5:19). 성도는 하나님께 영광을 돌리며 살아야 한다(고전 6:19, 20).

베드로전서 2장 1-10절

신령한 젖을 사모하라

"갓난아이들 같이 순전하고 신령한 젖을 사모하라"(2절) "갓난"($ἀρτιγέννητα$, 아르티겐네타)은 아르티($ἄρτι$, 방금)와 겐나오($γεννάω$, 되다,나다)의 합성어로 방금 태어난 상태를 묘사해 준다. '아이들'($βρέφη$, 브레페)은 문자적으로 아직 출생하지 않은 아이를 의미하지만(눅 1:41, 44), 본문에서는 네피오이($νήπιοι$) 유아와 같은 뜻으로 사용되었다(눅 2:12). 이 '갓난' 아이들은 영적으로 거듭난 자에 대한 비유로 마치 갓 태어난 아이가 엄마의 젖을 간절히 찾듯이 그리스도인이 신령한 젖을 사모해야 함을 드러내기 위해 사용되었다(마 18:3, 막 10:14, 15). 갓 태어난 아이가 엄마의 젖을 갈구하는 것처럼 영적으로 거듭난 성도는 성장하기 위하여 말씀을 갈망해야 한다.

I. 영적으로 성장하려면 신령한 젖을 사모해야 한다(2절).

여기 "사모하라"($ἐπιποθήσατε$, 에피포데사테)는 갓 태어난 어린아이의 상태를 나타낸다(빌 2:26). 베드로는 마치 갓 태어난 어린아이가 엄마의 젖을 갈구하는 것처럼 영적으로 거듭난 자들이 성장하기 위하여 필연적으로 말씀을 갈망해야 함을 강조한다(시 119:20). "…순전하고 신령한 젖을 사모하라" 이 말은 가감이 없는 순수한 하나님의 말씀을 가리킨다. 시편 107:9절에 "사모하는 영혼을 만족케 하신다"

II. 영적으로 성장하려면 젖(말씀)을 잘 받아먹어야 한다.

"…이는 이로 말미암아 너희로 구원에 이르도록 자라게 하려 함이라" 신앙이 자라고 성숙해지려면 하나님의 말씀을 사모해야 한다. 여기 "구원"은 마지막 날에 있게 될 그리스도인의 최종적 구원을 의미하는 것으로 성화의 완성을 의미한다. "너희가 주의 인자하심을 맛보았으면 그리하라"(3절) "인자하심을 맛본다" 이 말은 마치 갓난아이가 젖의 맛을 알게 되는 것처럼 하나님의 말씀을 경험한 것을 가리킨다. 이처럼 말씀의 능력을 경험한 성도들은 계속적으로 말씀을 더욱 사모하여 그 능력 안에서 성숙해가야 한다.

말씀은 능력이다(히 4:12). 말씀을 들을 때 우리의 믿음이 자라고 주님을 아는 지식이 자라고 지혜가 자라고 모든 일에 자라서 그리스도의 장성한 분량에까지 자라야 한다.

베드로전서 2장 6-8절

모퉁이의 머릿돌 되신 예수

예수님은 이 땅에 오셔서 세상 사람들로부터 온갖 멸시와 천대를 받으셨다. 그러나 결국 예수 그리스도는 교회의 머릿돌이 되셨다. 예수를 돌로 표현한 곳이 많다. 구약에서는 장차 오실 메시야이신 그리스도를 '모퉁이의 머릿돌' (시 118:22), '시험한 돌' (사 28:16), '뜨인돌' (단 2:34)이라고 하였다.

신약에서 바울은 그리스도를 '신령한 반석' (고전 10:4), '모퉁이의 돌' (엡 2:20)이라고 했다. 베드로는 '보배로운 산 돌이신 예수' (4절)라 하였으며, 사도행전 4:11과 본문 7절에서는 예수님께서 '모퉁이의 머릿돌' 이 되신다고 하였다. "모퉁이의 머릿돌"에 대해서 함께 생각해보자.

I. 건축자들의 버린 돌이었다(7절).

7절에 "… 믿지 아니하는 자에게는 건축자들의 버린 그 돌이 모퉁이의 머릿돌이 되고…" 여기 "버린"(ἀπεδοκίμασαν, 아페도키마산)은 '거절당한' 이란 의미로(고전 9:27), 그리스도께서 불순종하는 자들에게 거부당하신 사실을 나타낸다. 이 말씀은 구약에서 이미 예언되었고(시 118:22), 예수님도 그 예언을 확인하셨다(마 21:42, 눅 20:17, 18). 사람들은 예수를 메시야로 받아들이기를 거부하여 버렸으나 하나님은 배척당한 예수를 영광의 자리로 높이셨다.

"건축자들의 버린 돌"이란 예수 그리스도께서 구세주로 이 세상에 오셨으나 유대인들에게 무익한 사람으로 버림을 당하여 십자가에 죽기까지 한 사실을 의미한다.

II. 그러나 건축의 기초가 되셨으며 주춧돌이 되셨다.

건축자들이 버린 돌이 모퉁이의 머릿돌이 되었다는 것은 곧 예수께서 교회의 주춧돌이 되셨음을 의미한다. 시편 118:22절에 "머릿돌"은 본래 이스라엘을 가리켰으나 나아가서는 예수 그리스도를 예표한 것이다. 예수 그리스도는 세상에서 버림받고 십자가에서 죽으셨으나 마침내 죽음에서 부활하심으로 성도의 부활의 기초가 되어 만왕의 왕 만주의 주가 되셨다(계 19:16). 베드로는 예수 그리스도께서 친히 모퉁이의 머릿돌이 되셨다고 하였다. 모퉁이 돌은 기둥을 떠받치는 밑바닥 돌로 그 집의 주춧돌이다. 예수 그리스도께서는 교회를 떠받치는 주춧돌이다.

마지막 날의 성도의 사명

베드로는 마지막 날에 좋은 날 보기 원하는 자는 혀를 금하여 악한 말을 그치며, 그 입술로 궤휼을 말하지 말고, 악에서 떠나 선을 행하고, 화평을 구하여 이를 쫓으라고(8-11) 하였다.

I. 성도의 사명

영생을 사랑하고 다가올 세계를 간절히 바라는 그리스도인들은 무엇보다도 먼저 혀를 조심하여 악한 말을 하지 않아야 한다(약 3:6).

1. 악한 말을 버리고 선한 말을 해야 한다.

9절 "악을 악으로 욕을 욕으로 갚지 말고 도리어 복을 빌라 이를 위하여 너희가 부르심을 입었으니 이는 복을 유업으로 받게 하려 하심이라" 그리스도인들은 당연히 악을 갚지 말고 도리어 축복하고 기도해야 한다. 이를 위하여 우리가 부르심을 입었으니 하나님은 우리에게 복 주시려고 부르셨다. 예수님도 형제를 사랑하며 불쌍히 여기며 겸손하게 대하라고 말씀하셨다(눅 6:27, 29, 23:34). '톨스토이'는 "입 밖에 내지 않은 언어는 천금의 가치가 있다"고 했다. 시편 34:12에 "누구든지 악을 선으로 갚으면 그를 하나님께서 알아주시고 갚아주시느니라"

2. 악을 떠나 선을 행해야 한다(10-11절).

성도는 혀를 조심하여 악한 말을 하지 않아야 한다(약 3:6). 여기 "궤휼"(10절)($δόλον$, 돌론)은 다른 사람을 속이거나 해치는 것을 의미한다. 성도는 다른 사람을 비방하거나 헐뜯는 것을 삼가야 하며 화평을 이루어야 한다(11절).

화평한 교회, 화평한 가정은 하나님의 축복을 받는다. 잠언 17:1 "마른 떡 한 조각만 있어도 화목하는 것이 육선이 가득하고 다투는 것보다 나으니라" 교회는 화평하면 부흥된다. 불화하면 분열이다. "주의 눈은 의인을 향하시고 귀는 그의 간구에 귀를 기울이느니라"(12절). 마지막 날 성도의 사명을 다하려면 ① 마음을 같이 해야 하며, ② 형제를 사랑해야 하며, ③ 불쌍히 여겨야 하며, ④ 겸손해야 한다(8절). 여기 "마음을 같이하여"(8절)($ὁμόφρονες$, 호모프로네스)는 '같은'을 뜻하는 호모스($ὁμός$)와 '마음'을 의미하는 프렌($φρήν$)의 합성어로서 한 가지 일에 뜻을 합하는 것을 의미한다. 각자가 서로에 대한 동일한 관심을 가지며 영적인 끈으로 연합되어야 한다(행 4:32).

베드로전서 3장 13-17절

성도의 사명을 다하라

기독교의 진리는 어느 때나 박해를 받았다. 진리가 생명이기 때문이다. 말세에 성도들이 당할 어려움을 미리 보면서 베드로는 이렇게 말했다. "악한 세대를 본받지 말고 선을 행하며 고난을 극복하라고 권면했다. 환난과 핍박과 고난을 극복하려면,

I. 담대한 신앙을 가져야 한다.

14절에 "그러나 의를 위하여 고난을 받으면 복있는 자니… 두려워 말라…" 여기 '고난을 받으면' 이 말은 실제로 일어날 확실한 박해를 암시한다. 오늘 본문은 예수께서 말씀하신 '팔복' (마 5:10)을 베드로가 인용한 것이다. 성도들은 고난이 닥치더라도 그 순간을 견디어 이기면 축복을 받는다.

하나님께서 여호수아에게 "마음을 강하게 하고 담대하게 하라"(수 1:6)고 하셨으며, 여호수아도 장로들에게 "두려워 말며 놀라지 말며 마음을 강하게 하고 담대히 하라"(수 10:25)고 말했다. 오늘 본문에서도 베드로는 "저희의 두려워함을 두려워말며 소동치 말라"고 했다(4).

II. 예수만 바라보아야 한다.

15절에 "너희 마음에 그리스도를 주로 삼아 거룩하게 하고…" 본 절은 이사야 8:13의 인용이다. 이사야 8:13에서 '주'는 '만군의 여호와'를 가리키는 것으로 본절에서는 그리스도에게 적용되었다. "그리스도를 주로" (κύριον τὸν χριστόν, 퀴리온 톤 크리스톤)는 '그리스도를 주로서' 라는 의미이다.

III. 선한 양심을 가져야 한다.

16절에 "선한 양심을 가지라…" 사도 바울은 "선한 싸움을 싸우라"(딤전 1:18)고 했으며 본문에서도 '선한 양심을 가지라'고 했다. 선한 양심이 무엇인가? ① 선한 양심은 불의를 이길 수 있고 하나님만 바라보며 하나님의 은혜에 감격한다. 선한 양심을 유지하려면 영성훈련이 필요하다(행 24:16). ② 하나님의 마음을 감동시킨다. ③ 두려움이 없고 담대해진다.

성도의 사명을 다하려면 ① 담대한 신앙을 가져야 하며, ②예수만 바라보아야 하고, ③ 선한 양심을 가져야 한다.

| 년 월 일 | 베드로전서 3장 19절 |

사후에도 구원받을 기회가 있을까?

"저가 또한 영으로 옥에 있는 영들에게 전파하시니라" 오늘 본문에서 베드로는 그리스도께서 영으로 옥에 있는 영들에게 전파하셨음을 증언하고 있다. 이 구절은 성경에서 가장 논란이 많은 신학적 난제이다. 특히 가톨릭은 이 구절을 근거로 연옥설(煉獄說)을 주장한다.

로마 카톨릭 교회와 그리스 정교회에서는 인간이 죽은 후 거하는 중간 처소로 연옥이 있다고 주장한다. 이곳은 순교자와 같은 일부 성도들을 제외한 성직자들조차도 가서 거하게 되는 곳으로 이 세상에서 지은 죄가 완전히 씻겨질 때까지 고통과 연단을 받는 정화의 장소라고 한다. 이곳에서 받는 고통의 정도와 그 기간은 사람이 지은 죄의 경중에 비례하는데 이곳에서 자신의 죄를 완전히 보상한 후에야 비로소 천국으로 들어갈 수 있게 된다는 것이다.

I. 기독론(Christology)에서 본 입장

기독교에서는 인간의 죽음 후에는 영생과 영벌 외에는 존재하지 않는다. 예수 그리스도께서 인간을 구원하기 위하여 이 땅에 오셨다. 우리의 죄를 대속하기 위해 죽으시고 부활승천 하셨다(행 1:9-11). 그러므로 우리는 예수를 믿고 예수의 공로를 힘입어 해방되어 구원에 이른다. 결코 인간의 공로나 공적에 의해서 천국에 들어갈 수 없다(롬 3:23-28). 그리고 이미 죽은 자를 위하여 기도한다고 해도 도움이 될 수 없다.

II. 본문의 영(Spirit)은 누구인가?

만약 영을 예수로 본다면 예수께서 친히 전파하셨는지 아니면 구약시대의 선지자들을 통해서 전파했는지, 예수가 전파했다면 누구에게 언제 무엇을 전파했는지 논란이 많다. ① 에녹의 영이 음부에 있는 타락한 천사들에게 전파했다고 주장한다. ② 그리스도가 죽으신 후 부활하기까지의 동안에 노아의 홍수 때 멸망하여 음부에 갇혀 있는 자들을 구원하기 위하여 전파했다고 주장한다. ③ 그리스도가 성육신 전에 성령으로 노아를 통해 당시의 패역한 사람들을 살리기 위해 전도했다고 주장한다. 이 견해에 따르면 "연옥"은 이 세상을 의미한다. 이러한 견해 중 세 번째 견해가 가장 타당한 듯하다(20절, 1:10, 20, 벧후 2:5). 누가복음 16장에서 부자와 나사로에 대한 기사를 통해서 천국과 지옥(음부)을 알 수 있다(눅 16:23-25).

성도의 3대 사명

베드로는 말세에 처한 성도들에게 3대 사명을 강조했다. 때는 만물의 마지막 때 즉 말세가 가까웠다. "자다가 깰 때가 벌써 되었으니 이는 이제 우리의 구원이 처음 믿을 때보다 가까웠음이라"(롬 13:11). 히브리서 9:27에도 "인류의 멸망도 가까웠으며", 베드로후서 3:10에도 "이 우주의 종말도 가까웠고" 요한계시록 22:7에도 "주의 재림도 가까웠다"고 했다. 성도의 사명을 다하려면,

I. 정신을 차리고 근신하여 기도해야 한다.

7절에 "만물의 마지막이 가까웠으니 그러므로 너희는 정신을 차리고 근신하여 기도하라" "만물의 마지막"은 예수님의 재림을 의미한다(3:10). "가까왔으니" ($\H{\eta}\gamma\gamma\iota\kappa\epsilon\nu$, 엥기켄)는 '가까이 잡아 당기다' 라는 의미를 가진 엥귀스($\epsilon\gamma\gamma\upsilon\varsigma$)에서 유래되었다. 이것은 임박한 상황을 가리키는 말로 베드로는 박해 받고 있는 성도들에게 낙심치 말고 소망을 가지라고 부탁하고 있다. 성도는 ① 은혜받기 위해서(행 2:1-4), ② 하나님의 비밀을 알기 위해서(암 3:7), ③ 시험에 들지 않기 위해서(마 26:41), ④ 병 고침을 받기 위해서(약 5:13-16) 정신 차리고 깨어 기도해야 한다(눅 22:44).

II. 열심히 서로 사랑해야 한다.

8절에 "…열심히 서로 사랑할지니 사랑은 허다한 죄를 덮느니라" 기독교는 사랑의 종교이다. 요한1서 4:7절에 "하나님은 사랑이시요." 요한복음 3:16에 "주님은 사랑으로 오셨으며 기독교의 최고의 덕은 사랑이다"(고전 13:13). 말세에는 사랑이 식어진다고 하였다(마 24:13). 에베소교회는 첫 사랑을 잃어버리고 주님으로부터 책망을 받았다(계 2:5). 베드로전서 1:22에 "뜨겁게 피차 사랑하라"고 했다.

III. 서로 봉사해야 한다.

10절에 "각각 은사를 받은 대로…서로 봉사하라" 은사는 하나님께서 값없이 주신 선물로 다양하다(롬 12:6, 고전 12:4). 하나님께서 은사를 주신 것은 교회의 유익을 위해 주셨다(고전 12:7). 그래서 성도들은 자신이 받은 은사를 가지고 서로 봉사하며 섬겨야 한다. 은사를 받은 대로 봉사하라. 하나님은 기억하시고 축복하신다. 우리는 만물의 마지막 때 살고 있다. 정신 차리고 근신하여 기도에 힘써야 한다.

베드로전서 5장 1-4절

목회자(장로)의 사명

사도 베드로는 교회 지도자급에 해당하는 장로들에게 하나님께서 주신 사명에 대하여 권면하고 있다. 본문 말씀을 통해 "장로의 사명"에 대해서 생각해 보고자 한다.

Ⅰ. 하나님의 양떼를 잘 돌봐야 한다.

1절에 "너희 중 장로들에게 권하노니…" '장로' ($πρεσβυτέρους$, 프레스뷔테루스)는 구약시대부터 시작된 호칭이다(출 3:16,18, 24:9, 민 11:16, 수 20:4). 신약시대에 와서는 예루살렘교회가 장로 제도를 사용하였으며(행 11:30, 21:18), 바울과 바나바는 전도여행을 하면서 각 교회에 장로들을 세웠다(행 14:23). 선한 목자는 양들을 푸른 초장으로 인도하며 꼴을 먹인다(시 23:1-).

Ⅱ. 사명감을 가져야 한다.

2절에 "너희 중에 있는 하나님의 양 무리를 치되…" 베드로는 요한복음 20:15-17에 예수께서 자신에게 부탁했던 말을 다른 목자들 즉 장로들에게 권면한다. 본래 '양'은 그리스도의 것이며(요 10:14, 21:15), 하나님의 것이다(행 20:28). 그런데 목자장이 되시는 그리스도께서 양 무리를 돌보는 직임을 사람들에게 위임하신 것이다. 그러므로 ① 부득이 함으로 하지 말고 오직 하나님의 뜻을 좇아 자원함으로 하며 라고 하였다. 여기 "즐거운"($προθύμως$, 프로뒤모스)은 헌신적으로 열심을 내는 것을 가리킨다. 목회자는 ① 사명으로 해야 한다. ② 물욕을 버려야 한다. ③ 자원하는 마음으로 열심히 해야 한다.

Ⅲ. 양들에게 본(本)이 되어야 한다.

3절에 "맡기운 자들에게 주장하는 자세를 하지 말고 오직 양 무리의 본이 되라" 여기 "맡기운 자들"($κλήρων$, 클레론)은 본래 '제비뽑기'란 의미의 클레로스($κλῆρος$)에서 나온 단어로 이스라엘 사람들이 가나안 땅에 들어갔을 때 제비뽑기를 하여 땅을 할당받았던 것에서 유래한다(수 18:10). 본문에서는 레위인에게 할당한 기업처럼 신성한 은혜에 의한 몫이다. 양떼들은 자기의 목자만을 따른다. 성도들도 이처럼 자기의 목자만을 따른다. 선한 목자는 성도들이 따라오도록 솔선수범한다. 목회자는 언행일치해야 한다.

베드로전서 5장 7절

너희 염려를 다 주께 맡기라

"너희 염려를 다 주께 맡겨 버리라 이는 저가 너희를 권고하심이니라"

I. 너희 염려를 다 주께 맡기라

본절은 시편 55:23절의 인용이다. 여기 "염려"($\mu\acute{\epsilon}\rho\iota\mu\nu\alpha\nu$, 메림난)는 '나누다' 라는 의미의 '메림나' ($\mu\acute{\epsilon}\rho\iota\mu\nu\alpha$)에서 유래된 단어로 악한 자들로부터 받는 핍박뿐만 아니라 내면에 있는 여러 가지 걱정이나 고민 등을 의미한다(마 6:25-34). 성도들은 이러한 염려를 다 주께 맡겨야 한다. 여기 "맡겨 버리라"($\epsilon\pi\iota\rho\iota\psi\alpha\nu\tau\epsilon\varsigma$, 에피립산테스)는 '던져 버리다' 라는 의미로 모든 염려를 맡겨야 함을 의미한다. 왜냐하면 그리스도께서 성도들을 권고하시기 때문이다. 예수님도 "내일 일을 위하여 염려하지 말라 내일 일은 내일 염려할 것이요 한날 괴로움은 그날에 족하니라"(마 6:34).

사도 바울도 "아무것도 염려하지 말고 오직 모든 일에 기도와 간구로 너희 구할 것을 감사함으로 하나님께 아뢰라"(빌 4:6). 시편 37:5절에 "너의 길을 여호와께 맡기라 저를 의지하면 저가 이루시고…" 시편 55:22 "네 짐을 여호와께 맡겨 버리라…" 잠언 16:3 너의 행사를 여호와께 맡기라 그리하면 너의 경영하는 것이 이루리라" "너희 중에 누가 염려함으로 그 키를 한자나 더할 수 있느냐(마 6:27).

II. 이는 저가 너희를 권고하심이니라

여기 "…권고하심이니라"($\mu\acute{\epsilon}\lambda\epsilon\iota$, 멜레이)는 '돌보다', '관심을 갖다' 라는 의미로 염려가 그에게 있음을 의미한다. 그러므로 성도들은 관심을 가지고 우리를 돌보시는 전능하신 하나님께 맡겨야 한다. 하나님의 능력의 손에 맡겨야 한다. 그럴 때 평강의 축복을 소유하게 된다.

1. 하나님은 겸손한 자에게 은혜를 베풀어 주신다.

"주 안에서 낮추라 그리하면 주께서 너희를 높이시리라"(약 4:10). 야고보서 4:6 "…하나님은 교만한 자를 물리치시고 겸손한 자에게 은혜를 주신다" 이와 같이 염려를 주께 믿고 맡길 줄 아는 사람에게는 염려가 일어나지 않을 것이다. 주님이 싫어하시는 일을 맡긴다면 안 되지만 자원해서 맡기라고 명령하셨으니 순종하고 맡기면 문제는 해결된다. 주님은 언제나 우리의 인생문제에 적극적으로 개입하시어 자진하여 해결해 주신다. 내 자녀, 내 가정, 내 사업, 내 교회를 믿고, 맡기고 순종하자.

베드로전서 5장 8-9절

사탄과 싸워 이기자

손자병법에 "적을 알고 나를 알면 백번 싸워 이긴다."는 말이 있다. 이처럼 싸움에서 적을 안다는 것은 매우 중요하다. 성도의 영적인 적은 사탄이다. 그러므로 사탄에 대해서 잘 알고 대처한다면 영적 전투에서 이길 수 있다. 오늘 본문에서 베드로는 사탄과 싸워 이길 수 있는 대안을 제시하고 있다. 사탄과 싸워 이기려면,

I. 근신하여 깨어 있어야 한다.

8절에 "근신하라 깨어라 너희 대적 마귀는 우는 사자같이 두루 다니며 삼킬 자를 찾나니" 여기 "깨어라"($γρηγορήσατε$, 그레고레사테)는 잠에서 깨어있는 상태뿐 아니라 영적인 경각심을 갖도록 할 때 또는 권고나 주목을 요청할 때 사용되었다(마 26:40,41, 막 13:35-37).

성도들이 깨어 있어야 할 이유는 대적 마귀가 삼킬 자를 찾아다니기 때문이다. '마귀'는 ($διάβολος$, 디아볼로스) '비난하는 자' 곧 사탄을 가리킨다(대상 21:1, 욥 1:6-12, 슥 3:1). 베드로는 마귀를 배고픈 사자로 비유하여 사탄의 유혹이 강력함을 시사한다. 사탄은 연약한 성도를 미혹하여 하나님께 불순종하도록 한다. 그러므로 말씀위에 굳게 서서 마귀와 싸워 승리하자(롬 12:1, 2).

II. 시험에 들지 않도록 기도해야 한다.

성도들이 사탄과 싸울 수 있는 무기는 오직 기도뿐이다(엡 6:17, 18). 예수님도 제자들에게 "시험에 들지 않게 깨어 있어 기도하라"(마 26:41)고 하셨다. 기도는 영혼의 호흡이요 숨결이요, 능력이다. 예수님도 "광야에서 기도의 능력으로 사탄과 싸워 승리하셨다(마 4:1-11). "믿음이 없으면 사탄과 싸워 이길 수 없다." "성령을 힘입어 기도하라"(엡 6:18).

III. 믿음에 굳게 서서 마귀를 대적해야 한다.

9절에 "너희는 믿음에 굳게 하여 저를 대적하라" 여기 "굳게 하여"($στερεοί$, 스테레오이)는 흔들리지 않는 '반석' 같은 단단함을 의미한다. 사탄의 공격의 목표는 성도들이다. 그러므로 성도는 굳센 믿음으로 사탄의 시험과 유혹을 물리쳐야 한다.

베드로후서 서론

베드로전서가 외적 고난에 대한 위로와 격려의 내용을 다루고 있는 반면 본서는 교회 내부에서 발생한 문제, 즉 거짓교사들에 대한 경고를 중심주제로 다루고 있다. 당시 초대교회에는 많은 이단자들이 나타나 성도들을 잘못된 길로 인도하며 교회를 분열시키고 파멸의 위기로 몰아갔다.

베드로는 이러한 사실을 알고 본서를 통해 성도들에게 거짓교사들의 유혹에 넘어가지 말고, 믿음에 굳게 서기를 촉구했다. 하나님의 말씀을 마음에 새기고 이단의 유혹을 물리치며 믿음에 굳게 설때 그리스도의 장성한 분량까지 성장할 수 있다.

1. 저자

베드로이다(1:1). 본서가 베드로의 저작이라는 사실은 오리겐(Origen)에 의해 최초로 주장되었다. A.D.240년경 오리겐은 "베드로는 하나의 유명한 서신을 남겼다. 그것은 베드로후서이다. 그런데 그것이 의심을 받고 있다"고 말했다.

2. 수신자

본 서신은 "우리 하나님과 구주 예수 그리스도의 의를 힘입어 동일하게 보배로운 믿음을 우리와 같이 받은 자들"(1:1), "사랑하는 자들아 내가 이제 이 둘째 편지를 너희에게 쓰노니"(3:1) 이러한 것을 보면 본 서신의 수신자는 전서의 수신자와 마찬가지로 소아시아에 흩어져 사는 그리스도인들임을 알 수 있다(벧전 1:1). 넓게는 모든 세대의 성도들이 본 서신의 수신자이다.

3. 기록연대

A.D. 66-67년경으로 보는 것이 가장 타당하다.

4. 기록장소

본 서신은 베드로전서와 마찬가지로 로마인 것으로 추정된다.

베드로후서 1장 1-4절

보배로운 믿음

본 서신은 A.D. 66-67년경에 베드로에 의해 로마에서 기록되었다. 본 서신은 베드로전서의 기록목적과 같이 고난 받는 성도들을 격려하고 권면하기 위해서 기록되었다. 오늘 이 시간 "보배로운 믿음"이란 제목으로 은혜를 나누려고 한다.

I. 예수 그리스도는 보배이다.

베드로는 수신자들에게 자신을 두 가지 호칭으로 소개하고 있다. ① "예수 그리스도의 종" 여기 '종' ($\delta o\hat{u}\lambda o \varsigma$, 둘로스)은 '노예'를 가리킨다. ② '사도' ($\dot{a}\pi \acute{o}\sigma \tau o\lambda o\varsigma$, 아포스톨로스)는 '보냄을 받은 자'라는 의미이다. 믿음의 중심은 예수님이고 예수가 보배이므로 우리 역시 보배로운 믿음이 된다. 믿음은 바라는 것들의 실상이요, 보지 못하는 것들의 증거이다(히 11:1). 믿음은 생명이요, 교회의 초석이요 소망의 실상이다. 예수님은 자신을 가리켜서 "하나님께 택하심을 입은 보배로운 산돌"(벧전 2:4)이요, "보배롭고 요긴한 모퉁이돌"(벧전 2:6)이라고 하였다.

II. 하나님의 능력이다.

이 보배를 믿을 때 하나님의 능력을 갖게 된다. 3절에 "그의 신기한 능력으로 생명과 경건에 속한 모든 것을 우리에게 주셨으니…" "신령한 능력"은 희한한 능력(행 19:11)이요 하나님의 신적인 능력을 말한다(수 22:22, 시 50:1, 사 9:6, 겔 10:5). 성도들은 하나님의 신적인 능력을 통해서 '생명과 경건에 속한 모든 것'을 받게 된다. 하나님의 능력을 체험한 후에 하나님을 사랑하며 영적인 성장을 위해 힘써야 한다.

III. 이 믿음은 하나님의 선물이다.

4절에 "보배롭고 지극히 큰 약속을 우리에게 주사…" '약속'은 그리스도의 재림(3:4, 9, 12), 새 하늘과 새 땅(3:13), 그리고 그리스도의 영원한 나라(11절)에 참예케 되는 것을 가리킨다. 우리는 보배롭고 지극히 큰 약속을 받았다. "내가 너로 큰 민족을 이루고 네게 복을 주어 네 이름을 창대케 하리니 너는 복의 근원이 될지라."(창 12:3) 아브라함에게 약속하신 하나님이 오늘 우리에게도 말씀하신다. 하나님의 약속은 성취된다. 보배로운 믿음을 가졌으니 주님의 몸된 교회를 잘 섬기고 주신 사명을 감당하자.

베드로후서 1장 5-11절

성도의 생활

"이러므로 너희가 더욱 힘써 믿음에 덕을, 덕에 지식을, 지식에 절제를, 절제에 인내를, 인내에 경건을, 경건에 형제우애를, 형제우애에 사랑을 공급하라"(5-7) "더욱 힘써… 공급하라" 성도들은 믿음을 통해서 얻은 구원에만 만족해서는 안 된다. 하나님은 우리에게 거룩한 삶을 살도록 영적인 능력을 주셨다. 그러므로 성숙된 성도의 생활을 해야 한다. 여기 "공급하라"($\epsilon\pi\iota\chi o\rho\eta\gamma\eta\sigma\alpha\tau\epsilon$, 에피코레게사테)는 풍부하게 공급하고 지원하라는 의미이다.

① 믿음에 덕을 더해야 한다. '믿음'은 하나님의 선물이다(엡 2:8-9). 우리는 믿음을 통해서 구원을 얻게 된다(4절). 이 믿음은 우리의 삶의 밑바탕이 된다(롬 5:1, 히 11:1, 유 1:20). 믿음은 우리의 생명이요 능력이다.

② 덕에 지식을 더해야 한다. '지식'은 '지혜' 또는 '통찰력'을 말한다(롬 15:14, 고전 13:2, 벧전 3:7). 여호와를 경외하는 것이 지식의 근본이라고 했다(잠 1:7).

③ 지식에 절제를 더해야 한다.' 절제'는 절약과 제재인데 근신하여 조절하여 성도의 생활을 잘 해야 한다.

④ 절제에 인내를 더해야 한다. 이것은 믿음을 지속하는 능력이며 핍박을 이기는 능력으로(눅 8:15, 롬 5:3, 히 12:2) 끝까지 견뎌서 승리를 쟁취하는 것이다.

⑤ 인내에 경건을 더해야 한다. '경건'은 삶(생활) 속에서 하나님의 뜻대로 행하며 헌신하여 하나님의 성품에 참예하는 것을 가리킨다.

⑥ 경건에 형제우애를 더해야 한다.

⑦ 형제우애에 사랑을 더해야 한다. 믿음으로 시작된 성도들의 덕목이 사랑으로 완성된다. 사랑은 모든 덕목들 가운데 으뜸이다(고전 13장).

사랑의 본체인 하나님께서 아들 예수 그리스도를 통해서 이 세상에 보여주신 것으로 남을 위하여 자기 자신을 희생하는 행동을 의미하며 하나님께서 우리 속에 이루고자 하시는 것이다(요 3:16, 롬 5:5, 요일 3:16, 4:8).

이와 같이 성도들이 신의 성품에 참예하여 '성령의 열매'(갈 5:22, 23)를 맺어야 한다. 사랑은 성령의 열매(갈 5:22, 23)로 나타난다. 사랑이 없으면 기독교인이라 할 수 없다. "이같이 하면… 넉넉히 너희에게 주시리라"(11절).

베드로의 신앙

베드로후서 1장 12-21절

오늘 본문에서 베드로는 신앙 간증을 통하여 우리에게 깊은 감동을 주고 있다.

I. 베드로의 신앙고백(12-15절)

13절에 "내가 이 장막에 있을 동안에…" 여기 "장막"(σκηνώματι, 스케노마티)은 '천막'을 가리킨다. 그러나 본 절에서는 '육체'를 가리킨다. 목숨이 살아 있을 때까지를 의미한다. 이는 베드로가 자신의 죽음이 곧 다가올 것을 예감했음을 의미한다. 14절에 "우리 주 예수 그리스도께서 내게 지시하신 것 같이…" 이는 베드로가 자신의 죽음의 임박함을 어떻게 알게 되었는지 설명해 주고 있다. 베드로가 그리스도에게서 받은 지시는 요한복음 21:18을 가리킨다. "… 이 장막을 벗어날 것이 임박한 줄을 앎이라" 베드로는 그의 죽음이 가까워 옴을 깨닫고 있다. 여기 '임박한'(ταχκνή, 타키네)은 ① '곧'(사 59:7), '신속한'(약 1:19)을 의미한다. ② '갑작스런'을 의미한다(2:1). 15절에 "내가 힘써 너희로 하여금 나의 떠난 후에라도 필요할 때는 이런 것을 생각나게 하노라" 여기 "나의 떠난 후"는 죽음을 의미한다. 베드로는 순교했다. 베드로의 순교는 예수님의 말씀대로였다(요 21:18-19).

II. 임박한 주님의 재림(16-18절)

16절에 "우리 주 예수 그리스도의 능력과 강림하심을 너희에게 알게 한 것이…" 여기 "강림"(παρουσίαν, 파루시안)은 영광중에 오실 그리스도의 재림을 의미한다(마 24:3, 27, 37, 39, 살전 3:13, 4:15, 약 5:7, 8, 요일 2:28). 그리스도의 능력은 재림하실 때 온 세계에 완전히 드러나게 된다(마 26:64, 막 14:62, 행 1:11). 그의 능력은 재림을 통해서 불법자와 적대자들을 심판하시고(살후 2:8, 계 19:11-16) 그 나라를 온전히 완성하심으로(계 11:15-18) 드러나게 된다. 여기 "능력"(δύναμιν, 뒤나민)은 '파루시아(parusia)와 연결되어 영광과 같은 의미로 사용된다(마 24:30, 막 9:1, 13:26).

"…우리는 그의 크신 위엄을 친히 본 자라" 베드로는 거짓교사들의 교훈을 강력하게 반박하면서 그리스도의 부활, 승천, 재림 등 사도들이 전해준 교훈들이 꾸며낸 이야기가 아님을 주장한다. 그리스도의 위엄을 보았음을 강조한다. "그리스도의 위엄"은 신적인 권위와 장엄함을 의미하는 것으로 베드로가 목격한 예수의 변화산상 사건을 가리킨다. 재림의 주님을 바라보며 살자.

베드로후서 1장 19-21절

말씀의 능력

성경은 비록 사람에 의해 기록되었지만 사람은 단지 그 도구에 불과하다. 성경은 하나님에 의해 기록된 하나님의 말씀이기 때문이다(출 17:14, 민 33:2). 성경은 전지전능하신 하나님의 말씀이다. 그러므로 오류도 없고 절대 무오하다. 그래서 말씀은 권위가 있고 능력이 있다. 성경은,

I. 확실한 예언의 말씀이다.

19절에 "또 우리에게 더 확실한 예언이 있어…" "더 확실한 예언"은 구약전체에 나타난 메시야에 관한 예언을 의미한다. 베드로는 구약의 선지자들이 예언한 말씀들이 자신들이 체험하고 전하고 행한 일들과 동일할 뿐 아니라 그리스도의 변화산상 사건이 구약의 예언자들이 미리 예상했던 예언의 성취로서 미래에 나타날 '파루시아'(parusia, 재림)를 확실히 보증해 줌을 말한다. 창세기 3:15의 '여자의 후손'에 관한 예언은 갈라디아서 4:4에서 성취 되었고, 이사야 7:14의 '메시야 처녀 탄생'에 관한 예언은 마태복음 1:18과 누가복음 1:26-35에서 성취되었으며 이사야 53:4,5의 '메시야의 고난'에 관한 예언은 마태복음 27:38의 십자가 고난에서 성취되었다.

II. 빛을 발하는 말씀이다.

베드로는 "하나님의 말씀은 등불처럼 세상의 어두운 곳을 비춘다"고 했다. 시편 119:105에 "주의 말씀은 내 발에 등이요 내 길에 빛이라" 하나님은 빛이시며 그분의 말씀도 빛이시다. 말라기 4:2에 "…의로운 해가 떠올라서 치료하는 광선을 발하리니…" 말씀은 능력이다. 빛을 발하는 성도들이 되자(사 60:1).

III. 성령의 감동하심을 입은 말씀이다(20-21절).

베드로는 예언의 말씀을 사사로이 해석해서는 안 된다고 했다. "하나님께 받아 말한 것"이기 때문이다. 성경은 오류가 없고 성령의 감동으로 기록되었다(고전 14:37, 딤후 3:10-17). 그러므로 사사로이 해석해서는 안 된다. 하나님의 말씀은 일점일획이라도 폐하지 않는다(마 5:18). 그러므로 능력의 말씀을 의지하며 그 말씀에 붙잡혀(행 18:5) 말씀대로 살자.

타락한 천사들은 무엇인가?

베드로후서 2장 4절

천사는 하나님의 모든 피조물 중에서 가장 거룩한 영물로 지음을 받았다. 그리고 하나님께 봉사하는 영광스러운 직분을 맡은 사자(使者)들이다. 영물인 천사가 하나님께 죄를 범했겠는가? 하나님의 모든 피조물들은 범죄할 가능성이 있으므로 천사라고 해서 예외일 수는 없다. 밀턴(J. Milton 1608-1674)은 그의 저서 "실락원"에서 "타락한 천사들은 오만한 마음으로 하나님께 반역하여 천군과 싸우다가 패배해서 그리스도에 의하여 지옥으로 떨어지게 되었다"고 말했다.

I. 천사의 타락

4절에 "범죄한 천사들을 용서치 아니하시고…" '범죄한 천사'는 아담의 타락 이전에 하나님께 반역한 천사들을 가리킨다(창 6:1-4, 유 1:6, 계 12:7, 계 20:1-3). 천사가 언제 무엇 때문에 타락했는가 성경에 일체 언급되어 있지 않다. 천사의 타락은 인간 범죄 이전에 일어난 것만은 분명하다. 에덴동산에서 인류를 타락시킨 사탄(창 3:4)이 어쩌면 타락한 천사일 수도 있기 때문이다. 본문에서 베드로는 타락한 천사의 죄에 대해서 구체적으로 말하고 있지 않다.

II. 타락한 천사들은 어떻게 활동하고 있는가?

타락한 천사들도 선한 천사처럼 능력을 가지고 있다. 성도들을 미혹하고 핍박하고 하나님의 사랑에서 끊으려고 애쓴다. 미혹하며(삼상 28:7-10), 영적생활을 방해한다(엡 6:12). 천사는 타락하여 악령, 사단, 귀신의 이름으로 활동하고 있다.

III. 타락한 천사들은 어떻게 되는가?

성도들도 죄를 지으면 하나님의 심판을 받는다. 천사들도 죄를 지으면 하나님은 용서치 않고 무서운 형벌을 내리신다. 타락한 천사 중에 어떤 천사는 지옥에 던지워져 심판 때까지 갇히게 된다(4절). 그들은 패망한 영들로 어둠의 구덩이에서 속박 당하게 된다. 그러나 이들은 마침내 심판을 받아 (고전 6:31) 영원히 타는 불못에 던져지게 된다(마 25:41, 계 20:10). 이와 같이 천사들은 잠시 동안 심판날까지 쇠사슬에 결박되어 어두운 곳에 갇히나 결국 유황 불못에 들어가게 된다. 이때 믿는 우리는 주님과 더불어 그들을 심판하고 정죄할 것이다.

베드로후서 3장 8-9절

하루가 천년같이, 천년이 하루같이

시편 103:15에 "인생은 그날이 풀과 같으며 그 영화가 들의 꽃과 같도다." 하여 우리의 평생을 잠시 잠깐으로 여겼다. 오늘 본문에서 베드로는 "주께는 하루가 천년 같고 천년이 하루 같은 이 한 가지를 잊지 말라"(8)고 하였다.

I. 하나님의 시간(때)은 우리의 시간 개념과 다르다(8절).

베드로는 시 90:4을 인용하여 재림지연에 대한 미혹에 빠지지 말라고 했다. 하나님의 시간 개념은 인간의 시간 개념과는 다르다. 우리의 천년은 하나님의 하루에 불과한 것이다(시 90:4). 그러므로 시한부 종말론을 주장하는 거짓교사들의 미혹에 빠지지 않도록 깨어 경계해야 한다(요 7:1-9). 우리는 70-80년을 살지만 하나님 안에 거할 때 우리도 하나님의 시간 개념을 누릴 수 있다.

II. 하나님께서 참으시는 진리를 깨달아야 한다(9절).

9절에 "주의 약속은 어떤 이의 더디다고 생각하는 것 같이 더딘 것이 아니라 오직 너희를 대하여 오래 참으사…" 하나님께서는 천년이 단 하루 같기 때문에 우리는 그분의 약속 성취가 늦어도 원망할 수 없다. 하나님은 우리 인간처럼 시간에 제한되지도 않기 때문이다. 하나님의 역사는 계속되며 결코 서두르지도 않는다. 하나님께서 '참으심'은 피조물을 향해 세워놓은 계획에 대해서 실행하시는 신실한 속성과 더불어 죄인들을 향해 회개하기를 기다리시는 하나님의 대표적인 속성이다. "…아무도 멸망치 않고 다 회개하기에 이르기를 원하시느니라"(9절하). 주님의 재림은 성도를 향한 하나님의 사랑이다.

III. 하루를 가치 있게 살아야 한다.

비록 우리의 삶은 짧지만 우리가 하루를 값지게 살 때 우리의 하루는 영원이 될 것이다. 우리가 잘 아는 므두셀라는 969세를 향수했고(창 5:27), 예수님은 33년 밖에 사시지 않았다. 단 하루를 살아도 가치 있게 살아야 한다. 하나님은 우리의 생명(운명)을 손에 쥐고 계신다. 그러므로 예수님을 소망하며 하루하루를 값지게 살아야 한다. "천년을 하루같이 하루를 천년같이" 사는 것이 주님의 마음이다.

베드로후서 3장 18절

저를 아는 지식에 자라가라

생명이 있는 것은 자라나게 마련이다. 식물이나 동물이나 인생이 다 그렇다. 성장이 없다면 그 자체가 벌써 죽은 것이다. "무법한 자들의 미혹에 이끌려 너희 굳센 데서 떨어질까 삼가라…" '무법한 자들' 은 성도들을 미혹하여 실족케해서 그리스도를 믿는 믿음을 떠나게 한다. 여기 "삼가라"($\phi\upsilon\lambda\acute{\alpha}\sigma\sigma\varepsilon\sigma\theta\varepsilon$, 팔랏세스데)는 팔랏소($\phi\upsilon\lambda\acute{\alpha}\sigma\sigma\omega$, 경계하다)의 현재 중간태 명령형으로 성도들은 스스로 자신을 위해서 거짓교사들의 미혹에 대처하고 깨어 경계해야 한다는 것을 의미한다.

거짓교사들의 미혹에 대처하는 방법은 ① 그들의 활동을 미리 알며, ② 그들의 부도덕한 삶을 경고하며(2장), ③ 사도들의 메시지를 일깨우고(1:16-18), ④ 예언자들의 말씀을 통해 선고하며(2절 1:19), ⑤ 그런 자들에게 주어지는 심판에 대해 경고하는 것이다. 이 시간 본문 말씀을 통하여 은혜를 나누고자 한다.

I. 믿음은 자라나야 한다.

"…예수 그리스도의 은혜와 저를 아는 지식에서 자라가라" 성도는 예수를 영접하고 구원받은 것에만 만족하여 머무르면 안 된다. "그리스도의 은혜와 그에 대한 지식 안에서 계속적으로 성장해야 한다. 징징이라도 넘어지며 자빠지되 오직 여호와를 앙망하는 자는 새 힘을 얻으리니 독수리의 날개치며 올라감 같을 것이요 달음박질 하여도 곤비치 하니 하겠고 걸어가도 피곤치 아니하리로다"(사 40:29-31)

시편 103:5절에는 "좋은 것으로 네 소원을 만족하게 하사 네 청춘으로 독수리 같이 새롭게 하시는도다" 생명은 새로워지는 법이다. 믿음이 살아있는 성도는 변하지 않는다. 진리의 말씀을 들을 때마다 늘 새로워진다. 이는 믿음이 살아있다는 증거요, 살았으니까 자라난다. 자라나면 꽃피고 열매를 맺는 것은 정한 이치다.

가이사랴 빌립보에서 "주는 그리스도시요 살아계신 하나님의 아들이시니이다" 고백했던 베드로(마 16:16)는 오늘 서신을 마감하면서 "예수 그리스도의 은혜와 저를 아는 지식에서 자라가라"고 당부하고 있다. "그리스도의 은혜와 저를 아는 지식"이란 곧 믿음이다. 믿음은 영적으로 생명체이기 때문에 자라나는 것이다.

II. 우리의 영혼이 자라야 한다.

우리의 영혼이 자라려면 하나님의 말씀을 먹어야 한다.(벧전 2:2)

요한서

요한일서 서론 | 생명의 말씀 | 하나님은 빛이시라 | 세상을 사랑하지 말라 | 주 안에 거하라 | 하나님의 자녀 | 사랑의 본질 | 영을 다 믿지 말라 | 하나님의 사랑 | 세상을 이기는 믿음 | 요한이서 서론 | 성도의 삶 | 성도를 미혹하는 자 | 요한삼서 서론 | 요한의 간절한 간구 | 영접하는 것이 마땅하니

요한일서 서론

본서는 '사랑의 편지' 또는 '진리의 변증서'라고 부른다. 본 서신의 주제는 성도와 하나님과의 교제 또한 성도간에 하나님 사랑의 실천으로 요약된다. 본서의 저자인 사도 요한은 예수가 곧 하나님이시라는 것과 믿음으로만 구원 받을 수 있음을 선언함과 동시에 교회 분열에 대해서 사랑을 실천하여 교회가 하나가 되어야 한다고 촉구한다. 특히 요한이 말하는 사랑이란, 말보다는 진실된 행동임을 강조한다. 오늘날의 교회는 외부로부터 오는 핍박이나 위협으로 인한 어려움 보다 오히려 교회가 평온한 환경 속에서 이단과 분열이라는 내적 질병을 심각하게 앓고 있다.

1. 저자

본 서신의 저자는 사도 요한으로 추정된다. 사도 요한은 본서를 통해 영지주의적 이단을 공박하고 있다(1:8,10, 2:6, 3:8-10).

2. 수신자

본 서신의 저자인 사도 요한은 수신자들에게 "나의 자녀들아"(2:1), "아이들아"(2:18), "형제들아"(3:13) 라는 호칭을 사용하였다.

3. 기록연대

본 서신은 A.D. 90-100년에 분열 위기를 맞아 믿는 자들의 신앙을 강화하고 이단 사상을 공박하기 위해 기록되었다(5:13).

4. 기록목적

기독교 공동체 안에 분파가 생겼기 때문에 요한이 본 서신을 기록하게 되었다. 분파의 정체(Identity)는 무엇인가? 분파는 교사들을 포함한 소수의 무리로 이루어졌다. 그들은 자신들을 교회 공동체로부터 분리시키고 자신들만의 공동체를 만드는 상황에까지 이르렀다(2:19). 그들은 예수께서 하나님의 아들이라는 사실을 부인하였고(2:22), 예수의 말씀의 권위를 부인했으며(4:2), 교회 지도자들의 권위를 부인하였다(1:5). 사도 요한은 이들의 그릇됨을 알고 신실한 성도들에게 강한 믿음과 확신을 심어줌으로써 교회를 굳게 세우려 했다.

년 월 일   요한일서 1장 1-4절

생명의 말씀

본 서신은 A.D. 90년경 사도 요한이 에베소에서 기록하였다. 사도 요한은 세베대의 아들이요 야고보의 아우였다. 처음에는 세례 요한의 제자로서 활동하였으나 예수님께서 요한에게 세례를 받으시러 나아올 때에 세례 요한이 예수님을 가리켜 "보라 세상 죄를 지고 가는 하나님의 어린 양이로다"(요 1:29) 하자 즉시 요한은 예수를 좇아 그의 제자가 된 것이다. 또 요한은 베드로와 야고보와 함께 주님의 사랑을 가장 많이 받은 제자로서 예수님과 함께 변화산에도, 야이로의 딸이 죽었을 때 살리러 가실 때도 겟세마네 동산까지 동행했었다. 본문을 통해서 은혜를 나누고자 한다.

I. 요한의 간증

요한은 예수님을 영원한 생명의 말씀으로 받아 들였다. 모든 생명의 말씀은 예수를 가리키는 것이다. 요한복음 1:1- "태초에 말씀이 계시니라 이 말씀이 하나님과 함께 계셨으니…"

생명의 말씀은 두 가지로 해석된다. ① 영원하시고 인격적이신 예수 그리스도의 역사적 현현을 의미한다. 즉, 성육신하신 그리스도를 가리킨다(요 1:1). ② 복음을 의미한다. '생명의' ($\zeta\omega\hat{\eta}s$, 조에스)는 '말씀의 내용'(행 5:20, 빌 2:16)을 의미하기도 하고 '생명을 얻게 하는 것'(요 8:12, 6:35, 48, 4:10, 11, 계 21:6, 22:1)을 의미하기도 하며 생명의 말씀은 복음을 가리킨다. 사도 요한의 보고 듣고 만진 바 된 증거를 믿는 우리에게 하나님의 축복이 넘치길 바란다.

II. 간증의 목적

요한의 간증의 목적은 많은 사람들에게 주님을 믿게 하고 하나님과 영적인 교제를 나누며 구원 얻게 하는 데 있다. 복음전파는 사람의 생명을 구원하고자 하는 것이다. "복음은 구원을 주시는 하나님의 능력이다"(롬 1:16) 3절에 "우리가 보고 듣는 바를 너희에게도 전함은…" 요한은 생명의 말씀이신 그리스도를 전하는 궁극적인 목적을 제시하고 있다. 그것은 '사귐'이다. "…우리의 사귐은 아버지와 그 아들 예수 그리스도와 함께 함이라" 예수님은 우리에게 생명을 주셨다. "나는 부활이요 생명이니 나를 믿는 자는 영원히 죽지 아니하리라"(요 11:25-26). 예수를 믿으면 영원한 생명을 누리면서 산다.

요한일서 1장 5-10절

하나님은 빛이시라

"우리가 저에게서 듣고 너희에게 전하는 소식이 이것이니 곧 하나님은 빛이시라 그에게는 어두움이 조금도 없으시니라"(5절) 여기 "소식"(ἡ ἀγγελία, 헤 앙겔리아)은 신약성경에서 본 절에만 사용된 것으로 2,3절에서 언급된 사도들이 선포한 생명의 말씀을 가리킨다. 예수님도 "너희는 세상의 빛이라"고 말씀하셨다(마 5:14) 빛은 어두움과 함께 있을 수가 없고 숨겨진 모든 것을 밝히 드러나게 하는 것이다. 그러므로 사람이 등불을 켜서 발 아래 두지 아니하고 등경 위에 두어 모든 사람에게 비취게 함같이 너희 빛을 온 세상에 비추라고 하였다.

I. 하나님의 빛(5절)

빛은 생명, 의, 사랑 등과 더불어 하나님의 속성을 나타낸다. 여기 "…하나님은 빛이시니라…"는 ① 하나님은 생명의 빛이심을 의미한다. 하나님께서는 어두운 우리의 마음을 밝혀 주시는 등불이다. 그러므로 하나님께서는 우리들의 마음속에서 어두움을 몰아내시고 광명한 빛을 준다. 우리 마음이 하나님의 빛으로 가득 찰 때 참된 기쁨이 있고 자유가 있고 생명이 있다. ② 하나님의 성결과 거룩하심을 의미한다. 시편 119:105에 "주의 말씀은 내 발에 등이요 내 길에 빛이니이다" 하나님의 빛은 우리를 바른 길로 인도해 주신다. ③ 생명의 빛, 구원의 빛을 의미한다. 그 빛은 영생의 빛이요 영광의 빛이다. 7절에 "…그 아들 예수의 피가 우리를 모든 죄에서 깨끗하게 하실 것이요" "피"는 십자가에서 죽으신 예수의 '대속사역'을 가리킨다. 하나님은 빛이시다(창 1:3). "여호와는 나의 빛이요"(시 27:1) "나는 세상의 빛이니"(요 8:12)

II. 하나님의 빛을 받은 결과(삶)

① 자신이 죄인임을 깨닫게 된다. 초대교회를 박해했던 사울은 다메섹 도상에서 하나님의 빛을 받았다. 그 빛은 너무 밝아 순간적으로 눈이 어두어졌고, 그 빛 앞에 엎드려 회개하고 변화되었다(행 9:1-9). ② 빛 가운데 거하는 삶을 산다(행 9:1-9) ③ 하나님의 사랑 안에 거하며 산다(요일 2:9). ④ 변화된 삶을 산다. 요한복음 12:46에 "나는 빛으로 세상에 왔나니…" 우리 성도는 빛의 사명을 다하여 어두움이 완전히 사라질 때까지 하나님의 빛을 비추는 성도가 되자.

세상을 사랑하지 말라

"이 세상이나 세상에 있는 것들을 사랑치 말라…"(15절). 본문에 보면 '세상'이란 단어가 여섯 번 나온다. '세상'은 하나님이 창조하신 우주를 가리키는 것이 아니고 하나님을 대적하는 악한 세력을 의미한다(4:3-5, 5:19, 요 16:11). 세상은 본질상 하나님을 알지도 못할 뿐만 아니라 하나님을 대적하고 거부한다(요 15:18-19, 17:25).

I. 이 세상을 사랑하지 말라(15절).

여기 "이 세상이나 세상에 있는 것들"은 하나님을 떠난 마귀가 지배하는 세상을 의미한다. 15절 "… 누구든지 세상을 사랑하면 아버지의 사랑이 그 속에 있지 아니하니" 이는 한 사람이 두 주인을 섬길 수 없음을 의미한다. 성도의 마음은 하나님과 세상을 공유할 수 없다. 즉 영과 육을 함께 섬길 수 없다. 영은 생명과 영생의 법이고, 육은 죄와 사망의 법으로 둘은 공유될 수 없다. 하나님은 우리의 전부를 원하신다.

II. 이 세상 것들은 사탄으로부터 온다(16절).

16절 "이 세상에 있는 모든 것이 육신의 정욕과 안목의 정욕과 이생의 자랑이니…" ① 육신의 정욕, 여기 "육신"($\sigma\alpha\rho\kappa\delta\varsigma$, 사르코스)은 신체적인 의미에서 인간을 의미한다. '육신의 정욕'은 타락한 사람의 본성으로 하나님을 대적하고 자기만족을 추구하는 자세를 의미한다. ② 안목의 정욕, 이것은 외적인 것을 봄으로 유혹을 일으키는 성적인 욕망, 사물을 은닉하는 욕망을 의미한다. ③ 이생의 자랑, 이것은 물질, 행위를 자랑하거나 과대평가하여 허세를 부리는 것을 의미한다.

III. 영원을 사모하라(17절).

17절 "이 세상도 그 정욕도 지나가되 오직 하나님의 뜻을 행하는 이는 영원히 거하느니라" 이 세상은 한시적이다. 예수님이 재림하시는 날에 세상과 세상을 사랑한 모든 사람들은 모두 파멸될 것이다. 시냇물이 흘러지나 가듯이 이 세상에 속한 것들은 모두 지나가 버린다. 약 4:14에 "우리의 생명은 잠깐 보이다가 없어지는 안개"라고 했다. 벧전 1:24에는 "모든 육체는 풀과 같다"고 했다. 세상 것은 잠깐이나 하나님의 뜻은 영원하다. 하나님만이 영원하시므로 영원을 사모하며 살자.

주 안에 거하라

요한일서 2장 18-29절

"아이들아, 이것이 마지막 때라…"(18절). 구약시대 이스라엘 사람들은 약속의 땅을 소유하고, 예루살렘을 회복하며 열국이 하나님께 순종하며 온 세상에 대한 하나님의 주권이 입증될 날을 기대하였다(사 21:2,3, 겔 38:14-23). 신·구약 중간기의 유대인들은 자신들을 박해로부터 구원해 줄 메시야를 대망하였다. 이러한 메시야 대망은 초대 그리스도인들에게 재림때의 예수에게 적용되었다. 여기 "마지막 때"($\dot{\epsilon}\sigma\chi\acute{\alpha}\tau\eta\ \ddot{\omega}\rho\alpha$, 에스카테 호라)란 말은 재림의 때를 가리킨다.

I. 적그리스도의 정체는 무엇인가?

18절에 "…적그리스도가 이르겠다함을 너희가 들은 것과 같이 지금도 많은 적그리스도가 일어났으니" 여기 '적그리스도'($\dot{\alpha}\nu\tau\acute{\iota}\chi\rho\iota\sigma\tau\sigma\varsigma$, 안티크리스토스)는 어떤 특정한 인물을 가리키기 보다는 그리스도 즉 메시야를 대적하거나 반대하는 자를 의미한다. '적그리스도' 란 말이 요한서신에만 네 번 나온다(2:18, 22, 4:3, 요이 1:7).

적그리스도는 계통(계17:7, 8), 성질(계 13:6), 권위(계 13:4), 활동(계 13:7-8, 19:20) 등으로 보아 대체로 짐승임을 알 수 있다. '작은 뿔 가진 짐승' (단 7:8, 24), '무저갱에서 올라오는 짐승' (계 11:7) 등을 적그리스도로 보고 있다.

II. 적그리스도는 어떻게 활동하는가?

적그리스도는 이성 없는 짐승과 사악한 악인의 성품을 지니고 있다. 하나님을 대적하고 불법을 행하며 진리를 왜곡시키는 행위를 한다. 예수 그리스도를 거부한다(22절). 하나님을 대적하고 그리스도를 부인하며 자신들을 하나님이라고 한다(살후 2:4). 적그리스도는 사탄의 역사를 따라 이적을 행한다(살후 2:9).

III. 적그리스도의 최후는 어떻게 되는가?

적그리스도는 '마지막 때' 나타난다(18절). 예수님은 일찍이 말세에 대한 징조로 말씀하셨다(마 24:5). 마지막 때가 가까워 올수록 적그리스도가 많이 나타난다. 그러나 결국 예수님 재림으로(살후 2:8) 적그리스도는 멸망당하여 영원한 지옥에 갇히게 된다(계 19:20, 20:10, 15). 그러므로 우리 성도는 말세를 대비하여 더욱 믿음에 굳게 서서 마귀를 물리치며 주 안에서 승리해야 한다.

요한일서 3장 1-3절

하나님의 자녀

인간은 자녀에 대한 기대와 욕구가 강하다. 그래서 자식이 없는 사람은 양자를 두기도 한다. 이처럼 하나님께서도 당신의 자녀를 두고 싶어 하신다. 왜냐하면 그 자녀를 통하여 영광을 받으려 하시기 때문이다. 오늘 본문에 나오는 하나님의 자녀는 예수 그리스도를 영접한 성도를 의미한다. 요한복음 1:12절에 "영접하는 자 곧 그 이름을 믿는 자들에게는 하나님의 자녀가 되는 권세를 주셨으니…" 라고 하였다. 그러므로 우리는 예수를 믿었기 때문에 하나님의 자녀가 되었다.

I. 우리가 과연 하나님의 자녀인가?

우리가 하나님의 자녀가 된 것은 하나님의 은혜에 의해서이다. '은혜' 란 예수 그리스도를 통하여 우리를 죄와 죽음에서 구원해 주신 하나님의 사랑의 은혜를 말한다. 이 은혜는 하나님의 선물이다(엡 2:1-10). 이스라엘은 하나님께서 언약하신 백성이다(렘 31:31-34). 사도 바울은 "형제들아 너희는 이삭과 같이 약속의 자녀라"고 했다(갈 4:28). 그러므로 성도는 하나님의 언약하신 약속의 자녀이다. 하나님의 자녀를 양자라고도 했다. 양자(Adoption)란 신약성경 바울서신에서만 나타난다(롬 8:15,23,9:4, 갈 4:5, 엡 1:5). 이처럼 우리 성도들이 예수 그리스도를 통하여 하나님의 자녀가 된 것은 하나님의 은혜요, 사랑에 의한 것이다(엡 1:5-6).

II. 하나님의 자녀가 된 것은 특권이다.

하나님의 자녀가 된 성도는 여러 가지 특권을 누리게 된다. ① 죄사함 받아 성결케 된다(3절). 하나님께서 예수 그리스도를 통하여 우리를 죄악에서 깨끗케 하여 주셨다. 그러므로 우리를 죄 가운데 빠지지 않도록 늘 깨어 기도해야 한다. ② 후사가 되는 특권을 누린다(롬 8:17). 우리는 하나님의 자녀로 후사가 되었다. ③ 영광을 받게 된다(2절). ④ 예수 그리스도를 보게 된다. 2절 "…그리스도가 나타나실 때에 우리가 하나님을 볼 것이라" 했다. 성도의 가장 큰 소망은 하나님을 보는 것이다. 그런데 마음이 청결한 사람이 하나님을 보게 된다고 하셨다(마 5:8). 그러므로 예수를 영접한 자만이 그 분의 재림 때 하나님을 보게 된다. 하나님을 보는 성도들이 되자.

요한일서 3장 16-18절

사랑의 본질

"그가 우리를 위하여 목숨을 버리셨으니 우리가 이로써 사랑을 알고 우리도 형제를 위하여 목숨을 버리는 것이 마땅하니라"(16절) 이 말씀 얼마나 귀한가? 예수님은 "사람이 친구를 위하여 자기 목숨을 버리면 이에서 더 큰 사랑이 없나니"(요 15:13)라고 했다. "그가 우리를 위하여 목숨을 버리셨으니…"는 ① 예수 안에 나타난 하나님의 구속에 대한 말씀이요, ② 예수 안에서 자유함을 받은 우리들이 서로 사랑해야 할 의무에 대한 말씀이다. 우리를 구속하신 하나님의 사랑이 얼마나 위대한가?

I. 하나님의 사랑은 조건이 없다.

사랑에는 어떤 이유나 조건이 전제 되어서는 안 된다. '불쌍하니까' '믿는 사람이니까' 조건이 될 때 그 사랑은 참된 사랑일 수 없다. 부왕 사울이 다윗을 죽이려 했지만 요나단은 다윗을 자기 목숨처럼 사랑했다(삼상 18:1). 이러한 사랑이 조건 없는 사랑이다. 조건 없이 사랑을 베풀고 섬길 때 하나님이 축복해 주신다.

II. 참된 사랑에는 희생이 따른다.

18절 "자녀들아 우리가 말과 혀로만 사랑하지 말고 오직 행함과 진실함으로 하자" '말과 혀' 는 같은 의미로서 실천이 없는 사랑을 의미한다. '행함과 진실함' 은 실천하는 사랑을 의미한다(약 2:15-17). 참된 사랑에는 희생이 따른다. 희생이 없이는 온전히 실천할 수 없다. 희생과 고통에는 눈물이 동반된다. 구원받지 못한 영혼을 볼 때, 그 육신이 망하고 그 영혼은 지옥에 갈 것을 생각해 우리는 그 영혼의 구원을 위해 눈물로 가슴 아파해야 한다.

III. 사랑의 본질은 바로 예수의 사랑이다.

예수는 십자가에서 인류를 구원하기 위해 자기 목숨을 버리셨다. 우리를 영생의 길로 인도하신 것이다(요 19:17-30). 이 얼마나 큰 사랑인가? "하나님이 세상을 이처럼 사랑하사 독생자를 주셨으니 이는 저를 믿는 자마다 우리를 영생의 길로 인도하신 것이다(요 19:17, 30). 오늘 우리도 예수의 사랑을 가지고 이웃에게 베풀며 살자.

요한일서 4장 1-6절

영을 다 믿지 말라

"사랑하는 자들아 영을 다 믿지 말고 오직 영들이 하나님께 속하였나 시험하라…"(1절) 여기 "믿지 말고"(μὴ πιστεύετε, 메 피스튜에테)는 "진실한 것으로 받아들이지 말라"는 의미이다. 무조건 받아들이지 말고 잘 분별하여 받아들이라는 말이다. 여기 "영들"(πνεύματα, 프뉴마타)은 진리의 영과 미혹의 영을 의미한다. '시험하라'는 기준을 분별하는 것을 가리킨다.

I. 미혹의 영의 정체는 무엇인가?

하나님께서 창조하신 피조세계에는 물질계와 영계가 있다. 본문에서 요한은 영들의 세계를 다루고 있다. 영계에는 진리의 영과 미혹의 영이 있다고 했다(6절). 6절에 "… 진리의 영과 미혹의 영을 이로써 아느니라"(6절) ① '진리의 영'은 하나님의 영, 성령을 의미한다(요 14:17, 15:25, 16:13). ② '미혹의 영'은 적그리스도의 영, 악령을 의미한다(3절). 많은 사람들이 미혹의 영을 타락한 천사 즉, 사탄, 마귀, 귀신 등이라고 생각한다. '마귀'(διάβολος, 디아볼로스)는 '고발자', '비방자'를 의미한다.

II. 미혹의 영의 특성은 무엇인가?

미혹의 영도 영적 존재이면서 세상을 지배할 수 있는 능력이 있다. ① 미혹의 영은 악령들을 거느리고 있다. 사탄은 바알세불(왕하 1:2)로 귀신의 왕이며(막 3:22), 그 수는 군대처럼 많다(눅 8:30). ② 그들은 간교하다. 그들은 오늘도 우는 사자처럼 두루 다니며 삼킬 자를 찾고 있다(벧전 5:8). '사탄은 우리에게 광명한 천사로 가장하고 나타난다'(고후 11:14).

III. 미혹의 영의 역사는 어떻게 하는가?

미혹의 영들은 무저갱에 던져질 때까지(계 20:1-3) 계속 활동한다. 그들의 목표는 하나님과 성도의 관계를 파괴하는 것이다. ① 성도의 영적성장을 방해한다. 사탄, 마귀, 귀신들은 성도들의 신앙을 떨어뜨리며 이간질한다. 사탄은 하나님의 말씀을 업신여기게 하고, 그 말씀이 우리 마음에 깃들지 못하게 하며(막 4:15), 예수를 믿지 못하도록 한다(고후 4:3-4). ② 성도들을 시험한다. 바울은 사탄을 '시험하는 자'라고 부르고 있다(살전 3:5). 사탄은 성도들을 시험하여 넘어지고 병들게 한다.

요한일서 4장 7-10절

하나님의 사랑

헬라인은 철학을 자랑하고 로마인은 율법을 자랑하고 유대인은 종교를 자랑한다. 그러나 우리 성도는 오직 하나님의 사랑을 자랑한다. 요한일서에만 '사랑'이란 말이 51회나 기록되어 있다. "…하나님은 사랑이심이라"(8절) 시편 27:10절에 "내 부모는 나를 버렸으나 여호와는 나를 영접하시리이다" 시편기자는 부모보다 강한 하나님의 사랑을 찬양하였다. "사랑은 하나님께 속한 것이다(7).

I. 하나님의 사랑은 불변하시다.

7절에 "사랑하는 자들아 우리가 서로 사랑하자 사랑은 하나님께 속한 것이니…" '사랑하는 자들아' 본서에서 6번 나타난다(1,11절 2:7, 3:2,21). 요한의 이러한 호칭은 수신자들에 대한 관심과 애정을 나타내는 표현이다. 여기 "사랑하자"는 ($\dot{\alpha}\gamma\alpha\pi\hat{\omega}\mu\epsilon\nu$, 아가포멘) 일시적인 사랑이 아니라 지속적으로 지켜야 하는 하나님의 요구임을 의미한다.

II. 하나님의 사랑은 독생자를 보내주신 사랑이다(9절).

하나님께서 우리 인간을 사랑하사 구원하시려고 독생자 예수 그리스도를 이 땅에 보내 주셨다. 9절에 "… 저로 말미암아 우리를 살리려 하심이니라" 여기 "살리려 하심이라" 이 말은 인간이 전에 '죽은 상태' 임을 전제로 한다. 인간은 범죄함으로 하나님과 단절되었고 영적으로 죽은 상태였다. 그러나 그리스도께서 십자가상에서 죽으시고 부활하셔서 하나님의 사랑을 온전히 나타내시고 이루심으로 영적으로 죽은 인간을 생명으로 인도하셨다(3:14).

III. 하나님의 사랑은 내세(천국)를 주시는 사랑이다.

하나님께서는 화목제로 주신 독생자 예수 그리스도를 영접하는 자에게 구원과 영원한 생명을 주시고 천국을 기업으로 주셨다. 요한복음 17:3절에 "영생은 하나님과 그의 보내신 예수 그리스도를 아는 것이라"고 하였다. 하나님은 사랑이시다. 그러므로 주님이 계신 곳에는 사랑이 충만하다. 우리는 이 충만한 하나님의 사랑을 누려야 한다. 그래서 서로 사랑하며 도와주고 기쁨과 감사가 넘치는 교회를 만들어야 한다. 이것이 천국의 유업이다.

| 년 | 월 | 일 | 요한일서 5장 1-12절 |

세상을 이기는 믿음

"대저 하나님께로서 난 자마다 세상을 이기느니라 세상을 이긴 이김은 이것이니 우리의 믿음이니라"(4절)

I. 믿음은 능력이다.

1. 세상을 이길 수 있기 때문이다.

4절에 "… 세상을 이기느니라…" 여기 '세상'은 하나님을 대적하고 교회를 대적하는 부정적인 의미의 인간적 욕망을 가리킨다(2:15-17). 성도는 세상에서 역사하는 죄악에서 예수의 능력으로 승리하게 된다(18-20절 2:13,14). 여기 '이기느니라'는 ($νικα$, 니카) 현재 직설법으로서 계속해서 이겨나가고 있음을 의미한다. 요한복음 16:33절에 "세상에서 너희가 환난을 당하나 담대하라 내가 세상을 이기었노라" 세상을 이기었다니 얼마나 놀라운 선언인가? 누가 이런 말을 할 수 있단 말인가? 마가복음 9:23절에 "할 수 있거든이 무슨 말이냐 믿는 자에게는 능치 못할 일이 없느니라"

II. 믿음은 어떠한 능력을 주는가?

1. 우리의 마음을 하나로 묶어준다.

하나님은 교회가 하나가 되기를 원하신다(엡 4:1-6).

2. 하나님이 주신 능력이 나타나게 한다.

로마서 1:16에 "… 복음은 모든 믿는 자에게 구원을 주시는 하나님의 능력이다" 5절에 "예수께서 하나님의 아들이심을 믿는 자가 아니면 세상을 이기는 자가 누구뇨" 예수께서 하나님의 아들이라는 말은 하나님의 능력이 하나님의 아들이신 예수 안에 계시되어 있음을 의미한다. 하나님의 아들인 예수는 세상을 능히 이기고도 남음이 있는 하나님의 능력을 공유하신다. 그런 의미에서 예수께서 하나님의 아들이심을 고백하는 자만이 하나님의 능력으로 세상을 이길 수 있게 된다.

3. 믿음은 바라는 것들의 실상이다(히 11:1).

① 믿음의 실상은 바라는 것이다(행 27:25, 롬 4:18). ② 믿음은 의지하는 것이다 (시 22:8, 시 37:5, 요일 4:16). ③ 믿음은 자신을 살피고 믿음에 서는 것이다(롬 8:9, 고전 10:12, 고후 13:5). 믿음은 능력이다. 예수를 믿음으로 세상을 이기는 축복을 받자.

요한이서 서론

본서는 요한일서의 축소판이다. 사도 요한은 이 두번째 편에서 요한일서와 마찬가지로 사랑의 실천을 촉구했다. 그리고 교회내에 침투한 영지주의 이단에 대해 경계한다. 영지주의자들은 예수 그리스도의 인성을 부인했다. 영지주의 거짓교사들은 육체적인 것은 악하다는 영육이원론에 근거하여 메시야 그리스도가 육체를 입는다는 것이 불가능하다고 여겼다. 그들은 그리스도의 성육신(Incarnation)을 부인했다. 오늘날에도 각종 이단들이 만연해있다. 이런 때에 이단을 배격하고 그 이단들과 상종도 하지말라는 본서의 말씀은 이 시대를 살아가는 우리 성도들에게 큰 힘이 되는 말씀이다.

1. 저자

본 서신의 저자는 "장로 요한"이며(1절), 이는 요한일서를 기록한 사도 요한과 동일한 인물이다. 그러나 파파아스(Papias, 60-130)와 유세비우스(Eusebius, 270-340) 등 초대교회 일부 사람들은 사도 요한의 저작설에 이의를 제기했다. 파피아스는 본서 1절에 기록된 '장로'는 사도 요한이 아닌 다른 장로 요한이었다고 주장했고 유세비우스는 1절의 '장로'는 확실히 알려지지 않은 익명의 장로였다고 했다. 그러나 폴리갑(Polycarp)이나 이레니우스(Irenaeus, 140-202)는 본 서신을 사도 요한의 저작으로 인용했다. 알렉산드리아의 클레멘트(Clement of Alexandria, 150-215) 역시 본 서신을 사도 요한의 서신이라고 주장했다.

2. 수신자

본 서신의 수신자는 "택하심을 입은 부녀와 그의 자녀"이다(1절).

3. 기록연대

A.D. 90-100년 어간에 요한일서 보다 조금 늦게 기록되었다.

4. 기록목적

요한일서와 같은 목적에서 기록되었다.

성도의 삶

본서의 저자는 '장로' 요한(1:1)이며 이는 요한일서를 기록한 동일 인물이다. 구원은 인간의 힘으로 불가능하다. 오직 예수를 믿음으로 구원 받는다(행 16:31). "구원받은 성도의 삶"이란?

I. 진리를 아는 삶이다.

본문에 "진리"란 말이 4번 나온다. 그렇다면 진리란 무엇일까? 진리란 일반적으로 참된 도리를 말하며 지식을 의미한다. 그러나 본문에서 요한이 말하는 진리란 '하나님과 그 말씀과 예수 그리스도'를 지칭한다. 시 31:5에 "여호와는 진리"라고 했고, 요 17:17에는 "하나님의 말씀은 진리"라고 했으며, 요 14:6에는 "예수 그리스도는 진리"라고 했다. 진리이신 하나님께서는 그 아들 예수 그리스도를 통하여 진리를 나타내시며 진리의 영 즉 성령을 주셔서 가르치시며 우리들로 하여금 진리를 깨닫게 해주신다(요 14:16-17, 16:13).

① 진리는 영원 불변하며 거짓이 없고 진실하다.
② 진리는 생명이다. 하나님의 아들이신 예수 그리스도는 우리의 구속주요, 구원자이시다. 진리를 아는 삶이란, 예수 그리스도를 바로 깨달아 아는 삶이다.

II. 진리 안에서 기뻐하는 삶이다.

진리 안에 거하는 자는 먼저 진리를 알고 진리와 함께 기뻐하고 즐거워한다. 하나님의 말씀(진리)을 깨닫는 사람은 진리에 순종하게 된다. 진리의 지배를 받으며 산다. 약 2:17에 "행함이 없는 믿음은 그 자체가 죽은 것이라"고 했다. 진리를 깨닫지 않고 살면 영적으로 죽은 자이다. 진리를 행함으로 산 자가 된다.

1. '진리 안에 거하는 삶'은 하나님과 예수 그리스도를 모신 삶이다.

9절에 "지내쳐 그리스도 교훈 안에 거하지 아니하는 자마다 하나님을 모시지 못하되 교훈 안에 거하는 이 사람이 아버지의 아들을 모시느니라" 여기 '지내쳐'는 ($προάγων$, 프로아곤) 진리를 넘어서 지나치게 나아간 것을 가리키는 것으로 미혹하는 자들이 스스로 믿음의 초보상태를 벗어나 진보되고 성숙된 믿음을 소유하였다고 주장하는 잘못된 모습을 나타낸다. 진리를 깨닫고, 진리 안에 살면서 진리의 지배를 받으며 영·육의 축복을 받자.

요한이서 1장 7-11절

성도를 미혹하는 자

우리 인생은 끊임없는 유혹 속에서 살아가고 있다. 그래서 성경은 "미혹을 받지 말라고 가르치고 있으며(살후 2:3, 요일 3:7), 예수님도 마지막 때에 미혹을 받지 않도록 주의하라"(마 24:3,4)고 하셨다. 빛이 있으면 어두움이 있듯이 우리는 언제나 미혹을 받지 않을 수 없다. 이 시간 본문 말씀을 통하여 "성도를 미혹하는 자"에 대하여 생각해 보고자 한다.

I. 거짓 교훈을 가르치는 자들이다.

7절에 "… 미혹하는 자가 많이 세상에 나왔나니…" 여기 '많이'($\pi o \lambda \lambda o \acute{\iota}$, 폴로이)는 4절에 나타난 '너의 자녀 중'에서 암시된 '몇몇'($\tau \iota \nu \acute{a} \varsigma$, 티나스)과 대조를 이룬다. 이는 수신자들이 속한 교회에서 진리를 따라 살아가는 자들은 극소수에 불과 했으나 유혹하는 자를 따라 그리스도의 성육신을 부인하는 자들은 매우 많았음을 의미한다. 미혹하는 자들은 어느 시대를 막론하고 하나님의 백성들을 넘어지게 했으며, 오늘날에도 성도들을 실족시키고 있다. 성도들은 감언이설에 넘어가면 안 된다. 하나님의 말씀을 굳게 붙잡고 유혹을 물리치자(엡 4:27).

II. 예수 그리스도의 성육신을 부인하는 자들이다.

7절에 "…이는 예수 그리스도께서 육체로 임하심을 부인하는 자라" 미혹하는 자들은 그리스도께서 육신을 입고 세상에 오셨음을 부인하는 자들이다. "이것이 미혹하는 자요 적그리스도니(7) '적그리스도' 이단자들은 그리스도를 대적하는 자로서(요일 2:18,22,26) 그리스도를 통해서 하나님과 교제를 회복한 성도들을 파괴한다(9). 예수 그리스도는 우리를 구속하시고 구원하시기 위해 이 땅에 오셨다(빌 2:5-11).

III. 우리는 이들을 강력하게 대처해야 한다.

10절에 "누구든지 이 교훈을 가지지 않고 너희에게 나아가거든 그를 집에 들이지도 말고 인사도 말라" 우리의 믿음은 확고해야 한다.
미혹자들(이단자들)과 싸워 이기려면, ① 마귀를 대적해야 한다(약 4:7). ② 믿음을 굳게 해야 한다(벧전 5:9). ③ 하나님의 전신갑주를 입어야 한다(엡 6:11-). ④ 마귀를 틈타지 못하게 해야 한다(엡 4:27).

요한삼서 서론

 사도 요한의 세 번째 편지인 본서는 가이오(Gaius) 한 개인에게 보낸 서신이다. 본서는 요한일, 이서와는 그 성격이나 형식이 다르다. 요한은 본 서신에서 복음전파를 위해 아무런 보수도 없이 애쓰는 순회전도자들과 관련된 문제를 다루고 있다. 초대교회 당시에는 복음전도를 위해 각지를 여행하며 말씀을 가르치는 순회 전도자들이 있었다. 사도 요한은 성도들을 향하여 바로 이 전도자들을 잘 대접하라고 한다.

1. 저자

 1절에 기록된 "장로"가 어떤 사람인지에 대해 제롬(Jerome, 350-420)은 장로 요한과 사도 요한을 각각 다른 사람으로 보았으나 오리겐(Origen, 185-254)의 제자인 디오니시우스(Dionysius, 190-264)는 두 사람을 동일인물로 인정했다. 본 서신에는 '진리'란 말이 5회나 사용되었고(1,3,4,8,12절) 수신자에 대한 호칭이 요한일 이서와 마찬가지로 "사랑하는 자"(1,2,5,11절)로 되어 있다. 또한 "진리 안에서 행하고 악을 본받지 말라"(11절)는 중심사상으로 보아 본 서신의 저자는 요한일,이서와 동일하게 사도 요한임을 알 수 있다.

2. 수신자

 본 서신의 수신자는 사도 요한으로부터 사랑을 받았던 "가이오"이다(1절). 그러나 당시 가이오란 이름은 흔한 이름이었다(행 1:29, 20:4, 롬 16:23, 고전 1:14). 본 서신에 나오는 '가이오'는 진리 안에 거하면서(3절) 사랑을 실천한 자였다(6절).

3. 기록연대

 본 서신은 A.D.90-100년 어간에 에베소에서 기록되었을 것이다.

4. 기록목적

 본 서신의 기록목적은 목회적 권고를 주기 위함이었다. 초대교회 당시에는 순회전도자들에게 말씀을 배우며 주님의 교훈을 배웠다. 어떤 교회에서는 전도자를 영접하지 아니했고 대접하지 않았다(9,10절). 요한은 가이오에게 그와 같은 자를 본받지 말고 교회를 잘 섬기도록 또 교회의 혼란과 무질서를 막기 위해 본 서신을 기록했다.

요한삼서 1장 1-2절

요한의 간절한 간구

본서의 저자는 요한 일,이서와 동일하게 사도 요한이다. 이에 대해 제롬(Jerome 350-420)은 장로 요한과 사도 요한을 각각 다른 사람으로 보았다. 오리겐(origen 185-254)의 제자 디오니시우스(Dionysius). 190-264)는 두 사람을 동일한 인물로 인정했다. 본서의 수신자는 요한으로부터 사랑받았던 가이오였다(1절). 그러나 '가이오' 란 이름은 요한 당시에 흔한 이름이었기 때문에 (행 19:29, 20:4, 롬 16:23, 고전 1:14) 이 사람이 구체적으로 누구인지는 확실치 않다. 다만 본 서신에 나오는 '가이오' 는 진리 안에 거하면서(3절) 사랑을 실천하는 자였다(6절). 본문에서 사도 요한도 가이오를 위하여 영혼이 잘 되고 범사가 잘 되고 강건하기를 간구하였다.

I. 영혼이 잘 되기를 간구했다(2절).

2절에 "… 네 영혼이 잘 됨 같이…" 여기 '영혼' ($\acute{\eta}$ $\psi\upsilon\chi\acute{\eta}$, 헤 프쉬케)은 그리스도 안에서 얻게 된 영적인 생명을 가리킨다(요 10:11, 요일 3:16). 요한은 '가이오' 에게 제일 먼저 영혼이 잘 되기를 간구했다. 사람들은 육체의 건강과 사업의 형통을 기뻐한다. 그러나 먼저 영혼이 잘 되어야 한다. 아무리 육체의 건강과 사업이 잘 된다 해도 영혼의 만족이 없으면 아무 소용이 없기 때문이다.

II. 범사가 잘 되기를 간구했다(2절).

'범사' 란 우리의 일상적인 모든 것들을 가리킨다. 영혼이 잘 되면 범사도 잘 된다. 시 147:8-9에 "하늘에서 비가 내려야 땅이 열매를 맺는다"고 했다. 범사가 잘 되는 것은 이미 하나님께서 마련해 놓으신 축복을 누림을 의미한다(창 1:28-30).

III. 강건하기를 간구했다(2절).

"강건하기를" ($\acute{\upsilon}\gamma\iota\alpha\nu\epsilon\iota\nu$, 휘기아이네인)은 누가의 경우 튼튼하고 정상적인 사람을 묘사할 때 사용하고(눅 5:31, 7:10, 15:27), 바울의 경우에는 건전한 가르침에 사용했다(딤전 1:10,6:3). 요한은 본 절에서 가이오의 육신적인 건강이 있기를 간구했다. 건강이 제일이다. 육신의 건강은 영적건강에도 필요하다. 아담이 타락하기 전에는 영적, 육적 죽음도 없었다. 그러나 영이 죽자, 육도 죽게 되었다. 영혼이 잘 되고, 범사가 잘 되고, 강건한 것은 기독교인이라면 누구나 받아 누려야 할 3대 축복이다.

요한삼서 1장 5-8절

영접하는 것이 마땅하니

"사랑하는 자여 네가 무엇이든지 형제 곧 나그네된 자들에게 행하는 것이 신실한 일이니"(5절) '가이오'는 형제들(3절) 곧 나그네와 같은 자들을 최선을 다해 환대하고 대접하며 도왔다. 요한은 그에게 '형제들에 대한 사랑'과 '나그네들에 대한 사랑'이 충만한 것을 확인하며 칭찬하고 있다.

I. 전도자를 후대하라

본문에서 요한은 "나그네를 영접하는 것이 마땅하다"고 하였다(8). 여기서 "나그네"는 ① 낯선 손님, ② 모든 사람을 의미한다. ③ 전도자를 의미하기도 한다. 우리 인생은 나그네이다(창 47:9). 출 22:21에 "나그네를 압제하거나 학대하지 말라고 했으며 레위기 19:34에는 "나그네를 자기 몸과 자식처럼 사랑하라"고 했다. 예수께서도 "나그네 대접을 소홀히 하지 말라" 하셨으며(마 25:38-40), 베드로는 "서로 대접하기를 원망 없이 하라"(벧전 4:9)고 하였고, 사도 바울도 "손 대접하기를 힘쓰라"(롬 12:13)고 했고 "나그네를 대접하는 과부를 존경하라"(딤전 5:10)고 하였다. 히 13:2 "부지중에 천사를 대접한 이들도 있으니 나그네 대접하기를 잊지 말라"고 했다.

아브라함은 손님을 잘 대접하였다. 어느 날 세 사람의 나그네를 천사인지 모르고 평소처럼 잘 대접했다가 아들을 얻는 축복을 받았다(창 18:1-10). 조카 롯도 천사인 두 나그네를 대접했다가 소돔과 고모라가 불과 유황으로 멸망할 때 두 딸과 함께 구원받는 축복을 받았다(창 19:1-28). 나그네를 잘 영접하면 뜻밖의 축복을 받는다.

II. 가이오에 대한 요한의 칭찬

'가이오'는 나그네를 잘 대접했고, 또 그들을 하나님의 뜻에 합당하게 전송해 주었다(5,6절). 가이오는 전도자들을 잘 영접했고, 전도여행을 위해서 여비까지 마련해 주었다. 가이오가 전도자들을 후대한 행위는 나그네와 고아와 과부를 돌보라는 율법의 근본정신(출 22:21, 레 19:34, 신 10:19)을 잘 실천한 행위이다. 또 이것은 예수님의 말씀을 실천한 것이다. "내가 보낸 자를 영접하는 것이 곧 나를 영접한 것이다"(마 10:40) 가이오처럼 참되게 진리를 행하며 복음을 위해서 전도자를 협력하는 성도가 되자.

유다서

유다서 | 서론 부르심을 입은 자의 축복 | 성도의 생활(불순종할 때 어떻게 되는가) | 성도의 사명(악인들의 특성을 어떠한가?)

유다서 서론

유다서 서론

본 서신도 다른 서신들과 마찬가지로 초대교회 당시 최대의 이단인 영지주의에 대해서 언급하고 있다. 본서의 저자 유다는 본래 성도들이 얻은 구원에 대하여 일반적으로 기술하려고 했으나 영지주의자들의 잘못된 이단 사상을 경계하는 입장에서 믿음의 도를 힘써 지키라는 신앙교훈을 기록한 것이다. 특히 유다는 영지주의자들의 그릇된 이단 사상을 지적하면서 철저히 그들을 배격하고 바른 신앙을 끝까지 지킬 것을 강조하고 있다.

1. 저자

본 서신은 1절의 "예수 그리스도의 종이요 야고보의 형제인 유다"라고 했다. 그렇다면 예수의 동생 유다에 의해 기록되었다. 그러나 일부 학자들은 유다저작설을 부인하고 있다. 첫째 이유는, 자기 소개가 너무 모호하다는 것이다. 둘째, 예수의 동생 유다에 관한 자료를 찾아 볼 수 없다는 것이다. 그러나 유다는 A.D. 70-80년 사이에 순교한 것으로 보아 이 사실은 본 서신의 이단에 대한 경계의 내용과 시대상 어긋나지 않는다. 그러므로 본 서신의 저자는 주의 동생 유다임이 틀림없다.

2. 수신자

본 서신의 수신 대상지는 소아시아나 수리아 지방으로 추정된다. 본 서신의 내용이 영지주의가 만연한 지역에 대해 비판을 가하고 있기 때문이다.

3. 기록연대

A.D. 70-80년 어간에 기록된 것으로 보인다.

4. 기록목적

본 서신의 수신자들내에는 가만히 들어온 거짓교사들이 있었다. 이들은 교회 질서를 어지럽히고 성도들을 혼란케 하였다(4절). 그들은 예수의 인성, 신성을 부인하며 하나님의 은혜를 곡해하며 예수를 부인하는 영지주의자들이었다. 유다는 성도들에게 "믿음의 도를 위하여 힘써 싸우라"(3절)고 강력한 권고를 하기 위해 본 서신을 기록하였다.

| 년 월 일 | 유다서 1장 1-2절 |

부르심을 입은 자의 축복

본 서신은 "예수 그리스도의 종이요 야고보의 형제인 유다"(1절)라는 진술과 같이 예수의 동생인 유다에 의해 기록되었다. 본 서신의 수신 대상지는 소아시아나 수리아 지방으로 추정된다. 왜냐하면 이 지역들에서 만연한 영지주의 및 도덕 폐기론(antinomianism)에 대해 준엄한 비판을 하고 있기 때문이다.

영지주의(Gnosticism)는 영은 선하지만 육은 악하다고 하는 영육이원론을 주장하였다. 결국 이러한 주장은 하나님이 육신을 입었다는 가르침을 전적으로 배척하고 그리스도의 신인양성(神人兩性)을 부인하는 결과를 낳았다. 본 서신은 A.D. 70-80년 사이에 예수의 동생 유다에 의해 예루살렘에서 기록한 것으로 본다.

I. 예수 그리스도의 종(1절)

신약성경에서 '유다'는 8명이 등장한다. 본서의 저자는 예수와 야고보의 형제인 유다를 의미한다. 여기 "종"(δοῦλος, 둘로스)은 오직 주인의 뜻대로만 행해야 하는 소유물로서 주인의 재산에 불과한 존재를 가리킨다. "예수 그리스도의 종"이라는 말은 우리를 그리스도께서 자신의 피값으로 사셔서 자신의 종으로 삼았음을 의미한다(고전 7:23). '예수 그리스도의 종'은 단순히 모든 그리스도인을 지칭할 수 있지만 그리스도인 사역자인 사도로도 칭한다(롬 1:1, 벧후 1:1).

II. 부르심을 입은 자의 축복

유다서는 예수의 막내 동생이 기록했다는 점에서 매우 중요하다. '예수 그리스도의 종이요 야고보의 형제인 유다' '유다와 야고보'가 혈연적인 한 형제로 나타나는 곳은 마가복음 6:3절뿐이다. 유다는 야고보와 혈연적인 형제임을 드러냄으로 자신의 정체를 밝혔다.

"부르심을 입은 자" 하나님의 부르심을 입은 자는 참으로 축복이다. 부르심을 입은 자는 먼저 하나님께서 자녀로 인정하셨다는 것이다. 하나님께서 새 생명을 주시고 영원한 기업을 물려주실 것이다. 그러므로 하나님의 부르심에 합당하도록 거룩한 삶을 살아야 한다(롬 1:7, 고전 1:2, 빌 3:12,13, 벧전 1:15).

유다서 1장 5-7절

성도의 생활 (불순종할 때 어떻게 되는가)

하나님께서는 공의를 그의 보좌의 기초로 삼으시고(시 89:14), 진리대로 심판하시며(롬 2:2), 각 사람에게 그 행한 대로 보응하신다(롬 2:6). 그러므로 의인은 반드시 보상을 받고 악인은 철저히 형벌을 받게 된다. 본문에서 유다는 과거의 역사적 사실을 열거하면서 악인들의 형벌에 대하여 경각심을 일깨워주고 있다. 이제 본문을 통해서 불순종할 때 어떻게 되는가? 생각해 보자.

I. 멸망을 당하게 된다고 했다.

5-7절 "너희가 본래 범사를 알았으나 내가 너희로 다시 생각나게 하고자 하노라… 거울이 되었느니라…" 본문에서 유다는 하나님께서 심판하신 구약의 세 가지 예를 제시함으로써 사도들이 전하여준 복음을 분명하게 인식시키고자 하고 있다(롬 15:15, 살후 2:5, 딤후 2:8, 벧후 1:12, 3:1,2, 계 3:3) 주께서 백성을 애굽에서 구원하여 내시고 후에 믿지 아니하는 자들을 멸하셨으며 … 이스라엘 백성은 출애굽을 통하여 하나님의 구원의 역사를 경험했고, 광야에서 구름기둥과 불기둥을 통하여 하나님의 보호하심과 능력을 체험했었다.

II. 축복을 받지 못한다.

하나님께 불순종하면 멸망 받지만 하나님의 축복도 받지 못한다. 이스라엘 백성들은 하나님이 인도하셔서 애굽에서 나왔다. 그러나 그들의 불신으로 광야에서 40년간 방황하였다. 여호수아와 갈렙을 제외한 이스라엘 백성들은 광야에서 모두 죽었다(민 26:65). 불순종한 이스라엘 백성들은 하나님의 허락하신 축복을 받지 못했다. 하나님께 순종하여 하나님이 예비해두신 천국의 축복을 누리는 성도가 되자.

III. 지옥에 떨어지게 된다.

불신자들에게 내려지는 최후의 형벌은 지옥의 형벌이다. 6절 "… 또 자기 지위를 지키지 아니하고 자기 처소를 떠난 천사들을 큰날의 심판까지 영원한 결박으로 흑암에 가두셨으며…" 유다는 두 번째로 자신의 위치를 망각하고 타락한 천사들에 대한 심판을 경고하고 있다.

유다서 1장 16절

성도의 사명 (악인들의 특성은 어떠한가?)

오늘 본문에서 유다는 악인들의 특성에 대해서 세 가지를 언급했다.

I. 원망하고 불평한다.

16절에 "이 사람들은 원망하는 자며 불만을 토로하는 자여…" 이것은 이스라엘 백성들이 광야에서 하나님을 원망하고 그 뜻을 거부했던 것을 말한다(민 14:2,27,29,36, 신 1:27, 시 106:25, 고전 10:10). 출애굽한 이스라엘 백성들이 광야에서 하나님과 모세를 원망한 것처럼 거짓교사들은 주를 부인하고 하나님의 권위를 받아들이지 않고 율법을 멸시하고 도덕폐기론을 주장했던 자들이다. 과거 이스라엘 백성들은 종살이 하던 애굽에서 구원해 주신 하나님을 불신하고 하나님을 원망하였다(출 15:24, 17:3). 결국 이스라엘 백성들은 여호수아와 갈렙을 제외하고 축복의 땅 가나안에 들어가지 못하고 광야에서 죽었다(민 14:29-30).

II. 정욕을 따라서 산다.

16절에 "…그 정욕도 행하는 자라…" 이것은 '그들의 정욕을 따라 산다' 라는 의미로 거짓교사들이 광야의 이스라엘 백성처럼 하나님의 뜻을 따르기 보다는 자신들의 뜻을 따라 행동했음을 의미한다. "정욕은 육신의 일만 도모케하며"(롬 13:14) 죄를 짓도록 유혹한다. 성도는 영혼을 거스리는 정욕을 제어하도록 힘써야 한다(벧전 2:11). 정욕을 어떻게 제어할 수 있을까? ① 성령을 의지해야 한다. 성령을 좇아 행함은 하나님 말씀대로 사는 것이다. ② 악인들을 대적해야 한다. 사도 요한은 악인들과 인사도 말고 집에 들이지도 말라고 했다(요이 1:10). ③ 주의 뜻을 좇아 살아야 한다. ④ 성령에 붙잡혀야 한다(행 20:22). 사도 바울은 성령에 붙잡혀 주님의 사명을 다할 수 있었다.

III. 자랑하고 아첨한다.

16절에 "…그 입으로는 자랑하는 말을 내며 이(利)를 위하여 아첨하느니라" "자랑하는"(ὑπέρογκα, 휘페롱가)은 '거대한' 을 의미한다. '거대한' 은 하나님보다 자기를 자랑하는 거만한 태도를 취했음을 의미한다. "아첨하느니라"는 자기에게 유리할 때는 잘난 체하고 교만을 부리다가 불리할 때는 아첨한다.

요한계시록

요한계시록 서론 | 복있는 성도 | 구름을 타고 오시리라 | 나는 알파와 오메가라 | 요한이 본 예수 그리스도의 환상(Ⅰ) | 요한이 본 예수 그리스도의 환상(Ⅱ) | 에베소 교회(첫사랑을 회복하라) | 서머나 교회(죽도록 충성하라) | 버가모 교회(충성스런 안디바) | 두아디라교회(새벽별을 주리라) | 사데교회(살았으나 죽은 자로다) | 빌라델비아 교회(능력있는 성도) | 라오디게아 교회(소망) | 책망받는 교회 | 보좌에 앉으신 하나님과 그 영광 | 보좌의 영광 | 네 생물의 찬양 | 일곱 인으로 봉한 책 | 인을 떼기 시작한 어린양(Ⅰ) | 인을 떼기 시작한 어린양(Ⅱ) | 인맞은 자들이 십사만 사천이니 | 하늘이 반시 동안 쯤 고요하더니 | 하나님께 올라가는 기도 | 다섯째 천사의 나팔 | 다섯째 천사의 나팔 | 지체하지 않으시는 하나님 | 요한이 천사로부터 받은 책 | 권세를 받은 두 증인 | 일곱 째 나팔의 경고(세상을 다스리시는 그리스도) | 하나님의 보호 받는 교회 | 큰 싸움에서 승리하는 비결 | 열 뿔과 일곱 머리를 가진 짐승 | 경계해야 할 적그리스도 | 노래하는 십사만 사천명 | 어린양의 노래 | 깨어 자기 옷을 지키라 | 어린양과 싸우는 대적들 | 큰 성 바벨론 | 성도들의 세마포옷 | 천년왕국 | 새 하늘과 새 땅 | 내가 진실로 속히 오리라

요한계시록 서론

종말론적 예언서인 계시록은 성경의 마지막 책이며 성경 중에 가장 아름다운 책이라 할 수 있다. 계시록은 세상 끝날 전 우주가 뒤바뀌고 사탄의 등장 다음에 영원한 천국이 도래할 것을 다루고 있기 때문이다. 물론 창세기에서 유다서에 이르기까지 65권의 말씀도 언젠가 이 땅의 역사는 끝날 것이며 영원한 새나라가 있을 것을 부분적으로 말하고 있다. 또한 새나라가 있기 전에 지금까지 이 땅에 살았던 모든 사람들이 하나님의 보좌앞에서 심판 받을 것을 이야기 하고 있다. 그리고 이 모든 일이 그리스도의 재림과 함께 있을 것이라는 사실도 성경의 증언이다. 성경의 어떤 책도 본서 만큼 상세하게 세상 끝날의 징조나 그 후에 있을 새하늘과 새땅에 대하여 말하고 있는 책은 없다.

1. 저자

본서는 사도 요한에 의해 기록되었다(1:4). 요한은 자신을 예수 그리스도의 종된 자요(1:1), 예수의 환난에 참여한 자이다(1:9).

2. 수신자

본서의 수신자는 소아시아의 일곱교회이다(에베소, 서머나, 버가모, 두아디라, 사데, 빌라델비아, 라오디게이아)의 사자들이다. 성령께서 요한에게 일곱 교회에 국한시켜 편지를 하게 하신 것은 완전수를 상징하는 '7' 이라는 숫자에 주안점을 두었기 때문이다.

3. 기록연대

본서의 기록시기를 네로(Nero, 54-68)의 통치기간 중 로마의 대화재 이후 A.D. 64년으로 본다.

4. 기록장소

본서의 저자인 사도 요한은 자신이 하나님의 계시를 받은 곳이 밧모섬이라고 했다(1:9). 사도 요한이 밧모섬에서 계시를 받고 그곳에서 본서를 기록했는지 아니면 유배생활이 끝난후 에베소에 돌아와서 기록했는지에 대해서는 단언하기 어렵다.

요한계시록 1장 1-3절

복있는 성도

'예수 그리스도의 계시라' (Αποκάλυψις Ιησου χριστοῦ) 사도 요한이 A.D. 95년경 밧모 섬에서 하나님의 계시를 받고 아시아 일곱 교회에 보낸 서신이다. 본문을 통해서 '복있는 성도' 는 어떤 사람인가 함께 생각해 보고자 한다.

Ⅰ. 말씀을 읽는 자가 복이 있다(3절).

여기 '읽는 자' 는 혼자서 읽는 것이 아니고 회중을 대표해서 읽는 자를 의미한다(신 31:11, 렘 36:6). 성도는 하나님의 말씀인 성경을 많이 읽어야 한다. 성경을 교회에서나 가정에서도 열심히 읽어서 하나님과 교회를 섬기는 법을 알아야 한다.

Ⅱ. 말씀을 듣는 자가 복이 있다(3절).

요한은 당시 하나님의 말씀을 읽고 듣는 유대인들의 관습을 통해서(느 8:2-3, 눅 4:16, 행 13:15, 살전 5:27) 본서의 예언의 말씀을 읽고 듣고 지키는 자가 복이 있다고 선언하고 있다. 성도는 말씀을 들을 때 믿음이 성장하고 복이 된다.

말씀을 어떻게 들어야 하는가? ① 하나님의 말씀을 주야로 묵상하면서 들어야 한다(시 1:2). ② 갈급한 마음으로 사모하며 들어야 한다(시 19:10, 107:9, 119:82). ③ 영적인 귀를 열어야 한다(계 2:7). ④ 일심으로 들어야 한다(잠 2:2).

하나님의 말씀을 들을 때 어떻게 되는가? ① 그 분의 소유가 되며(출 19:5), ② 하나님의 인애를 얻으며(신 7:12), ③ 하나님의 기념 책에 기록되며(말 3:16), ④ 영생을 얻으며(요 5:24), ⑤ 자손 대대로 축복을 받게 된다(신 12:28). 사무엘도 "…말씀만 하옵소서 주의 종이 듣겠나이다"(삼상 3:10)라고 했다.

Ⅲ. 말씀을 지키는 자가 복이 있다(3절).

하나님의 말씀을 지키는 것은 행함이요, 행함은 순종이며, 순종은 성도의 의무이다. 야고보는 "행함이 없는 믿음은 그 자체가 죽은 것이라"(약 2:17)고 했다. 여인이 정절을 지키듯이 말씀을 지켜야 한다. 성도에게 신앙의 정절은 생명이다. 욥은 신앙의 정절을 지켰으며(욥 2:9-10), 다니엘과 그의 친구들도 신앙의 정절을 지켰다(딤 3:10-18). 이스라엘은 신앙의 정절을 지키지 않은 결과(호 5:7) 이천년 동안 나라 없이 서러움을 당했다. 하나님의 말씀을 붙잡고 지키면 축복이 임할 것이다.

요한계시록 1장 4-7절

구름을 타고 오시리라

"요한은 아시아에 있는 일곱 교회에 편지하노니…" 당시 '아시아 주'에는 '드로아'(행 20:5) '골로새'(골 1:2) '히에라볼리'(골 4:13) 등 많은 교회가 있었다. 그런데 왜 일곱 교회에만 편지했는가? ① 일곱 교회가 역사상 모든 교회를 대표하고 있기 때문이요, ② 일곱이란 숫자가 완전수이기 때문이다. 7이란 숫자는 성수(聖數)이며, 요한계시록의 기본수이기 때문이다. 신약성경에 7은 거룩한 수이다. 계시록의 일곱 수는 더욱 뚜렷하여 보좌 앞에 일곱 수, 어린양의 일곱 뿔, 일곱 눈, 일곱 인, 일곱 짐승의 머리, 일곱 천사의 나팔, 일곱 대접 등 모두가 일곱 수로 표현한다.

I. 하나님의 사역

4절에 "…이제도 계시고 전에도 계시고 장차 오실 이와…" 이 말은 하나님의 신적 성품을 의미한다. 그 하나님은 영원하시고 불변하시다(8절 4:8, 11:17, 16:5). '…그 보좌 앞에 일곱 영과' 여기 '일곱 영'은 성령을 가리킨다. 성령을 일곱 영이라 부른 것은 성령의 속성과 권능이 완전하고 성결하기 때문이다(3:1, 5:6, 슥 3:9). 요한계시록 1:16 '일곱 별', 1:12 '일곱 금촛대', 5:6 어린양의 '일곱 눈', 8:2의 '일곱 천사'로 표시한바 성령을 일곱 영으로 기록했다.

'은혜'(χάρις, 카리스)란 그리스도 안에서 인간들에게 거져 주시는 하나님의 선물이다(롬 1:7, 고전 1:3). 하나님께서 주신 모든 것 가장 큰 선물은 예수 그리스도를 주신 것이다. '평강'(είρήνη, 에이레네)은 하나님께서 주시는 평화이다. 하나님의 평강은 그리스도를 통하여 주시는 것이다.

II. 볼찌어다 구름을 타고 오시리라(7절)

7절에 "볼찌어다 구름을 타고 오시리라…" 본문은 다니엘 7:13을 반영한 것으로 그리스도의 재림을 나타낸다. 이것을 예수께서 친히 말씀하셨다(마24:30, 26:64). "인자가 구름을 타고 오시리라" 사도 바울도 입증했다(살전 4:17). "…각인의 눈이 그를 보겠고, 그를 찌른 자들도 볼 터이요" 본문은 스가랴 12:10의 예언을 반영한 것이다. 예수를 찌른 자들도, 십자가에 못박은 자들도, 박해하던 자들도 볼 것이다. "…땅에 있는 모든 족속이 그로 인하여 애곡하리니…" 이 말은 그리스도의 재림 때 이루어질 비참한 상태를 나타낸다. "…그러하리라 아멘" 예수의 재림을 확신한 것이다.

요한계시록 1장 8절

나는 알파와 오메가라

"주 하나님이 가라사대 나는 알파와 오메가라…" 알파(A)는 헬라문자의 첫 글자며, 오메가(Ω)는 마지막 글자이다. 이것은 하나님께서 역사의 시작인 동시에 마지막이 되셔서 그 사이에 존재하는 모든 시대와 세대의 주가 되심을 나타낸다. 하나님은 창조주와 심판주로서 모든 주권을 소유하고 계신다(21:6, 22:13).

I. 하나님은 처음과 나중이 되신다.

요한계시록 21:6에 "이루었도다 나는 알파와 오메가요 처음과 나중이라 내가 생명수 샘물로 값없이 주리니" 하였고, 요한계시록 22:13에 "나는 알파와 오메가요 처음과 나중이요 시작과 끝이라"고 하셨다. 하나님은 처음도 되시고 나중도 되신다. 하나님은 영원 전부터 계셨고 영원토록 계신다. 이는 하나님의 완전성을 의미한다.

하나님은 우주의 창시자인 동시에 종말자이시다. 창세기 1:1에 "태초에 하나님이 천지를 창조하시니라" 요한계시록 20:11에 "하늘과 땅이 그 앞에서 피하여 간데 없더라" 이 두 말은 창조와 종말을 의미한다.

II. 하나님은 영원하시다.

"이제도 있고 전에도 있었고 장차 올 자요" 본문은 4절의 반복으로 '영원히 살아 계신 하나님', '영원히 자존' 하신 하나님의 성품을(출 3:14) 묘사한다. 하나님은 영원 전부터 계셨고 영원까지 계시는데 이 영원성은 하나님의 무한성을 의미한다. 창세기 21:33에 "영생하시는 하나님", 시편 90:2에 "영원부터 영원까지 주는 하나님", 시편 102:27에 "주는 여상하시고 주의 연대는 무궁하리이다" 하였다. 이사야는 하나님을 '지존무상하시고 영원히 거하신다' 고 했으며(사 57:15), 하박국 1:12에는 "하나님은 만세 전부터 계신다" 고 하였다.

III. 하나님은 시종 여일하시다.

하나님의 사랑은 알파와 오메가이다. 인간은 처음 사랑은 있으나 끝이 없을 때가 있다. 하나님의 사랑은 변치 않는다. 시편 102:27에 "주는 여상하다" 하였다. 요한복음 13:1에 "예수께서 성도를 사랑하시되 끝까지 사랑하신다"고 했다. 이 말씀들을 의지하면서 복된 삶을 살자(히 13:8).

요한계시록 1장 9-20절

요한이 본 예수 그리스도의 환상(I)

사도 요한은 에베소 지방에서 전도하다가 도미시안 황제 때 체포되어 끓는 기름 가마 속에 던져졌으나 기적적으로 죽지 않았으므로 밧모 섬에 정배되었다고 한다. 밧모 섬은 밀레도 항구에서 남서서로 68km 사모스 남남서로 47km 지점에 있으며 작은 불모의 섬이다.

I. 하나님은 요한에게 환상(계시)으로 하늘의 비밀을 보여주셨다.

10절에 "주의 날에 내가 성령에 감동하여 내 뒤에서 나는 나팔소리 같은 큰 음성을 들으니" 여기 '주의 날' (ἐν τῇ κυριακῇ ἡμέρᾳ, 엔 테 퀴리아케 헤메라)은 주께 속한 날을 의미하는 것으로 안식 후 첫날(막 16:2, 눅 24:1, 요 20:19, 행 20:7), 혹은 '매주일 첫날'(고전 16:2)과 같은 뜻이며, 그리스도께서 부활하신 날을 기념하여 유대교의 안식일이었던 토요일이 사도시대부터 안식일 다음날인 주일로 대치된 것을 가리킨다(요 20:19, 행 20:7, 고전 16:2). '성령에 감동하여' (ἐγενόμην ἐν πνεύματι, 에게노멘 엔 프뉴마티)는 '내가 성령 안에 있었다' 는 뜻으로 성령으로 말미암아 황홀한 상태에 있었음을 의미한다. 즉 입신(入神 4:2, 17:3, 21:10, 행 10:10, 11:5, 고후 12:2-4) 상태에 있었음을 의미한다. "나팔소리 같은 큰 음성을 들으니" 나팔 소리'는 ① 백성을 불러 모을 때(민 16:2), ② 전쟁시 파숫군이 경고할 때(겔 33:6, 겔 7:14), ③ 절기때(레 23:24), ④ 주님 재림때 난다(마 24:31, 살전 4:16). 나팔소리는 심령을 깨우는 천사의 음성으로 이해된다.

II. 너 보는 것을 책에 기록하라

11절 "가로되 너 보는 것을 책에 써서 에베소, 서머나, 버가모, 두아디라, 사데, 빌라델비아, 라오디게아 일곱 교회에 보내라 하기로" 여기 '써서' (γράψον, 그랖손)는 부정과거명령형으로 즉각적인 이행을 촉구하는 표현이다. 본서에서 12회나 반복된 것으로 하나님의 권위로 되었음을 의미한다. 본서에 계시된 교회의 명칭은 1:4에서 언급된 '일곱 교회'를 가리킨다. 사도 요한은 밧모 섬에서 주님의 부탁에 순종하여 복된 진리를 우리에게까지 전달하는 사명을 완수했던 것이다. 이처럼 은혜 받은 사람은 책임도 크고 사명도 크다. 하나님의 환상을 보고 계시 음성을 들은 성도는 자신만을 위해 쓰면 안 된다. 복음 전도를 위해 주님 사명을 완수해야 한다.

요한계시록 1장 9-20절

요한이 본 예수 그리스도의 환상(Ⅱ)

1. 일곱 금촛대를 보았다(12절).

요한이 처음으로 본 것은 슥 4:2의 환상과 비슷한 일곱 촛대로, 여기서 '촛대'는 (λυχνίας, 뤼크니아스) 세워놓거나 달아매는 '등잔불'을 가리킨다(출 25:31, 왕상 7:49, 슥 4:2). '일곱 금촛대'는 스가랴에서 이스라엘을 가리킨다(슥 4:2). 그러나 본문에서는 아시아 일곱 교회 또는 세계 모든 교회를 가리킨다(20절).

2. 촛대사이에 인자같은 이를 보았다(13절).

여기 "인자같은"이란 다니엘 7:13,14절을 반영한 것으로 계시자이신 그리스도의 '인성'을 표현한 것이다(행 7:56). '인자'인 예수께서 일곱 촛대 일곱 교회의 머리가 되시어서 교회 안에 역사하신다는 말씀이다.

3. 발에 끌리는 옷을 입고 가슴에 금띠를 띠고(13절)

인자의 모습은 발에 끌리는 옷을 입은 모습이라고 했다. '발에 끌리는 옷'은 구약시대에 제사장들이 착용한 예복으로(출 28:4, 레 16:4, 사 6:1), 그리스도의 대제사장직과 그의 권위와 위엄을 시사한다. 가슴에 금띠를 띤 것은 권세를 가지신 메시아의 모습을 나타낸다.

4. 그 머리와 털의 희기가 흰 양털 같고 눈 같으며 그의 눈은 불꽃같고(14절)

본문은 단 7:9의 말씀을 인용한 것이다. 성경에서 흰색은 항상 '권위'와 '영광'과 '순결'을 상징하기에 본문은 그리스도의 성결과 영원성 혹은 그의 영원한 신성을 상징한다. "그의 눈은 불꽃같고"이는 다니엘 10:6을 반영한 것으로 그분의 전지성으로 모든 악을 꿰뚫어 아시는 날카로운 공의의 눈을 상징하며 아울러 승리로 재림하실 그리스도의 심판을 의미한다. 다니엘 10:6절에 "인자의 눈을 횃불같았다"고 했다.

5. 그의 발은 풀무에 단련한 빛난 주석 같고, 그의 음성은 많은 물소리와 같으며(15절)

'빛난 주석'(χαλκολιβάνῳ, 칼콜리바노)은 분명히 알 수 없으나 일반적으로 '금 같은 청동' 혹은 양질의 합금이나 놋쇠로 이해된다(계 2:18). "주님의 발은 빛난 놋과 같다" 에스겔 1:7에 "천사의 발바닥이 빛난 구리와 같다"고 했다. 초림때 십자가에 못박힌 발과는 달리 재림 때에는 영광과 권능으로 오셔서 모든 더러운 무리들과 반대자들을 밟아 심판할 것이다.

요한계시록 2장 1-7절

에베소 교회 (첫사랑을 회복하라)

"에베소 교회의 사자에게 편지하기를 오른손에 일곱 별을 붙잡고 일곱 금촛대 사이에 다니시는 이가 가라사대"(1절) 여기 '일곱 교회'는 각 시대의 교회 대표이며 세계 각처에 흩어져있는 교회의 대표를 의미한다. '일곱 별'은 일곱 교회를 대표하는 주님의 사자(교역자)들이다(계 1:20). 여기 '금촛대 사이에 다니시는 이' 역시 그리스도께서 교회를 사랑하고 능력 가운데 교회에 임재하고 계심을 의미한다.

I. 첫 사랑을 회복하라(4절)

4절에 '그러나 너를 책망할 것이 있나니 너의 처음 사랑을 버렸느니라' 본 절은 에베소 교회에 대한 책망을 나타낸다. 처음 사랑이란 무엇을 말하는가? ① 에베소교인들이 가졌던 기독교적인 사랑, 즉 형제에 대한 사랑을 의미하며(행 20:35, 엡 1:15) ② 처음 그리스도를 영접하면서 가졌던 하나님에 대한 사랑을 의미한다고 주장한다.

에베소 교회는 주님의 칭찬을 받은 교회였다(2:1-3). '내가 네 행위와 수고를 아노니'(2:2) 예수께서 첫사랑을 회복할 수 있는 길을 알려주었다. ① '어디서 떨어진 것을 생각하라'(5절). 믿음이 어디서 떨어졌는가? 사랑이 어디서 무엇 때문에 식었는가? ② '회개하라'는 것이다. ③ '처음 행위를 가지라'는 것이다.

II. 첫 열심을 회복하라

처음 교회에 나오면 열심이 대단하다. 열심을 다시 회복하라. 처음 가졌던 기도열심, 전도열심, 예배열심, 다시 회복하라.

III. 첫 신앙을 회복하라

초대교회는 사랑과 은혜가 넘쳤으며 서로 사랑하며 나누었다(행 2:42-47). 오늘 한국교회를 보면 세속화 되어 있다. 초대교회가 가르치던 순수한 신앙으로 돌아가야 한다. 회복하는 길은 ① 처음 행위를 가져야 한다(5). 첫 신앙이 어디서 떨어졌는가, 그 장소를 찾아야 한다. 가룟유다처럼 물질 때문에 떨어졌는지, 삼손처럼 이성 때문에 떨어졌는지, 사울처럼 교만하다 떨어졌는지, 데마처럼 세상을 사랑하다 신앙이 떨어졌는지 생각하고 회개해야 한다. 첫 신앙을 회복하려면 ① 눈물의 기도가 있어야 한다(시 6:6,42:3). ② 뼈를 깎는 기도가 있어야 한다(눅 22:44).

요한계시록 2장 8-11절

서머나 교회 (죽도록 충성하라)

서머나 교회에 부활하신 주님이 찾아오셨다(8). "서머나 교회의 사자에게 편지하기를 내가 네 환난과 궁핍을 아노니 실상은 네가 부요한 자니라"(9) 서머나 교회는 어떤 교회인가?

I. 주님이 알아주는 교회이다(9절).

서머나 교회는 환난과 궁핍에 있었다. 그러나 믿음이 부요했다. '서머나' 란 뜻은 몰약, 유황이란 뜻이다. 폴리갑은 86세에 순교했으며, 신앙의 정절을 지킨 사람이요, 기도의 사람이요, 충성의 사람이었다. 서머나 교회는 폴리갑이 세운 교회이므로 신앙이 굳세고 흠이 없는 교회였다. 로마박해 250년간 폴리갑 전성도들은 박해를 받았다. 채찍에 맞고, 창자가 터지고 팔다리가 부러지고 재산을 몰수당하는 핍박 속에서도 그들은 신앙을 지켰다. 주님은 이러한 성도들의 모습을 바라보면서 "너희의 환난이나 핍박 궁핍을 안다"고 하셨다(9). 주님이 아시니 행복이다. 여기 '환난'($\theta\lambda\hat{\iota}\psi\iota\nu$, 들립신)은 무거운 물건 밑에서 눌러 부서지는 것을 의미한다. 그러나 주님 말씀하신다. "세상에서 환난을 당하나 담대하라 내가 세상을 이기었노라"(요 16:33).

II. 주님이 칭찬해 주셨다(9절)

"…실상은 네가 부요하니라"(9) 서머나 교회의 형편을 주님이 알고 계셨다. 그러면서 '죽도록 충성하라' 고 하셨다(10). 1. 말씀에 충성하라. "…양식이 없어 주림이 아니요 물이 없어 갈함이 아니라 여호와의 말씀을 듣지 못한 기갈이라"(암 8:11). "말씀을 네 입에서 떠나지 말며"(수 1:8).

2. 기도에 충성하라. 기도는 영혼의 호흡이다. 한나는 사무엘을 기도로 낳았다(삼상 1:10-20). 사무엘도 기도의 사람이 되었다(삼상 7:5, 12:23). 3. 자신의 직분에 충성하라 '맡은 자들의 구할 것은 충성이다(고전 4:2).

4. 서머나 교회에 주신 축복은 ① 남은 10일간의 환난을 두려워 말라(10), ② '생명의 면류관을 네게 주리라' 이다. 면류관($\sigma\tau\acute{\epsilon}\phi\alpha\nu o\varsigma$, 스테파노스)은 주님을 위해 충성하는 자에게 주어지는 상급이다. '귀 있는 자는 성령이 교회들에게 하시는 말씀을 들을지어다' (11).

요한계시록 2장 12-17절

버가모 교회 (충성스런 안디바)

버가모 교회는 물질에 눈이 어두워 하나님의 명령(말씀)을 거역하고 우상을 섬기며 발람의 교훈을 따르며 교회를 어지럽혔다. 이것이 당시 버가모 교회의 실상이다.

I. 버가모 교회에 주님이 찾아 오셨다(12절).

12절에 "…좌우에 날선 검을 가진 이가 가라사대" '날선 검' 은 히 4:12절에 살아있는 하나님의 말씀이다. 요한계시록 1:16에 "…그 입에서 좌우에 날선 검이 나오고" '검' 은 권위와 능력을 의미한다. 주님은 버가모 교회에 날선 검을 가지고 찾아오셨다. 버가모 교회의 영전을 돕기 위함이다.

II. 버가모 교회를 칭찬하신 주님(13절)

13절 "네가 어디서 사는 것을 내가 아노니 거기는 사단의 위가 있는 데라…" 여기 '네가 어디 사는 것' 은 단순히 버가모 교인들이 버가모에 살고 있는 것을 안다는 의미보다 버가모 교인들이 지금 처해 있는 어려움을 안다는 의미이다. 버가모는 우상이 가득한 곳이요, 죄악이 가득차 있었다. 이렇게 우상이 가득한 곳에서 주님을 붙잡고 믿음생활을 한다는 것이 쉬운 일이 아니었다. 그런데 거기에 '충성된 일군 안디바' 가 있어서 주님이 소개하고 있다. "네가 내 이름을 굳게 잡아서 내 충성된 증인 안디바가 너희 가운데 곧 사단의 거하는 곳에서 죽임을 당할 때에도 나를 믿는 믿음을 저버리지 아니하였도다"(13절)라고 칭찬해 주었다. 그들은 주님을 붙잡고 놓지 않았다.

III. 버가모 교회를 책망하신 주님(14-15절)

"너희 중 발람의 교훈을 지키는 자가 있고 니골라당의 교훈을 지키는 자들이 있도다"고 하였다. 발람의 교훈이 무엇인가?(민 22:1-20,25:1-2) 발람은 모압 왕 발락의 뇌물을 받아 이스라엘 백성들에게 범죄할 올무를 놓았다. 그 결과 수없는 백성이 죽었다. 하나님은 나귀의 입을 통하여 발람을 깨닫게 하셨다. 하나님은 버가모 교회를 사랑하사 그들에게 축복의 길을 열어 주었다(16절) ① 회개하라(16). 축복을 약속하셨다(17). ② 감추었던 만나를 주리라. ③ 흰돌을 주리라. '만나' 는 이스라엘 백성이 광야에서 40년간 먹었다. '흰돌' 은 예수를 상징한다.

요한계시록 2장 18-19절

두아디라 교회 (새벽별을 주리라)

"두아디라 교회의 사자에게 편지하기를 그 눈이 불꽃같고 그 발이 빛난 주석과 같은 하나님의 아들이 가라사대"(18) '두아디라'의 옛이름은 펠로피아(pelopia) 혹은 유힙피아(Euhippia)이며, 현재는 '아킷살'(Akhissar)로 불리운다. 이곳은 버가모와 서머나의 중간 지점에 위치해 있으며 공업도시로 유명한 곳이었다. 아시아 일곱 교회 중에서 가장 미미한 교회가 두아디라 교회이다. 바울의 전도를 받고 예수를 믿게 된 루디아에 의해 두아디라 교회가 세워졌다(행 16:11-15).

I. 두아디라 교회에 찾아오신 주님(18절)

어떤 모습으로 오셨는가? ① 전지전능하신 주님으로 오셨다. ② 심판의 주님으로 오셨다. ③ 하나님의 아들로 오셨다.

II. 두아디라 교회에 대한 주님의 칭찬(19절)

19절에 "내가 네 사업과 사랑과 믿음과 섬김과 인내를 아노니 네 나중 행위가 처음보다 많도다" 두아디라 교회는 ① 사업이 있었다(19). 주의 일을 할 수 있는 능력이 있었다. ② 사랑이 있는 교회, 믿음이 있는 교회, 섬기는 교회, 인내가 있는 교회였다. 처음보다 점점 부흥되는 교회였다.

III. 두아디라 교회를 책망하신 주님(20-21절)

20절에 "네게 책망할 것이 있노라 이세벨을 네가 용납하였구나 내 종들을 꾀어 행음하게 하고 우상의 제물을 먹게 하는도다" 1. 이세벨을 용납했다(20). 원래 이세벨은 시돈의 왕녀였고 아합의 왕비였다(왕상 16:1, 왕하 9:7). 이스라엘을 어지럽혔고 엘리야와 격투한 여자였다(왕상 18:4, 왕하 8:22). 2. 하나님은 그들에게 회개할 기회를 주었다(21). ① 회개치 않으면 침상에 던진다고 했다(22). '침상'은 병상 '관'을 의미한다. ② 이런 심판은 주님 자신이 하신다는 것이다(23). 3. 축복을 약속하셨다(26-28). ① 남은 자들에게 축복하신다. 남은 자들은 어떤 사람인가?(24-25) 이세벨에게 미혹되지 않는 자들이다. "내가 올 때까지 굳게 잡으라"(25) ② 이기는 자에게는 만국을 다스리는 권세를 주리라(26-28). ③ 이기는 자에게는 새벽별을 주리라(28). 새벽별은 예수님 자신이다(계 22:16).

요한계시록 3장 1-6절

사데 교회 (살았으나 죽은 자로다)

'사데'는 소아시아에서 가장 오래된 도시이다. 물질이 풍부했고, 부의 도시였다. 고대 리디아(Lydia) 왕국의 수도였으며 사발레 신전의 중심지였으며 죄악의 도시였다. 이렇게 타락한 도시에 하나님의 심판이 내려졌다. 주후 17년 사데는 지진으로 완전히 파괴되었다. 그후 로마황제 디베리우스(Tiberius)는 사데 시민들에게 조세를 경감하고 사데를 재건해 주었다. 이처럼 부패하고 타락한 사데 교회에도 오히려 신앙을 지키며 신앙의 정절을 지킨 소수의 무리들이 있었다.

I. 사데 교회에 주님이 찾아오셨다(1절).

어떻게 찾아 오셨는가? ① 하나님의 일곱 영으로 찾아 오셨다. 1절에 "사데교회의 사자에게 편지하기를 하나님의 일곱 영과 일곱 별을 가진 이가 가라사대 내가 네 행위를 아노니 네가 살았다하는 이름은 가졌으나 죽은 자로다" '하나님의 일곱 영'은 성령을 가리킨다(1:4, 16:20). '일곱 영'은 영원한 영(히 9:14), 성령의 영(롬 8:2), 진리의 영(요 15:26), 약속한 성령(행 1:4), 영광의 성령이다(벧전 4:14). '일곱 별'은 교회를 보호하고 책임져야 하는 천사를 가리킨다(1:20). ② 일곱 별을 가지신 주님으로 찾아오셨다(1). '일곱 별을 가지신 이가 가라사대' 여기 '일곱 별'은 일곱 교회와 일곱 교회의 사자를 의미한다(1:20). 일곱 영은 살리는 영이요, 생명의 영이다.

II 사데 교회를 책망하신 주님(1절)

1절에 "… 살았다 하는 이름은 가졌으나 죽은 자로다" 주님의 무서운 책망이다. 사람이 죽었는지 살았는지 알 수 있는 길은 ① 그 사람의 호흡을 보면 알 수 있다. 죽은 사람은 숨을 쉬지 않는다. 산 사람은 호흡을 한다. 기도는 영혼의 호흡이다. ② 식사하는 것을 보면 알 수 있다. ③ 그 사람의 정신을 보면 알 수 있다.

III 사데 교회를 칭찬하신 주님(4절)

주님은 2절에 "너는 일깨워 그 남은 바 죽게 된 것을 굳게 하라" '사데 교회에 아직 영적 생명이 남아 있으니 그것을 굳게 하라 견고히 지키라' 며 ① 깨어라(2) ② 생각하라(3) ③ 지키며 회개하라(3)고 말씀하신다. 이에 대해 어떤 축복이 있는가? ① 흰옷을 입을 것이라(계 3:18, 19:14) ② 너희 이름을 생명책에 기록하리라(5)

요한계시록 3장 7-13절

빌라델비아 교회 (능력있는 성도)

'빌라델비아 교회'는 사도들의 가르침을 따라 충실하게 그 믿음을 지킨 결과 서머나 교회처럼 주님의 칭찬을 받았다. 교회의 규모는 작고 약한 교회였지만 믿음을 잘 지킨 결과 주님으로부터 칭찬을 받았으며, '시험의 때를 면케해 주리라'고 축복해주었다(10).

I. 빌라델비아 교회에도 주님이 찾아 오셨다(7절).

어떻게 찾아 오셨는가? ① 거룩하신 주님으로 찾아오셨다(7). ② 진실하신 주님으로 찾아 오셨다. ③ 다윗의 열쇠를 가지신 주님으로 오셨다(7). 다윗은 왕이요 열쇠는 권세를 의미한다. 권위와 통치를 상징한다.

II. 교회로써 최선의 사명을 다했다(8절).

8절에 "내가 네 행위를 아노니 네가 적은 능력을 가지고도 내 말을 지키며 내말을 배반치 아니하였도다." 주님은 칭찬해 주셨다. ① 적은 능력으로 말씀을 지켰기 때문이다(8). 여기 '적다' (μίκραν, 미크란)는 작음을 의미한다. 빌라델비아 교회는 교세나 재정이 약한 교회였다. 그런데도 교회가 받은 것을 가지고 신앙의 정절을 지키며 충성을 다했다. ② 그들은 주의 이름을 부인하지 않았다.

III. 하나님의 축복(10절)

빌라델비아 교회는 책망도 없고 칭찬과 축복뿐이다. 10절에 "네가 나의 인내의 말씀을 지켰은즉 또한 너를 지키며 시험의 때를 면케 하리라" 1. 시험의 때가 무엇인가? ① 큰 환난과 죽음에서 구원해 주시겠다는 것이요, ② 죽음에서 건져주시며(계 7:14, 마 24:21, 계 13:10), ③ 우상경배 짐승의 표를 사라고 강요할 때 건져주리라(계 13:1) "내가 속히 임하리니 네 가진 것을 굳게 잡으라"(11). 주님은 우리의 소망이요 축복이다. 2. 빌라델비아교회가 가진 것이 무엇인가? ① 열린 문이었으며(8), ② 적은 능력이 있었으며(8), ③ 말씀을 지켰다. 그들의 이러한 신앙 위에 하나님은 축복하셨다. "이기는 자는 내 하나님 성전에 기둥이 되게 하리니…"(2) 솔로몬 성전에 우편에는 야긴 좌편에는 보아스가 기둥이 되어 있었다(왕상 7:21).

요한계시록 3장 14-22절

라오디게아 교회 (소망)

'라오디게아' 란 뜻은 '백성을 기쁘게 한다, 백성의 심판, 백성의 정의' 란 뜻이다. 라오디게아는 빌라델비아에서 동남쪽으로 약 72km, 에베소에서 동쪽으로 약 160km 지점에 위치한 도시이다. 라오디게아 교회는 에바브라가 설립했으며(골 4:12,13), 골로새 교회와 함께 바울이 지도했다.

I. 주님께서 찾아오셨다(14절).

1. 아멘이신 주님으로 찾아오셨다. 14절에 "…아멘이시요 충성되고 참된 증인이시요" 아멘($ἀμήν$)은 진실하신이란 뜻이다. 진리의 하나님은 영원토록 변치 않는다(히 13:8). 2. 주님은 충성된 증인으로 찾아오셨다(4). 계 1:5에 '충성된 증인' 이라고 했다. 3. 충성된 성도는 ① 신앙의 정절을 지키는 사람이요(계 14:1-5), ② 순교적 각오로 교회를 위해 봉사하는 사람이요, ③ 죽도록 충성하는 사람이다(계 2:10).

II. 그들의 상태는 어떠했는가?

미지근한 상태였다(15). 15절에 "내가 네 행위를 아노니 네가 차지도 아니하고 더웁지도 아니하도다 네가 차든지 더웁든지 하기를 원하노라" 본문에 라오디게아 교인들은 열심이 없을 뿐 아니라 영적으로 죽은 상태에 있었다. 주님은 뜨거운 신앙을 원하신다. '미지근하면 토하신다' 고 했다(16). 라오디게아 교회는 부요를 자랑했다. 17절에 "네가 말하기를 나는 부자라 부요하여 부족한 것이 없다 하나…" 그러나 주님 보시기에는 곤고하고 가련하고 가난했다(17). 궁핍하고 눈이 멀어(17) 영적으로 빈곤상태를 몰랐다.

III. 하나님의 축복

1. 하나님은 그들에게 회복할 수 있는 길을 열어 주셨다. 18절 "내가 너를 권하노니 내게서 불로 연단한 금을 사서 부요하게 하고…" ① 주님께서 영적으로 가난한 라오디게아 교인들에게 불로 연단한 금, 곧 시련을 통한 믿음을 사서 영적으로 부요해지라고 했다(사 55:1). ② '흰옷을 사서 입으라' 고 했다(18). 흰옷은 그리스도의 피로 씻은 옷을 가리킨다. ③ '안약을 사서 눈에 발라 보게 하라' 고 했다(18). 2. 열심을 내라(19). 3. 주님께서 문을 두드려 주신다(20).

요한계시록 3장 14-19절

라오디게아 교회 (책망 받는 교회)

주님은 나는 부자라 부족함이 없다고 한 라오디게아 교회를 향하여 "네 곤고한 것과 가련한 것과 가난한 것과 벌거벗은 것을 알아야 한다"고 책망했다. 라오디게아 교회는,

I. 미지근한 교회였다(16절).

주님은 교회가 차든지 덥든지 하기를 원하신다(15,16절) '찬' 것이 나쁜 것만은 아니다. '찬물'은 하나님의 은혜를 상징한다(렘 18:14). 잠언 25:25에도 "먼 땅에서 오는 좋은 기별은 목마른 사람에게 냉수 같으리라" 찬 것도 더운 것도 좋은 것이다. 그러나 미지근한 것이 나쁘다는 말이다. '미지근하다'는 ① 부패하기 쉬운 상태를 말한다. 아주 뜨거운 물이나 차거운 물에는 병균이 없으나 미지근한 물에는 병균이 잘 생긴다. 교회도 미지근하면 문제가 발생한다. 성도들의 신앙이 미지근하면 열심이 식어지고 영적으로 무디어진다.

II. 책망 듣는 교회

요한계시록 2,3장의 일곱 교회 중 칭찬도 받고 책망도 받은 교회는 에베소 교회, 버가모 교회, 두아디라 교회, 사데 교회 네 교회인데, 책망만 받은 교회는 라오디게아 교회 하나뿐이다. 그리고 칭찬만 들은 교회는 서머나 교회와 빌라델비아 두 교회뿐이다. 라오디게아 교회처럼 영적으로 가난하고 곤고하고 가련한 교회는 책망을 들을 수밖에 없다. 이사야 1:12에 "성전 바닥만 밟는 자"는 책망을 받는다.

III. 주님의 권고와 축복(17:18절)

주님은 영적으로 가난한 교회라도 복된 교회이기 때문에 회복의 길을 열어 주셨다. ① 금을 사라 "불로 연단한 금을 사라"(18) 영적으로 부요해지라고 했다. ② "흰 옷을 사라" 흰옷은 영적으로 수치스럽게 벌거벗은 것을 가리라고 했다. ③ 안약을 사서 눈에 바르라고 했다. 주님은 저들을 사랑하사 영육의 축복받을 수 있는 길을 열어 주었다. 칭찬 듣는 교회가 되려면, ① 열심을 내야 한다. 사 37:32 "만군의 여호와의 열심이 이를 이루시리이다" ② 회개가 있어야 한다. '회개' ($μετανοία$, 메타노이아)는 돌아서다, 생각을 바꾼다는 뜻이다. 완전히 방향을 되돌아서는 것을 말한다.

요한계시록 4장 1-2절

보좌에 앉으신 하나님과 그 영광

"이 일 후에 내가 보니 하늘에 열린 문이 있는데 …"(1절). 여기 '열린 문'($\theta \acute{u} \rho \alpha$ $\mathring{\eta} \nu \epsilon \omega \gamma \mu \acute{e} \nu \eta$, 뒤라 에네오그메네)은 완료분사형으로 문이 이미 열려 있음을 의미하는 것으로 하나님의 계시는 이미 준비되어 있었으며, 환상을 통해 요한이 보게 될 것을 암시한다. 빌라델비아 교회에 '열린 문' 형통의 문을 주셨고(3:8), 라오디게아 교회를 향하여 '문'을 열라고 했다. 이는 회개의 문, 곧 마음의 문이다.

I. 하늘에 문이 열려야 한다(1절-).

1절에 "이 일 후에 내가 보니 하늘에 열린 문이 있는데…" 여기 '문'은 보좌의 문이라 하늘에 열린 문이다. 예수께서 침례를 받으시고 물에 올라오실 때 하늘이 열리고 성령이 비둘기 같이 임하시면서…하나님의 음성이 들려왔다(마 3:16). 베드로가 욥바에 있을 때 하나님께서 하늘의 문을 여시고 계시를 보여주셨다(행 10:11-16). 그것은 복음운동이 이방 정복을 나타내는 계시였다. 하늘의 문이 열렸을 때 놀라운 사건이 일어났다. 큰 비전을 받았다. 하늘의 문이 열렸을 때 ① 세상을 이기고, ② 마귀를 이기고, ③ 죄(유혹)를 이기고, ④ 사망을 이길 수 있다. 바로 이것은 오늘 지상교회의 소망이다. 하늘의 문이 열려야 가정이 축복을 받고, 교회가 축복을 받고, 개인이 축복을 받는다.

II. 하나님의 음성을 들어야 한다(1절).

1절에 "…내가 들은 바 처음에 말하던 나팔소리 같은 그 음성이 가로되 이리로 올라오라 이후에 마땅히 될 일을 내가 네게 보이리라" 나팔같은 음성은 예수 그리스도의 음성이다(1:10). 그것은 영음이요, 계시의 음성이었다.

III. 성령의 감동을 받았다(2절).

2절에 "내가 곧 성령에 감동하였더니…" 이 말은 성령 안에 있게 되었다는 의미로(1:10), 천상으로 인도되어 새로워진 요한의 상태를 묘사한다(겔 8:1-4, 11:1). "…보라 하늘에 보좌를 베풀었고 그 보좌 위에 앉으신 이가 있는데" '보좌'는 하나님께서 하늘을 보좌로 삼으신 것을 묘사하기도 하며(사 66:1, 마 5:34, 23:22), 본문에서는 하나님의 위엄과 권세를 나타낸다(왕상 22:19, 사 6:1, 겔 1:26, 단 7:9).

요한계시록 4장 3-11절

보좌의 영광

사도 요한은 정배지 밧모섬에서 열린 하늘 문을 통하여 보좌에 앉으신 이의 영광을 목도할 수 있었다. 그러나 보좌에 앉으신 이의 실체는 볼 수 없었다. 요한복음 1장 18절에 "본래 하나님을 본 사람이 없으되"라고 하였다.

I. 하나님의 영광(4:1-3절)

① 성결의 하나님을 보았다. ② 공의의 하나님을 보았다. ③ 언약의 하나님을 보았다. 3절에 "보좌에 앉으신 이의 모양이 벽옥같다"고 하였다. 여기 '벽옥'은 하나님의 위엄, 거룩, 순결을 상징하며 홍보석은 심판과 진노를 의미한다. 요한계시록 21:11절에도 '벽옥'이 나온다. 그것이 수정처럼 맑았다고 했다. 이는 순결의 하나님, 성결한 하나님을 나타내고 있다.

II. 24장로가 호위하는 영광(4:4절)

4절 "또 보좌에 들려 이십사 보좌들이 있고 그 보좌위에 이십사 장로들이 흰옷을 입고 머리에 금면류관을 쓰고 앉았더라" '이십사 장로'에 대한 견해는 다양하다. 다양한 견해 중에서 어느 하나가 정확하다고 주장할 수 없다. 여러 사실을 종합해 볼 때 하나님과 어린양을 섬기며 찬양하는 일에 종사하는 영적존재로 보는 것이 타당하다(5:8,14, 11:16-17, 19:1-5). 이십사 장로들은 ① '흰옷 입은 자들'이라고 했다. ② '금면류관을 쓴 자들'(4:4)이라고 했다. 여기 '흰옷'은 성도나 천사가 입고 있는 것으로 청결을 상징한다(3:18, 7:14). '금면류관'은 단순한 왕관이 아니고 승리의 화관으로(2:10), 그리스도의 구속사역을 통해 성도가 된 자들의 존귀와 승리를 상징한다.

III. 심판의 영광(4:5절)

5절 "보좌로부터 번개와 음성과 뇌성이 나오고 보좌 앞에 일곱 등불 켠 것이 있으니 이는 하나님의 일곱 영이라" '보좌로부터'는 하나님의 주권적 통치의 충성심을 나타낸다. 여기 '일곱 영'은 성령을 가리킨다. '등불'은 촛대, 햇불을 의미한다(1:20, 겔 1:13, 슥 4:12). 하나님의 보좌(천국)에 일곱 등불 켠 것이 있다고 했다. 이 일곱 등불은 하나님의 일곱 영이라고 했다. 요한계시록 1:4에도 '그 보좌 앞에 일곱 영'이 있다고 했다. 오늘 지상 교회는 하나님의 영으로 충만하여 불기둥이 되어야 한다.

요한계시록 4장 5-11절

네 생물의 찬양

"보좌 앞에 수정과 같은 유리 바다가 있고…"(6절) 여기 '수정'($κρυατάλλῳ$, 크뤼스탈로)은 원래 얼음을 의미하는 것으로 투명한 결정체를 가리키며(출 24:10, 욥 37:8, 겔 1:22), 유리($ὑαλών$, 휘말리네)는 본래 '빗방울'을 나타낸다. 여기서 '유리바다'는 보좌에서 베푸신 넓고 빛나는 장면의 장엄성과 하나님 앞에서 모든 것이 밝히 드러나게 될 것을 의미한다.

I. 하나님의 거룩함을 찬양했다.

6절에 "…네 생물이 있는데 앞뒤에 눈이 가득하더라" 여기 네 생물이 누구인가? 네 생물에 대한 견해는 다양하다. ① 초대교회때부터 4복음서를 의미했다고 주장한다. ② 신약시대 4명의 사도를 가리킨다고 주장한다. ③ 이스라엘의 네 진영을 의미한다고 주장한다. ④ 장로나 천사들과 같이 하나님을 경배하고 찬양하는 천상의 영적 존재들을 가리킨다고 주장한다(8절, 11:15). 이 중 마지막 견해가 가장 타당하다. 여기 '눈이 가득하더라'는 무한한 지적 능력과 통찰력 및 지혜를 상징한다(겔 1:8, 10:12). 네 생물의 모양은 어떠했는가? ① 첫째 생물은 '사자 같다'고 했다(4:7). '사자'는 힘과 용기의 상징이다. ② 둘째 생물은 '송아지 같다'고 했다. '송아지'는 충성과 희생의 표상이다. ③ 셋째 생물은 그 얼굴이 '사람같다'고 했다(4:7). 이는 지혜를 의미한다. ④ 넷째 생물은 '날아가는 독수리 같다'고 했다. 독수리는 민첩함, 신속한 행동을 나타낸다. 네 생물의 신분이 하나님을 암시 하는 것으로 사자는 '왕권'을(왕상 7:29, 10:20, 대하 9:18-), 송아지는 '힘'을(왕상 7:25), 사람은 '영성'을(창 1:27), 독수리는 신속한 행동을 나타낸다고 주장한다.

II. 하나님의 전능하심을 찬양했다.

하늘의 보좌는 네 생물과 24장로들의 찬양으로 절정에 달했다. 이 찬양은 하늘보좌에서 불러지는 찬양이다(9). 요한계시록 4:10절에는 "이십사장로들이 보좌에 앉으시니 앞에 엎드려 세세토록 사시는 이에게 경배하고…" 찬양했다(4:11). 찬양의 내용은 하나님의 본질(속성)을 찬양했다. "전에도 계시고 이제도 계시고 장차 오실 자"라고 했다. 하나님은 영원 전부터 계셔서 모든 생명체들의 생명의 근원이 되신다. 인간은 하나님으로부터 생명을 부여 받았으므로 마땅히 하나님께 경배를 드려야 한다.

요한계시록 5장 1-10절

일곱 인으로 봉한 책

"내가 보매 보좌에 앉으신 이의 오른손에 책이 있으니…"

I. 하나님의 오른손에 있는 책(1절)

여기 '보좌에 앉으신 이'는 성부 하나님이시다. 여기 '책'($\beta\iota\beta\lambda\iota o\nu$, 비블리온)은 두루마리 책이다(사 34:4, 렘 36:2, 히 10:7). 그 책이 "하나님 오른 손 위에" 있다는 말은 권세와 능력을 가지신 하나님의 주권 하에 있음을 의미한다.

1. 이 책은 안팎으로 글이 쓰여 있었다.

1절에 "…안팎으로 썼고…"는 내용이 풍부하고 완전하게 완성되어 있다는 뜻이다. 가감할 수 없음을 의미한다. 그리고 그 내용은 확실하고 영원불변한 하나님 자신의 계획이 표시되어 있음을 의미한다.

2. 이 책은 일곱 인으로 봉한 책이다.

1절에 "…일곱 인으로 봉하였더라" '일곱'은 완전수이다. '인'은 소유권을 의미한다. '일곱'이 완전수를 상징하므로 책의 내용이 완전하며 어떤 인간에 의해서도 알수 없는 비밀스런 내용이어서 오직 하나님만이 스스로 밝히 보이실 수 있음을 의미한다(롬 16:25, 고전 4:1, 엡 3:3).

"힘 있는 천사가 큰 음성으로 외치기를 누가 책을 펴며 그 인을 떼기에 합당하냐" ① '힘 있는 천사'의 외침이다(5:2). 그 천사의 외침은 일곱 인으로 봉한 책을 볼 수 있는 사람을 찾는 것이었다. ② 큰 소리로 외쳤다(5:2) 그 책을 펴거나 보는 사람이 없었기 때문이다(5:3).

3. 사도 요한을 울려 버린 책이었다(5:4).

왜 울었는가? ① 사명 때문에 울었다. 지금 사도 요한은 예수 때문에 밧모섬에 있는 몸이요, 주 예수께 받은 사명 때문에 밧모섬까지 왔다. 그는 예언자이다. 예언자의 생명은 하나님의 세계를 볼 줄 안다. 예언자의 눈은 영계를 보고 예언자의 귀는 영계의 음성을 듣고 예언자의 입은 보고 들은 것을 말한다. ② 인류 영혼의 구원 때문에 울었다. 사도 요한은 하나님의 오른손에 있는 책이 인류 영혼의 구원과 관계가 있는 것을 확신하고 울었다. 그때 "울지말라… 다윗의 뿌리가 이기었으니 이 책과 그 일곱 인을 떼시리라 하더라"(5절) 사도 요한이 그 책을 뗄 수 있다고 위로해 주었다.

요한계시록 6장 1-17절

인을 떼기 시작한 어린양(Ⅰ)

지금까지의 계시는 계시하시는 하나님과 그 계시를 성취하시는 예수님에 대한 것이다. 이제는 말세의 비밀을 간직한 일곱인을 떼는 내용이다. 본 장은 어린양 예수께서 하나님께로부터 받은 인봉한 책을 떼시는 광경이다. 특히 본 장에서는 일곱 인 중 여섯 인만 떼고 남은 일곱째 인은 8장에 가서 떼신다.

Ⅰ. 첫째 인과 둘째 인(1-4절)

첫째 인을 뗄 때에 첫째 생물이 '오라' 고 외쳤다. 여기 '우뢰소리 같이' 는 하늘의 소리를 가리킨다(4:5, 요 12:29). 여기 '오라' ($\H{\epsilon}\rho\chi o \upsilon$, 에르쿠)는 영물이 하나님의 명령을 전달하는 말이다. '내가 보니' (2절)는 요한이 첫 번째 인을 떼고 난 후에 본 환상은 흰 말의 모습이다(슥 6:1). "내가 들으니 …"(6:2) "…내가 들으니…"(6:5, 7:9) 사도 요한은 하나님의 계시 사건을 보고 듣고 축복의 영광을 누렸다.

Ⅱ 둘째 인을 떼심(3-4절)

둘째 인을 떼실 때에 둘째 생물이 '오라' 하니 붉은 말이 나왔다. 여기 '붉은 말' ($\iota\pi\pi o \varsigma$ $\pi \upsilon \rho \rho \acute{o} \varsigma$, 히프포스 퀴르로스)은 '피 혹은 불같이 붉은 색채의 말' 이란 의미이다. 여기서 '붉은 색' 은 전쟁 혹은 살육을 암시한다(12:3, 왕상 3:22-23, 슥 1:8, 6:2) '붉은 말' 이란 피가 묻어서 붉어진 전마를 의미한다.

1. 붉은 말 탄 자의 사역

① 땅에서 화평을 제거하는 사역을 한다. 6장 4절 "… 그 탄 자가 허락을 받아 땅에서 화평을 제하여 버리며…" 이 '붉은 말' 탄 자의 사명이 전쟁이나 살육을 통해서 화평이 사라지게 하는 것임을 나타낸다. 주님은 화평의 복음을 가지고 왔다. 그러나 '붉은 말' 의 사역은 복음사역에 대한 도전이다.

② 서로 죽이게 한다. 4절 "… 서로 죽이게 하고…" 는 철저하게 끝까지 전쟁을 완수할 것을 의미한다. 이것은 악한 자들이(불신세력) 그리스도를 또한 하나님의 자녀들을 죽이는 것을 의미한다.

③ 큰 칼을 받았더라. 4절 "… 또 큰 칼을 받았더라" 는 큰 무기를 받은 것을 묘사한다. 이 역시 전쟁이나 살육을 암시한다. 하나님의 자녀들은 전쟁으로 고난을 받으며 살육을 당하게 된다.

인을 떼기 시작한 어린양(Ⅱ)

I 셋째 인을 떼심(5-8절)

셋째 인을 떼실 때에 셋째 생물이 '오라' 하였다. 1. 검은 말 탄 자가 출현했다. 6:5절에 "…내가 보니 검은 말이 나오는데 그 탄 자가 손에 저울을 가졌더라" 여기 '검은 색'은 슬픔과 기근을 나타내는 것으로 셋째인의 재앙은 기근을 상징한다(렘 4:27-28). 2. 검은 말 탄 자의 사역 5절에 "손에 저울을 가졌더라"는 전쟁 후에 식량을 저울에 달아 배급하는 절박한 기근의 상황을 묘사한다.

II 넷째 인을 떼심(7-8절)

7,8절에 "넷째 인을 떼실 때에 … 내가 보매 청황색 말이 나오는데…" 여기 "청황색"($\chi\lambda\omega\rho\acute{o}\varsigma$, 클로로스)은 누르스름한 녹색으로 창백한 모습을 암시한다. 이는 전쟁과 기근으로 인한 사망의 공포를 나타낸다. 창황색 말 탄 자의 하는 일은 6장 8절에 "… 저희가 땅의 1/4의 권세를 얻어 검과 흉년과 사망과 땅의 짐승으로서 죽이더라" 여기 '검'은 전쟁을 상징하며 '흉년'은 기근을 말한다. '사망'은 죽음의 특수한 형태인 온역을 말하며(2:23, 겔 14:21), 짐승으로 인한 죽음은 전쟁 이후 나타난 황폐로 인해서 이루어지는 사망을 의미한다.

III. 다섯째 인과 여섯째 인(9-16절)을 떼심

① 다섯째 인을 떼심(9-11) 9절에 "…죽임을 당한 영혼들이 제단 아래 있어"는 복음을 증거하다 죽임을 당한 순교자들의 영혼을 의미한다. 여기 "죽임을 당한 영혼들…"은 순교자들을 의미한다. 여기 "영혼"은 생명이다. 피는 생명인데(레 17:11) 죽임을 당한 생명(영혼)이란 순교자들의 흘린 피를 의미한다. '제단 아래' 있다는 말은 천국의 지성소를 말한다. 이 영광의 장면을 보고 듣고 느끼고 있는 사도 요한의 마음은 반가움과 위로와 격려로 가득 차 있었을 것이다. ② 여섯째 인을 떼심(12-16) 여섯째 인을 떼실 때에 나타난 것은 천체와 지상의 변동이다. 해는 총담같이 검어지고, 달이 피같이 되며, 하늘의 별들이 무화과나무가 대풍에 흔들려 과실이 떨어지는 것 같이 땅에 떨어지며, 하늘은 종이 축이 말리는 것 같이 떠나가고, 산과 섬도 옮겨지고, 지상의 각계각층 사람들이 굴과 산, 바위틈에 숨어서 아우성을 치겠다고 하였다. 일곱째 인이 아직 남아 있으니 그 때야 하나님의 계획이 완성이 될 것이다.

요한계시록 7장 1-4절

인맞은 자들이 십사만 사천이니

"이 일 후에 내가 네 천사가 땅 네 모퉁이에 선 것을 보니 땅의 사방의 바람을 붙잡아 …" 여기 '네 천사'는 바람을 맡은 천사로서 이들은 자연계를 다스리는 천사들이다. 여기 '네 모퉁이'는 세상의 모든 곳에서 남은 자가 돌아올 것을 예언한 이사야 11:12의 '땅 사방에서'와 동일한 의미로 온 세상을 가리킨다. 이스라엘 자손의 각 지파중에서 인맞은 자들이 십사만 사천이라고 하였는데 이것은 여자적(如字的)으로 혈통이 같은 이스라엘 민족을 말한 것이 아니고 영적 이스라엘 곧 그리스도 신자들을 상징한 것이다.

I. 인맞은 자의 위치

요한계시록 7:3절에 "우리가 하나님의 종들의 이마에 인을 쳤다"고 했다. 계 14장 1절에는 "십사만 사천 인들이 시온산에 섰는데 그 이마에 어린양의 이름과 그 아버지의 이름을 쓴 것이 있도다"고 했다. 또 요한계시록 22장 4절에는 '이마'에 인을 받은 자만이 새 하늘과 새 땅에 들어간다고 했다. 여기 '이마'에 인을 쳤다는 말은 그의 인격의 지성소에 구원의 복음을 심었다는 의미이다. 어떻게 인을 쳤는가? ① 하나님 아버지의 이름으로 인을 쳤다(레 14:1). ② 어린양 예수의 이름으로 인을 쳤다(계 14:1). ③ 성령으로 인을 쳤다(엡 1:13).

II. 인맞은 자의 총수

요한계시록 7:4절에 "내가 인맞은 자들의 수를 들으니 이스라엘 자손의 각 지파 중에서 인맞은 자들이 십사만 사천이니"라고 했다. '인맞은 자들이 십사만 사천이니' 이들은 누구를 나타내는가? 이들은 유대인들과 이방인들로 구성된 완성된 교회를 의미한다(롬 2:28-29, 9:6-7). 이것은 영적인 이스라엘의 총수를 의미한다. 지금이후로 예수 그리스도 안에서 구원받기로 작정된 예정의 총수인 것이다. 이것은 하나님의 수(삼위일체)와 신실한 구약교회 이스라엘의 수효(12지파)와 신약교회의 수(12사도)와 관계 되는 수이다. 이런 의미에서 '십사만 사천인'은 구약과 신약시대에 하나님이 구원하기로 작정된 이상적인 구원의 총수를 의미한다. 교회는 참 이스라엘이기 때문이다(롬 2:9, 29, 갈 6:16, 약 1:1). 우리는 하나님의 인맞은 행복에 감사 감격하여 찬양과 영광을 하나님께 돌려야 한다.

| 년 월 일 | 요한계시록 8장 1-2절 |

하늘이 반시 동안쯤 고요하더니

"일곱째 인을 떼실 때에 하늘이 반시 동안쯤 고요하더니 내가 보매 하나님 앞에 시위한 일곱 천사가 있어 일곱 나팔을 받았더라" (1,2절)

I. 반시 동안 고요한 하늘(1절)

'반시 동안쯤'($\dot{\omega}$ς $\dot{\eta}\mu\dot{\iota}\omega\rho\text{ον}$, 호스 헤미오론)은 '반'을 나타내는 헬라어 '헤미'($\ddot{\eta}\mu\iota$)와 '시간'을 나타내는 '호라'($\ddot{\omega}\rho\alpha$)의 합성어로서 신약성경에서 본절에서만 사용된다. '반시 동안쯤'은 비교적 짧은 시간을 의미하며, 재앙의 긴박감과 극적인 면을 강조한다. 지극히 짧은 시간을 의미한다. 여기 "고요하더니"는 일곱 나팔의 진노가 임하기 이전의 긴장감과 경외심을 나타내기 위한 침묵을 의미한다. '일곱 천사'의 이름은 ① 우리엘(Uriel), ② 라파엘(Raphael), ③ 라구엘(Raguel), ④ 미가엘(Michael), ⑤ 사라카엘(Saraqael), ⑥ 가브리엘(Gabriel), ⑦ 레미엘(Remiel)이다.

II. 일곱 천사의 작업준비(2절)

2절에 "내가 보매 하나님 앞에 시위한 일곱 천사가 일곱 나팔을 받았더라" 어떤 천사인가? ① 하나님 앞에 시위한 천사이다(2절). 이들은 천계의 유력한 영물이다. 구속운동에 있어서 하나님 보좌 앞에서 수종드는 자들이다. 누가복음 1장 19절에 "천사가 대답하여 가로되 나는 하나님 앞에 섰는 가브리엘이라 이 좋은 소식을 전하며 네게 말하라고 보내심을 입었노라" ② 일곱 나팔을 받은 천사이다(2절 6절). 이들이 일곱 나팔을 받았다 함은 일곱 나팔을 불기위하여 임명받았다는 뜻이다. 2절에 "…일곱 나팔을 받았더라" 나팔은 백성을 소집하고 모든 지파를 진행하게 하며 전쟁을 알리고 절기를 표시하기 위하여 사용되었다(민 10:3-10). 또한 이스라엘 군대를 인도할 때와 왕들의 대관식에도 사용되었다(레 23:24, 민 29:1, 수 6장, 왕상 1:34,39, 왕하 9:13). 신약성경에서 나팔은 그리스도의 재림과 깊은 관계가 있으며 (마 24:31, 고전 15:52, 살전 4:16), 특히 본서에서는 하나님의 진노의 날을 알리는데 사용되었다 (7-12절, 9:1-21). 종합해 보면 일곱 나팔은 인간을 향한 하나님의 심판의 경고이며, 하나님의 직접적, 주권적인 임재를 나타낸다(창 19:16,19, 사 27:13, 욜 2:1, 습 1:16). 천사의 나팔은 성도들에게는 기쁜 소리요, 구원 받지 못할 자들에게는 절망과 공포의 소리가 될 것이다.

요한계시록 8장 3-5절

하나님께 올라가는 기도

"또 다른 천사가 와서 제단 곁에 서서 금향로를 가지고 많은 향을 받았으니 이는 모든 성도의 기도들과 합하여 보좌 앞 금단에 드리고자 함이라"(3절) 여기 '또 다른 천사가 와서'에서 '다른 천사'가 누구인가? 성도들의 기도를 돕는 천사이다. 반시동안 고요한 하늘의 침묵 속에 나타나는 천사이다. ① 제단 곁에 있는 천사이다. 3절에 "다른 천사가 제단 곁에 서서 …"라고 했다. '제단'($\theta\upsilon\sigma\iota\alpha\sigma\tau\eta\rho\iota o\nu$, 뒤시아스테리우)은 향단을 가리킨다(6:9, 14:18, 레 10:12). ② 금향로를 갖고 있는 천사이다. 3절에 "금향로를 가지고 많은 향을 받았으니 이는 성도들의 기도들과 합하여 보좌 앞 금단에 드리고자 함이라"고 했다. 이 천사는 금향로에 성도들의 기도를 담아 하나님 보좌 앞에 올리는 수종의 천사이다.

I. 성도의 향연(기도)(8:4-5절)

3절에 "… 또 다른 천사가 와서 제단곁에 서서 금향로를 가지고 …"라고 했다. 천사가 지금 성도들의 기도를 금향로에 담기 위하여 제단곁에 서 있다고 했다. 제단은 제물을 올려 놓는 곳이다. 그곳에서 기도를 올림이 합당하다. 여기 "향"은 성도들의 기도이다. 요한계시록 5:8절에도 '향을 담은 대접들'을 성도들의 기도라고 했다.

II. 하나님 앞에 올라갈 수 있는 기도(4절)

4절에 "향연이 성도의 기도와 함께 천사의 손으로부터 하나님 앞으로 올라가는 지라"라고 성도의 기도를 향연에 비유했다. 성도의 기도가 제물로 불타오르는 것이다. 가장 가치있는 제물은 향기로 불타오르는 제물로 하나님 앞에 올라가는 기도이다.

III. 기도의 향불이 하나님 앞에 올라간 후 심판의 불로 내려주신다.

5절에 "천사가 향로를 가지고 단위의 불을 담아다가 땅에 쏟으며 뇌성과 음성과 번개와 지진이 나더라"고 했다. '향로에 담긴 불'은 성도들의 기도가 드려진 그 제단에서 담아온 것이므로 성도들의 기도가 하나님의 심판에 중요한 역할을 하고 있음을 의미한다. 이것은 순교자들의 신원(6:10)의 기도에 대한 부분적인 응답으로 일곱째 나팔을 불 때(11:15)와 일곱째 대접을 쏟을 때(16:17) 같이 하나님께서 성도들의 기도에 신실하게 응답하심을 의미한다.

요한계시록 9장 1-12절

다섯째 천사의 나팔

다섯째 천사의 나팔은 첫째 화이다. 즉 황충이의 재앙이다.

I. 황충의 재앙은 하늘에서 떨어진 별 하나로부터 시작되었다.

1절에 "다섯째 천사가 나팔을 불매 내가 보니 하늘에서 땅에 떨어진 별 하나가 있는데 저가 무저갱의 열쇠를 받았더라"고 했다. 하늘에서 떨어진 별 하나가 무엇인가? 타락한 천사 곧 사탄이요, 그 사탄의 조정을 받는 마귀이다. 예수님도 '사탄이 하늘로서 번개같이 떨어지는 것을 보았다' 고 하셨다(눅 10:18). 성경에 사탄, 뱀, 마귀, 귀신 들은 타락한 천사들로 악령을 의미한다.

무저갱의 열쇠를 받은 자이다. 1절에 "… 저가 무저갱의 열쇠를 받았더라" 여기 "무저갱"(τοῦ φρέατος τῆς ἀβύσσου, 투프레아토스 테스 아뷔스수)에서 '아뷔스수' 는 뷔도스(βυθος)의 합성어로서 '깊이가 없는' 이란 뜻이다. 이것은 성경에서 '물을 가두어둔 곳' (창 1:6-7, 시 107:26) 혹은 하나님을 대적하는 세력이 모두 갇히는 장소로 여겨졌다(시 74:13, 사 51:9, 암 9:3). 무저갱은 적그리스도가 이 세상에 나타나기 전에 있던 처소였으며(11:7) 그리스도의 천년왕국 동안 사탄이 일시적으로 갇혀 있는 곳으로 묘사되고 있다(20:7). 무저갱을 여는 사자였다. 2절에 "저가 무저갱을 여니…"라고 했다. '연다' 는 말은 한 번 열면 하나님 외에는 다시 닫을 수 없는 영원한 상태를 의미한다. 그러므로 사탄은 무저갱의 열쇠를 받는 일과 여는 일은 결국 하나님의 주권하에 제한적으로 움직이는 행동이요 행사이다.

II. 황충 재앙의 출처는 무저갱이다(2-3절).

2절에 "저가 무저갱을 여니 그 구멍에서 큰 풀무불의 연기가 올라오매" 라고 했다. "무저갱" 은 (ἀβύσσου, 아뷔스수) 원래 '밑창이 없는', '깊이를 알 수 없는' 이란 뜻의 형용사였으나 여기서는 명사로 쓰여 '심연' 을 의미한다. '무저갱' 은 구약에서는 '깊음' (창 1:2) '땅 깊은 곳' (시 71:20), 신약에서는 무저갱이 귀신들의 처소(눅 8:31), 죽은 자들의 처소(롬 10:7) 그리고 짐승(11:7, 17:8) 황충의 처소로(9:3) 사탄을 천년동안 가두어 두는 곳으로 나와 있다(20:1,3). 무저갱에서는 풀무불의 연기같은 것이 올라오고 있었다(2절). '큰 풀무불같은 연기' 는 사탄의 지배를 받아 유포하는 악한 사상을 의미한다. 이것은 불과 유황으로 타는 영원한 지옥불을 의미한다.

요한계시록 9장 1-12절

다섯째 천사의 나팔

I 황충의 재앙(3-12절)

3절에 "또 황충이 연기 가운데로부터 땅위에 나오매 저희가 땅에 있는 전갈의 권세와 같은 권세를 받았더라" 황충은 멸망하기 직전 나타나는 심판의 상징으로, 이스라엘 백성이 하나님의 뜻을 버리고 어그러진 길로 나아갈 때나 백성들이 범죄할 때 하나님의 징계의 도구로 사용되었다(출 10:1-20, 신 28:42, 왕상 8:37, 시 78:40).

그러나 본 절의 황충은 사단의 권세를 상징하는 '전갈의 권세'를 받아 하나님의 진노를 실행하는 도구로 사용되는 것으로 보아 실제적인 메뚜기가 아니라 마귀의 권세를 상징하는 표현이다. 한편 황충이 받은 전갈의 권세에서 '전갈'은 사막과 같은 따뜻한 지방의 돌 사이에 서식하며 꼬리에 강한 독을 품고 있는 침을 가지고 있다. 이러한 전갈의 권세를 받은 황충은 악과 불의로 가득찬 인류를 파멸하기 위한 하나님의 심판의 도구이다.

I. 황충의 특성

① 전갈과 같은 권세를 받았고(3절) ② 풀이나 수목은 해치지 못한다는 명을 받았다(4절). 황충이 하는 일은 이스라엘 백성이 출애굽할 때 하나님이 애굽에 내린 재앙이다. 요엘서와 같이 곡식이나 나무, 풀 등을 해하는 것이다(출 10:15, 욜 2:3). 그러나 본 절에서의 황충은 전혀 다른 임무, 즉 오직 이마에 '하나님의 인'을 맞지 아니한 사람들만 해친다. '하나님의 인'은 하나님의 보호를 받는 증표이다. 구원의 복음을 듣고 믿어 약속의 성령으로 '하나님의 인'을 맞은 새 이스라엘 곧 그리스도인은 다섯째 나팔의 황충심판을 피하게 되나 하나님의 인을 받지 못한 자는 황충의 심판을 받게 된다. ③ 이마에 하나님의 인맞지 아니한 사람만 해하라는 명령을 받았고 ④ 사람을 죽이지는 못한다는 명령을 받았고(5절) ⑤ 다섯달 동안 사람을 괴롭게만 한다(5절). 1절과 3절의 "받았더라"(ἐδόθη, 에도데)와 함께 본절의 '못하게 하시고' '아포크테이노신'(ἀποκτείνωσιν)은 이 재앙이 사단의 권세를 받은 황충에 의해서 행해지나, 하나님의 주권적 통치에 의해서 행해지는 것임을 시사한다.

"다섯달 동안"은 일년 중의 메뚜기가 생존해 있는 봄에서 늦은 여름까지의 기간을 가리킨다. 황충의 재앙 앞에 성도들은 하나님의 보호를 받는다. 인맞은 자는 성도들이나 하나님의 종들이다. 하나님은 세상 끝날까지 우리와 함께 하신다(마 28:20).

요한계시록 10장 6절

지체하지 않으시는 하나님

"세세토록 살아계신 자 곧 하늘과 그 가운데 있는 물건이며 바다와 그 가운데 있는 물건을 창조하신 이를 가리켜 맹세하여 가로되 지체하지 아니하리니"(6절) 오늘 말씀은 종말의 임박성을 강조하는 천사의 선포이다.

"창조하신 이" 이 말은 천사는 하나님께서 하늘과 땅 그리고 바다에 있는 모든 것을 창조하신 창조주이심을 드러냄으로 종말에 구속과 심판의 역사를 행하실 능력을 소유하고 계심을 의미한다. '지체하지 아니하리니' 는 하나님의 심판이 본격화됨을 의미한다. 하나님은 요한에게 일곱째 나팔(11:15)로 시작되는 일곱 대접의 재앙을 통해(16장) 하나님의 심판이 '지체하지 아니하리라' 는 확실한 말씀을 하셨다.

I. 하나님은 성도를 위해 심판의 기간을 단축시키신다.

예수께서 마지막 날에 있을 심판에 대해 말씀하셨다(마 24:22). 이는 하나님께서 심판을 행하실 때 성도들을 위해 사랑을 나타내심을 의미한다. 고후 5:10절에 "우리가 다 반드시 그리스도의 심판대 앞에 드러나 각각 선악간에 그 몸으로 행한 것을 따라 받으려 함이라"고 했다. 또 로마서 14:10에 "우리가 다 하나님의 심판대 앞에 서리라" ① 하나님은 진리대로 심판하신다(롬 2:2). ② 하나님은 그 행한대로 보응하신다(롬 2:6). ③ 하나님은 정확하게(바르게) 심판하신다(롬 2:11).

II. 하나님은 자신의 약속을 속히 이루어 주신다.

하박국 선지자는 하나님의 심판이 더디자 하나님께 항변했다(합 1:2-4). 그리고 하나님의 응답을 기다렸다. 이때 하나님은 그에게 묵시를 보이시면서 "비록 더딜지라도 기다리라 지체되지 않고 정녕 응하리라"(합 2:3)고 응답하셨다. 하나님은 약속하신 것을 반드시 이루시는 분이다(민 23:19).

III. 하나님은 성도를 위로해 주신다.

하박국 선지자는 하나님의 심판이 비록 더딜지라도 반드시 행해질 것을 믿었기에 "나는 여호와를 인하여 즐거워하며 나의 구원의 하나님을 인하여 기뻐하리로다"(합 3:18)라고 노래했다. 하나님은 성도들을 결코 버리지 않는다. 오히려 고난과 고통을 통하여 신앙인격을 성숙시키시며 하나님의 능력만 의지하게 하신다.

요한계시록 10장 9-10절

요한이 천사로부터 받은 책

"내가 천사에게 나아가 작은 책을 달라 한즉 천사가 가로되 갖다가 먹어버리라… 내 입에는 꿀같이 다나 먹은 후에 내 배에서는 쓰게 되더라"(9-10) 본문의 말씀은 겔 2:8-3:3과 비교되는 구절로 에스겔처럼 요한은 말씀이 적힌 책을 취해 먹도록 명령받는다. 이것은 그 책이 요한이 선포해야 할 말씀임을 의미한다. 선포해야 할 메시지를 취하여 먹을 때 나타난 현상 즉 "입에는 꿀같이 다나…배에서는 쓰게 되더라"는 요한뿐만 아니라 에스겔이나 예레미야도 겪었던 공통적인 현상이다(렘 15:16-19, 겔 3:3). "입에 달다"는 말은 하나님의 말씀을 받는 일이 기쁜 일임을 나타내며 "배에서 쓰다"는 말은 그 메시지의 의미를 깨달았을 때 고통을 느끼게 됨을 의미한다. 본문에서 요한이 작은 책을 먹은 것이 우리에게 어떤 영적 의미를 주는가?

I 요한은 그 책을 먹었다.

에스겔 선지자는 하나님께서 주시는 두루마리 책을 먹었던 적이 있다(겔 3:3). 여기서 '에스겔이 하나님의 말씀을 먹었다'는 에스겔이 선지자적 사명을 받아 자신이 먹은 말씀을 선포함을 의미한다. 사도 요한이 하나님의 말씀을 먹었다는 것은 그 역시 하나님으로부터 선지자적 사명을 받았음을 의미한다.

II 요한이 먹은 말씀은 꿀같이 달았다.

사도 요한이 하나님의 말씀을 먹었을 때 꿀같이 달았다(10). 에스겔도 동일하게 체험했었다(겔 3:3). 시편 119:103절에 "주의 말씀의 맛이 내게 어찌 그리 단지요 내 입에 꿀보다 더 하니이다" 이처럼 하나님의 말씀을 체험한 성도는 그 말씀이 꿀보다 더 달다는 사실을 깨닫게 된다. 시 19:7-10에 "… 꿀과 송이 꿀보다 더 달도다" 말씀은 능력이다(히 4:12-).

III 요한이 먹은 말씀이 배에서 쓰게 되었다.

10절에 "…먹은 후에 배에서는 쓰게 되더라"고 했다. 요한은 작은 책을 먹고난 후에 배에서 쓴 체험을 했다. 여기서 "쓰다"란 말은 고통이 따랐다는 의미이다. 즉 그는 말씀을 받아 그 말씀에 순종하는 과정에서 쓴 체험을 하게 되었다는 것이다. 하나님의 말씀을 먹을 때 그 말씀은 우리의 생명의 양식이 된다.

요한계시록 11장 3-6절

권세를 받은 두 증인

"내가 나의 두 증인에게 권세를 주리니 저희가 굵은 베옷을 입고 일천이백육십일을 예언하리라" (3) 여기 "권세" ($\dot{\epsilon}\xi o\nu\sigma\acute{\iota}\alpha$, 엑수시아)는 권능, 능력($\delta\acute{\nu}\nu\alpha\mu\iota s$, 뒤나미스)을 의미한다. '뒤나미스'는 성령의 역사를 통해 성도들에게 나타나는 외적인 능력을 가리키며, '엑수시아'는 성령의 역사를 통해 성도들에게 주어진 내적인 힘을 가리킨다.

I. 두 증인이란 무엇인가?

3절에 "내가 나의 두 증인에게 권세를 주리니…"라고 했다. 여기 '두 증인'이란 말은 일천이백육십일과 같이 정해진 기간 혹은 고회의 전기간을 통해 증언하는 교회나 그리스도인들을 의미한다. 둘이라는 수는 협력을 의미한다. 구약성경이나 신약성경에서 증인이 둘이라는 사실은 증언의 진실성을 의미하고 있으며(신 19:15, 요 8:17-), 예수님도 제자들을 두 사람씩 보냈다(막 6:7, 눅 10:1). 본문에서 두 증인은 두 감람나무와 두 촛대로 상징되어 있다(슥 4:11-14).

여기 촛대는 교회를 상징한다(1:20). 두 촛대는 하나님 나라의 증인된 모든 교회를 상징한다. 이처럼 두 감람나무와 두 촛대는 모든 교회를 상징하므로 두 증인도 모든 교회를 의미한다. 교회(성도)만이 하나님의 성령을 통해 능력을 받아 증인의 사명을 감당할 수 있다.

III 증인의 의미

'증인'이란 말은 본래 법정에서 사용된다. 증인은 법정에서 오직 진실하게 증언해야 한다. 그렇지 않으면 위증죄로 심판을 받게 된다. 그리스도의 증인들은 그들이 친히 보고 들은 것을 가감 없이 증언해야 할 의무와 사명이 있다. 참된 증인이 되려면 하나님의 성령과 능력을 받아야 한다.

사도 바울은 말을 잘 못했지만 (고후 10:10, 11:6), 하나님의 능력을 받은 후 성령으로 충만하여 복음을 전하며 증인의 사명을 다 할 수 있었다. 베드로 역시 배운 것이 없는 어부 출신이었으나 오순절에 성령의 능력을 받고 초대교회의 기둥역할을 할 수 있었다. 그래서 사도 바울은 "하나님의 나라는 말에 있지 않고 오직 능력에 있다" (고전 4:20)고 했다. 그러므로 '증인'은 하나님께서 주신 능력을 나타내야 한다.

요한계시록 11장 15-18절

일곱 째 나팔의 경고 (세상을 다스리시는 그리스도)

선지서를 보면 메시야 왕국에 대해서 묘사한 곳이 많이 있다. 그러한 묘사들은 본문에 언급되어 있는 천사와 이십사 장로들의 찬양과 내용이 유사하다. 메시야는 큰 권능의 왕권을 가지고 나타나셔서 이 세상을 다스리면서 공의로 심판하신다. 그 결과 메시야는 하나님의 백성들에게 전쟁도 없고 고통도 없는 안식을 상급으로 주시지만, 우상 숭배하며 악행을 저지른 이방 나라에는 심판을 행하신다. 본문을 통해서 그리스도께서 세상나라를 어떻게 다스리시는지 살펴보자.

I. 그는 큰 능력으로 다스리신다.

15절 "일곱째 천사가 나팔을 불매 하늘에 큰 음성이 나서…." 라고 했다. 여기 '큰 음성' 은 누구의 음성인지 구체적으로 나타나지 않으나 이는 하늘의 천군천사의 음성인 듯하다. 예수께서 이 땅에 오셔서 능력으로 귀신을 쫓아내고 죽은 자를 살리시고 오병이어로 오천 명을 먹이셨다. 귀신들도 예수의 능력을 알아보고 떨었다. 예수님은 마지막 날에 다시 오셔서 큰 능력으로 왕 노릇 하실 것이다. 이때 성도들도 더불어 왕 노릇하게 된다. 예수께서 큰 능력으로 사탄의 세력을 결박하시고 성도들에게는 왕 노릇 할 수 있는 능력을 주신다. "… 그가 세세토록 왕 노릇 하시리로다"

II 하나님은 심판을 행하신다.

예수께서 이 땅에 오신 그 자체로서 이미 이 세상은 심판받기 시작한 것이다. 18절에 "이방들이 분노하매 주의 진노가 임하여 죽은 자를 심판하시며…"라고 했다. 열방들은 서로 의논하여 하나님과 그의 기름 부으신 종을 대적하고자 하였다. 그러나 그들의 그러한 대적과 분노는 하나님의 심판을 초래하게 되었다(시 2:5,12).

III 하나님은 성도에게 상을 주신다.

18절에 "…종, 선지자들과 성도들과 또 무론대소하고 주의 이름을 경외하는 자들에게 상주시며…" 하나님은 ① 종, 선지자(18:20), ② 순교자나 모든 시대의 믿는 자를 의미하는 성도들(5:8, 8:3, 13:7,10, 15:4, 16:6, 18:20,24), ③ 주의 이름을 경외하는 자들(14:7, 15:4)에게 상을 주신다. 성도들에게 가장 큰 상은 구원이다. 날마다 그리스도와 더불어 왕 노릇하면서 세상을 이기고 하나님의 축복된 삶을 살자.

요한계시록 12장 1-6절

하나님의 보호 받는 교회

요한계시록 10장과 11장은 교회의 증거를 중심한 중간계시였다. 그러나 12, 13장은 교회의 수난을 중심한 중간계시인데, 12장은 교회가 구약시대부터 전 3년반까지 당할 환난이요, 13장은 후 3년반에 당할 환난을 계시한 것이다. 11장에서는 교회가 두 증인으로 나타났으나 12장에서는 교회가 고통하는 여인으로 나타난다.

I. 영광이 빛나는 교회

1절 "하늘에 큰 이적이 보이니 해를 입은 한 여인이 있는데 그 발 아래는 달이 있고 그 머리에는 열두 별의 면류관을 썼더라" '큰 이적' (σημεῖον μέγα, 세메이온 메가)은 '이적'에 해당하는 'σημεῖον'은 '표징' (Sign. NIV)을 뜻한다. '큰 표징'은 한 여자가 어떤 특별한 의미를 지닌 존재임을 나타낸다. 요한이 본 '여자'의 환상은 교회를 의미한다. "해를 입은"은 그리스도의 영광 혹은 광채를 의미한다(1:16). '그 발 아래는 달이 있고'는 영원성을 상징하며(시 72:5, 89:37), 그녀의 통치성을 의미한다. "그 머리에는 열두 별의 면류관을 썼더라"는 이스라엘의 12지파(21:12), 열두 사도(21:14) 혹은 왕권을 의미한다. 5절 "여자가 아들을 낳으리니 이는 장차 철장으로 만국을 다스릴 남자라…" '… 철장으로 만국을 다스릴…'은 시편 2:7-9절의 말씀을 반영한 것으로 그리스도께서 모든 피조물을 통치하실 왕권을 소유하고 계심을 의미한다. 그리스도는 온 세상을 정의와 공의로 다스리신다(사 9:6).

II. 교회를 핍박한 용의 모습

3절 "하늘에 또 다른 이적이 보이니 보라 한 큰 붉은 용이 있어 머리가 일곱이요 뿔이 열이라 그 여러 머리에 일곱 면류관이 있는데" '큰 붉은 용'은 사탄이다(9절). 구약성경에서는 '큰 붉은 용'을 상징적으로 '라합' (욥 26:12, 사 51:9) '하마' (욥 40:15-24) '리워야단' (사 27:1) 등으로 표현하였다. '붉은' (πυρρός, 퓌르로스)은 지옥과 피의 빛깔로(6:4) 사탄의 살인적인 성격을 나타낸다(요 8:44).

III 하나님의 보호(5-6절)

6절 "여자가 광야로 도망하매…" '여자가 광야로 도망한다'는 말이 무슨 뜻인가? 교회가 핍박을 피하여 보호와 훈련을 받는 것을 의미한다. "일천이백육십일"은 핍박의 기간으로 (11:2, 13:5) 하나님께서 성도들을 위해 예비하신 양육기간이다.

요한계시록 12장 11-12절

큰 싸움에서 승리하는 비결

우리의 싸움은 혈(血)과 육(肉)에 대한 것이 아니요, 정사와 권세와 악의 영들과의 싸움이다(엡 6:12). "마귀의 궤계를 능히 대적하기 위해 하나님의 전신 갑주를 입으라"(엡 6:11)고 사도 바울은 권면했다. 그리고 바울은 하나님의 전신갑주가 어떤 것인지를 에베소서 6:14-17에서 자세히 묘사했다. 그래서 사도 바울은 전신갑주에 대한 설명에 이어 곧바로 "모든 기도와 간구로 하되 무시로 성령 안에서 기도하고 이를 위하여 깨어 구하기를 항상 힘쓰며 여러 성도를 위하여 구하고"(엡 6:18)라고 권면했던 것이다. 이런 의미에서 사도 베드로도 "근신하라 깨어라 너희 대적 마귀가 우는 사자같이 두루 다니며 삼킬 자를 찾나니"(벧전 5:8)라고 권면했다.

I. 우리는 어린양의 피로 마귀를 물리칠 수 있다(11절).

11절에 "또 여러 형제가 어린 양의 피와 …"라고 했다. 여기 '여러 형제'는 하늘의 성도를 가리키며 그들이 마귀를 이기었다는 말이다. 그들의 승리는 ① 어린양의 피였다. ② 그들의 믿음이었다. 예수 그리스도는 우리를 대신하여 죽으셨을 뿐 아니라 지금도 우리를 위해 사탄과 싸우신다. "… 그들은 죽기까지 충성을 다했으며" 그에 대해 증거했음을 의미한다. 성도들이 죽임을 당한 것은 사탄의 승리를 나타낸 것이 아니라 오히려 그리스도가 십자가에 죽으심으로 승리하신 것처럼 죽음으로써 사탄을 이긴 것이다(1:9, 14:12, 20:4).

II. 우리는 어린양의 증거하는 말로 마귀를 이길 수 있다.

"태초에 말씀이 계시니라 이 말씀이 하나님과 함께 계셨으니 이 말씀은 곧 하나님이시니라"(요 1:1) "말씀이 육신이 되어 우리 가운데 거하시매 우리가 그 영광을 보니 아버지의 독생자의 영광이요 은혜와 진리가 충만하더라"(요 1:14) "말씀은 능력이다" 하나님의 말씀이 우리를 구원했고 그 말씀이 마귀를 이기게 했다. 예수님은 2000년전에 말씀을 선포하신 후 하늘로 올라가셨다(행 1:11). 성령을 보내주셨는데 그 성령은 말씀을 근거로 성도들 가운데 역사하고 있다. 그러므로 성령의 능력을 받아 마귀와 싸워 이길 수 있다. 위대한 신앙의 사람은 영적 싸움에서 승리한다. 성도는 하나님 말씀과 성령으로 충만해야 한다.

요한계시록 13장 1-10절

열 뿔과 일곱 머리를 가진 짐승

"내가 보니 바다에서 한 짐승이 나오는데…"(1절) 11:7절에서는 '짐승'이 무저갱에서 올라오는 반면 본절에서는 바다에서 올라온다. 이 바다에서 나오는 짐승에 대한 환상은 17:9-13과 다니엘 7장을 배경으로 한다. 본절의 짐승은 당시 교회를 핍박하던 로마제국을 가리키는 것으로 볼 수 있으나 단순히 로마제국만 상징한다기 보다는 인류역사상 정치제도를 통해 교회와 성도를 핍박하는 모든 악의 세력을 포함하는 것으로 볼 수 있다. 본문을 통해 우리를 대적하는 사탄의 정체를 살펴보자.

I. 그는 악한 권세를 받았다.

4절에 "용이 짐승에게 권세를 주므로 용에게 경배하며 짐승에게 경배하여 가로되 누가 이 짐승과 같으뇨 누가 이로 더불어 싸우리요 또 짐승이 큰 말과 참람된 말하는 입을 받고 또 마흔 두달 말할 권세를 받으니라"라고 했다. '큰 말과 참람된 말하는 입'은 다니엘 7:8의 넷째 짐승으로부터 돋아난 뿔에게 주어진 큰 말하는 입과 유사하다. '참람된'($\beta\lambda\alpha\sigma\phi\eta\mu\acute{\iota}\alpha\varsigma$, 블라스페미아스)은 '훼방하는' '모독하는' 이란 뜻이다. '참람된 말'은 하나님을 모독하고 자신을 하나님의 위치로 격상시키는 것을 가리킨다(6절, 단 7:25, 11:36). '마흔두 달'은 짐승이 교회를 핍박하는 기간을 가리킨다(11:2,3, 12:6,13). 이때 짐승(적그리스도)은 그리스도의 재림전까지 이세상에서 자기에게 주어진 권세를 가지고 성도들을 핍박하고 하나님을 대적하며 사람들을 미혹하게 된다(15절, 11:2,9).

II 어린양이 생명책에 녹명되지 않는자는 그를 경배한다.

8절에 "죽임을 당한 어린양의 생명책에 창세 이후로 녹명되지 못하고 이 땅에 사는 자들은 다 짐승에게 경배하리라"라고 했다. 사도 바울은 자신의 동역자들이 생명책에 기록되어 있다고 말하고 있으며(빌 4:3), 본서에서는 여섯 번 나타난다(3:5, 13:8, 17:8, 20:12,15, 21:27). 하나님 나라에 이름이 기록되지 않는 사람은 누구나 사단에게 경배하게 된다. 특히 '죽임을 당한 어린양의 생명책'에 우리는 주목해야 한다. 그 책은 예수 그리스도의 십자가 죽으심을 믿는 자들이 하나님의 소유가 되어 구원받는 자가 되었다는 증거이다. 그 증거를 받지 않는 자는 창세 이후로 어느 누구도 구원의 반열에 설 수 없다.

요한계시록 13장 16절

경계해야 할 적그리스도

"저가 모든 자 곧 작은 자나 큰 자나 부자나 빈궁한 자나 자유한 자나 종들로 그 오른손이나 이마에 표를 받게 하고, 둘째 짐승은 우상 숭배를 강요할 뿐만 아니라 짐승의 표를 받게 한다. "작은 자나 큰 자나 부자나 빈궁한 자나 자유한 자나 종들로" 이 말은 인류사회 전반을 나타내고 있다(11:18, 19:5, 18:20, 20:12). '표'($\chi\acute{\alpha}\rho\alpha\gamma\mu\alpha$, 카라그마)는 문서상의 공식적 증거물로 남는 '명각'이나 뱀에 물린 '상처' '황제의 날인' 또는 주인이 소유권을 나타내기 위하여 짐승이나 노예에게 찍는 '낙인' 등을 가리킬 때 쓰이는 단어이다. "표"는 ① 하나님께서 자기 백성에게 표시하시는 인이며(7:3), ② 짐승의 표이다. 하나님의 인이 하나님의 소유권을 나타내는 것처럼 본문에 짐승의 표도 짐승의 소유권을 나타내는 상징적인 표현이다.

1. 적그리스도는 모든 사람에게 오른손이나 이마에 표를 받게 한다.

사탄은 자기를 경배하는 자들의 오른손이나 이마에 표를 받게 한다. 그래서 사탄은 그 사람들을 자기의 완전한 소유로 만든다. 이 표를 받은 자들은 꼭두각시처럼 짐승(마귀)이 시키는 대로 행한다. 계시록 13:17절에 "누구든지 이 표를 가진 자 외에는 매매를 못하게 하니 이 표는 곧 짐승의 이름이나 그 이름의 수라"고 했다.

본문은 짐승의 표 대신에 하나님의 인을 받은 그리스도인들에게 경제적인 제재가 가해질 것을 가리킨다. "지혜가 여기 있으니 총명있는 자는 그 짐승의 수를 세어 보라 그 수는 사람의 수니 육백육십육이니라"(계 13:18) 짐승의 수인 666은 두 가지로 분류된다. ① 숫자풀이를 통한 해석 "그 수를 세어보라… 수는 육백육십육이니라" 이 말을 문자적으로 이해하여 이것이 누구의 이름을 가리키는가? 666이 로마황제 칼리굴라, 트라얀, 배교자 율리안, 반달록, 교황 베네딕트 9세와 바오로 5세, 마호메트, 마틴 루터, 존 칼빈, 그리고 나폴레옹 등을 지칭한다. 대다수 학자들은 666이 네로황제를 지칭한다. 그것은 네로황제의 히브리음이 네론가이살(NRON.KSR)로서 각 철자 자체가 내포하는 숫자 즉 50+200+6+50+100+60+200을 모두 합치면 666이 된다는 주장이다. ② 상징적인 숫자의 예로서 일곱 교회, 일곱인, 일곱 나팔, 일곱 대접, 이십사 장로, 십사만사천 명의 인맞은 자, 새 예루살렘 성곽의 144규빗 등을 들 수 있다. 두 견해 중 어느 것이 옳다고 결론지을 수는 없으나 666을 이름의 암호로 보기 보다는 상징적인 숫자로 보는 후자의 견해가 보다 타당한 듯하다.

요한계시록 14장 1-15절

노래하는 십사만 사천명

하나님을 찬양하는 것은 성도만의 특권이다. 성도들의 노래(시 149:5, 엡 5:19) 구속받은 자의 노래(사 35:10, 51:11)만이 하나님께 영광 돌릴 수 있다. 오늘 우리는 본문을 통해서 이러한 사실을 더욱 확실하게 발견할 수 있다. 본문 4절에 언급된 '새 노래' 란 말은 찬송 이상의 의미를 가지고 있다. 새 계명, 새 하늘과 새 땅, 새 예루살렘등과 같은 표현에서 '새' 란 말은 예수 그리스도를 통해서 성취되었으며 또한 완성될 모습을 나타낸다. 이런 의미에서 '새 노래' 는 예수 그리스도 이후 성도들이 부르는 찬송 중에서 특히 어린양되신 예수에 대한 찬송이다. 이 노래는 오직 144,000명만이 부를 수 있다. 그러면 144,000명은 어떤 사람들인가?

I. 정절을 지킨 자들이다.

4절에 "이 사람들은 여자로 더불어 더럽히지 아니하고 정절이 있는 자라"고 했다. '여자로 더불어 더럽히지 아니하고 정절을 지키는 것' 은 하나님과 어린양에 대한 신앙의 정절을 지켜 우상숭배와 배교하지 않는자를 가리킨다. 구약에서는 이스라엘을 순결한 처녀로 신약에서는 교회를 그리스도의 정결한 신부로 묘사하고 있다(왕상 19:21, 사 37:22, 렘 18:13, 고후 11:2). "정절"은 영적 순결을 가리킨다. 영적 순결은 신랑되신 예수님을 끝까지 배반하지 않고 그 분만을 위해 사는 삶을 의미한다.

II. 순종하는 자들이다(4절).

그들은 어린양의 인도하는 데로 따라 간다. "새 노래"를 부르는 144,000명은 어린양이신 예수님께 순종한 자들이다. '새' ($καινός$, 카이노스)는 새로운 것을 의미한다. 그것은 해방의 노래요, 승리의 노래요, 구원의 노래이다.

III 첫 열매가 된 자들이다(4절).

4절 "…구속을 받아 처음 익은 열매로 하나님과 어린양에게 속한 자들이니" '처음 익은 열매' 는 구약성경에서 일반적으로 '성물' 을 의미하였으며, 신약성경에서는 주로 하나님께 바쳐지는 '첫 수확물' 을 뜻하였다. 이는 자신을 온전히 하나님께 드림으로 말미암아 세상으로부터 구별되어 하나님께 속하게 된 것을 나타낸다(출 23:19). 모든 성도는 처음 익은 열매로 새노래를 부를 수 있는 144,000명에 속해 있다.

요한계시록 15장 3-4절

어린양의 노래

찬양은 하나님의 구원에 대한 감사와 감격의 표현이다. 같은 곡조와 가사를 부르더라도 어떤 사람은 마음 깊은 곳에서 우러나오는 찬양을 하지만 어떤 사람은 아무런 느낌도 감정도 없이 막연히 찬양을 한다. 또 어떤 사람은 정확한 박자와 음정및 고운 음성을 가지고 찬양을 하나 감사와 감격이 없으며, 어떤 사람은 박자와 음정을 맞추지 못한 찬양을 해도 하나님께 열납되는 찬양을 드릴 수 있다. 그러면 구원받은 성도가 찬양하는 내용은 어떤 것인지 본문을 통해 살펴보자.

I. 승리의 노래이다(2-4절).

일곱 천사가 일곱 대접 재앙을 쏟기 전에 하늘로부터 승리의 새 노래가 들려왔다. 그 노래의 주제는 '어린양의 노래' 였다. 곧 구원의 노래였다. 이것은 재앙이 쏟아진 후에 그 재앙을 통과하여 승리한 성도들이 부를 노래를 앞당겨 들려 주신 것이다. 1. 어디서 불렀던가? 불섞인 유리 바닷가에서 불렀다(계 15:2). 수정같이 맑은 유리 바다는 맑고 깨끗한 하나님의 의를 나타내는 말이다. 불이 섞인 유리 바다 같은 것은 엄위하신 하나님의 심판을 나타내고 있다. 2. 누가 불렀던가? 이긴 자들이다(계 15:2) ① 짐승으로부터 벗어난 자들이다. 여기 '짐승' 은 바다에서 올라온 적기독국가(정치적 권력자)을 가리킨다(계 13:1-10). ② 우상에서 벗어난 자들이다(계 13:11.15). ③ 그 이름의 수를 벗어난 자들이다(계 15:16).

II. 노래의 주제가 무엇인가?(계 15:3-4절)

저들이 불렀던 노래의 주제는 모세의 노래요, 어린양의 노래라고 했다. 바로 이 구원의 노래는 이스라엘이 홍해와 바로의 군대에서 하나님의 기적을 맛보고 불렀던 노래이다(출 15:1-18). 이 노래의 주제는 바로 구원이요 어린양의 노래이다. ① 전능하신 하나님의 구원을 노래했다(계 15:3). ② 만국의 왕이신 하나님을 노래했다(계 15:3). ③ 영화로우신 하나님을 노래했다(계 15:4). 저들의 노래는 어린양이 노래하고 하였다. 이스라엘은 유월절 어린양을 먹고 구원의 표적을 받아 나왔기 때문이다. 그것은 어린양되신 예수 그리스도의 구원역사를 예시적으로 노래한 것이다. 이제 요한계시록에서 그것이 성취되었다. 성도는 고난 중에서도 하나님의 공의가 나타날 것을 믿기에 하나님께 찬양을 드릴 수 있다.

요한계시록 16장 15절

깨어 자기 옷을 지키라

"보라 내가 도적 같이 오리니 누구든지 깨어 자기 옷을 지켜 벌거벗고 다니지 아니하며 자기의 부끄러움을 보이지 아니하는 자가 복이 있도다" 본 절에서의 '복'은 전체에서 나타나는 일곱 가지 복 가운데 세 번째 복에 해당된다(1:3, 14:13, 19:9, 20:6, 22:7,14). 오늘 본문의 말씀은 성도들이 마지막 때에 있을 사단의 기만과 핍박 가운데서도 넘어지지 아니하고 늘 깨어 있어 충성하며 그리스도의 재림을 준비할 때 하나님께서 반드시 복 주실 것을 의미한다.

I. 도적같이 오리니 깨어 있으라(15절).

15절에 "보라 내가 도적같이 오리니…" 이것은 아마겟돈 전쟁은 주님의 재림과 직결하고 있다는 뜻이다. 이런 의미에서 아마겟돈 전쟁은 최후전쟁, 마지막 전쟁이다. 데살로니가전서 5장 2절에 "주의 날이 밤에 도적같이 이를 줄을 너희 자신이 자세히 앎이라" 여기 '깨어'($\gamma\rho\eta\gamma o\rho\epsilon\acute{u}\omega$, 그레고류오)는 곧 '깨어 있다' '정신을 차리다' '주의 하다' '살아 있다' 불침번하고 있다는 뜻이다. 군인이 전쟁 중에 밤잠을 자지 않고 깨어 있는 상태를 말한다. 베드로전서 4:7에 "만물의 마지막이 가까웠으니 그러므로 너희는 정신을 차리고 근신하여 기도하라" 마태복음 26:41에 "시험에 들지 않게 깨어 있어 기도하라 마음에는 원이로되 육신이 약하도다" 에베소서 6:18에 "모든 기도와 간구로 하되 무시로 성령 안에서 기도하고 이를 위하여 깨어 구하기를 항상 힘쓰라" 이는 기도로 무장하여 영적으로 깨어 있으라는 말이다.

II. 벌거벗은 부끄러움을 보이지 말라.

15절에 "… 자기 옷을 지켜…"라고 하였다. 이는 예수의 속죄 은총을 신앙으로 받은 의인의 상태를 말함이다. 이 옷은 어린양의 피로 씻어 깨끗하게 된 옷이다. 신앙 수절을 뜻한다(계 7:14, 22:14). '옷을 지킨다'는 말은 믿음을 지킨다는 뜻이다. "… 누구든지 깨어 자기 옷을 지켜 벌거벗고 다니지 아니하며 자기의 부끄러움을 보이지 아니하는 자가 복이 있도다" 확실히 우리 성도는 축복의 사람이다. 아마겟돈 전쟁 중에 백마를 타시고 홀연히 임하는 주님을 보게 될 것이다. 주님은 우리에게 최후 승리를 보장해 주신다(계 17:14).

요한계시록 17장 9-16절

어린양과 싸우는 대적들

이스라엘을 괴롭혔던 나라들은 애굽을 비롯해서 블레셋, 아말렉, 모압, 아람, 에돔, 미디안 그리고 이스라엘을 멸망시킨 앗수르와 바벨론이 그 대표적인 나라들이다. 오늘 본문을 통해서 어린양과 싸우는 대적들이 어떤 권세를 지녔으며, 어떻게 행동하며 결국 어떻게 되었는지 살펴보자.

I. 일곱 머리와 열 뿔을 가졌다(10-14절).

9-10절에 '일곱 머리' '일곱 산' '일곱 왕'은 똑같은 적그리스도의 정체를 의미한다. 이 짐승(일곱머리)들은 언제나 열 뿔을 가지고 있었다. 이 열 뿔들은 열 왕들인데, 패권국가들의 위성국가들 동맹하는 나라들을 의미한다. 저들은 짐승에게 권세를 받아 임금 노릇을 하게 된다(계 17:7,12). '일곱 머리'와 '열 뿔'은 나라를 묘사하고 있다. 이것은 나라들이 교회를 대항해서 일어남을 의미한다. '나라'라고 함은 특정 지역에 한정된 어떤 나라라기보다는 모든 세대에 일어날 수 있는 반기독교적 세력이라고 볼 수 있다.

II. 악한 일에 한 뜻이 된다(13절-).

13절 "저희가 한 뜻을 가지고 자기의 능력과 권세를 짐승에게 주더라" 본 절은 열왕들이 짐승을 향해 취하는 태도를 나타낸다. 14절에 "저희가 어린양으로 더불어 싸우려니와…" 이것은 붉은 용이 짐승을 앞세우고 그 짐승위에 음녀를 태워서 만국의 왕들과 백성들을 동맹시킨 결과이다. 사단(용)의 마지막 작전이다. 이것은 인류 역사의 마지막 전쟁 곧 아마겟돈 전쟁으로 연결되는 것이다.

III 결국 어린양에 의하여 망하게 된다(14-16절).

14절에 "…어린양은 만주의 주시요, 만왕의 왕이시므로 저희를 이기실 터이요" 본문은 어린양을 대적한 짐승과 열왕들이 패배할 수밖에 없는 이유이다. 그것은 그들이 대적한 '어린양'이 만주의 주이며 만왕의 왕이시기 때문이다. 어린양이 그의 입에서 나오는 검을 가지고 저들을 진멸한다(계 19:11-15). 이것은 아마겟돈 전쟁때의 일이다. 어린양의 승리는 곧 성도교회의 승리이다(계 17:14).

요한계시록 18장 1-3절

큰 성 바벨론

'바벨론'이란 요한계시록 17장에는 여자, 큰 음녀, 어미 등으로 묘사했다. 이제 18장에서는 바벨론을 큰 성(계 18:2, 10,18,19,21)이라고 하였다. 또한 귀신의 처소(계 18:2) 견고한 성(계 18:10)등으로 불리어졌다. '바벨론'의 문자적인 뜻은 '신들의 문'이다. 이곳에 처음 니므롯이 성읍을 세웠고(창 10:9,10), 홍수 이후 노아의 자손들이 바벨탑을 세웠다(창 11:1-9). 이사야 선지자는 이 성읍을 강포한 곳으로 묘사했다(사 13:19, 14:4). 그 이유는 ① '신들의 문'이란 문자적인 의미가 보여 주듯이 그 곳은 우상숭배로 가득한 강포한 도시였고, ② 유대인들이 느부갓네살 왕에게 포로로 잡혀간 곳이기에 역시 그곳은 강포한 도시이다(왕하 25:1-21). 그렇다면 본문에서 '큰 성 바벨론'이란 말은 정치적 경제적 상업적 예술적인 성격을 띤 이른바 바벨론 문화의 종말을 말하는 것이다.

I. 다른 천사가 바벨론 멸망을 선언했다(계 18:1-3절).

어떤 천사인가? ① 하늘에서 내려온 천사라고 했다(1). ② 큰 권세를 갖고 있는 천사라고 했다(1). ③ 영광으로 빛나고 있는 천사라고 했다(1). ④ 힘센 음성, 곧 큰 음성을 빌하던 천사였다(2). 그는 암흑의 베벨론 전지를 향하여 음성을 나타내던 천사였다. 그 천사의 사역이 무엇인가? 요한계시록 18장 2절에 "… 무너졌도다 무너졌도다 큰 바벨론이여"라고 외쳤다. 이 천사가 받은 사역은 큰 성, 견고한 성, 바벨론의 운명적인 종말을 예고한 것이었다.

II 바벨론이란 어떤 곳인가?

① 그곳은 귀신의 처소와 각종 더러운 영의 모이는 곳이다(2절). 요한계시록 18장 2절에 "귀신의 처소와 각종 더러운 영의 모이는 곳과 각종 더럽고 가증한 새의 모이는 곳이 되었도다" '신들의 문'으로 불리는 바벨론은 문자 그대로 모든 우상숭배의 본거지요, 소위 악령의 센타였다. ② 그곳은 각종 더럽고 가증한 새의 모이는 곳이다(2절) "더럽고 가증한 새"는 부정하기 때문에 인간들이 식용으로 사용할 수 없는 새들을 가리킨다. 이 새들은 제물도 사용될 수 없었다. ③ 그곳은 음행으로 만국을 무너뜨리는 곳이다(3절). 여기 "음행"은 영적인 혼합주의 뿐만 아니라 우상숭배와 하나님을 부인하는 사상 등을 가리킨다. '음행'은 영적 간음인 우상숭배를 말한다.

요한계시록 19장 8절

성도들의 세마포옷

성경에서 '세마포'란 베옷을 가리킨다. 이 세마포는 제사장의 옷(출 28:39)이나 성막(출 26:1), 노래하는 레위인들의 옷(대하 5:12), 귀족들의 옷(겔 16:10) 등에 사용되었으며, 영광이나(단 10:6,12:6,7) 권세(15:6)를 의미한다. 본서에서는 의를 상징하는 것으로 사용되었다. 이와 달리 굵은 베옷은 슬픔(창 37:34, 삼하 3:31, 에 4:1-4), 회개(욜 1:8-13), 금식(사 58:5)등을 상징한다. 그런데 성도가 입는 것으로 언급된 세마포는 슬픔이나 회개 금식을 상징하는 굵은 베옷이 아니라 거룩함과 영광스러움 그리고 순결함을 의로움을 나타내는 베옷이다. 세마포는 성도들의 의복이었다(계 15:6). 하늘군대들이 입었다(계 19:14). 천상교회 장군들의 의복이었다(계 4:4). 성도들이 하나님으로부터 세마포를 받아 입게 된다는 것이 무엇을 의미하는가?

I. 성도의 세마포는 빛나고 깨끗하다.

8절에 "그에게 허락하사 빛나고 깨끗한 세마포를 입게 하셨은즉 이 세마포는 성도들의 옳은 행실이라"라고 하였다. 우리 성도는 영광과 관을 쓰신 예수님을 통하여 영광에 들어간다(히 2:9,10). 본문에서 성도가 입게 될 세마포가 빛나고 깨끗하다는 말은 영광스러우면서도 순결함을 상징한다.

II. 성도의 세마포는 주님이 주신 것이다.

'그에게 허락하사'($ἐδόθη$ $αὐτῇ$, 에도데 아우테)는 '그에게 주어지다'를 의미한다. 즉 성도는 세마포를 스스로 입은 것이 아니라 하나님으로부터 받아서 입게 된다. 우리의 구원도 자력으로 불가능하다. 하나님의 은혜로 받는다(엡 2:8-9).

III. 세마포는 성도의 옳은 행실이다.

요한계시록 7장에 보면 십사만 사천명의 인맞은 자가 언급되고 있다. 이들의 특징은 흰옷을 입고 있었다는 것이다. 그들이 입고 있는 흰옷은 어린양의 피에 씻겨 희어진 옷이다. 그들은 세상에서 많은 눈물을 흘린 자들이다. 이렇게 볼 때 '성도들의 옳은 행실'이란 세상에서 살 때 그리스도를 위해서 고난 받는 것을 의미한다. 하나님은 그러한 성도들의 눈물을 보시고 그들에게 흰옷을 입히시며 하나님의 보좌 앞에서 하나님을 섬길 수 있도록 축복 하신다.

요한계시록 20장 4-6절

천년왕국

요한계시록의 주제는 예수 그리스도의 최후 승리와 그의 참된 교회의 승리 곧 성도(교회)의 최후 승리이다. 예수 그리스도의 승리란 말은 곧 택한 자 구원완성이다. 그것은 원수에 대한 승리이다. 원수가 누구인가? 그것은 붉은 용 곧 사단이다(계 12:3,9). 그의 지배를 받고 바다에서 올라온 짐승인데 그는 무신론의 권력이다(계 13:1-10). 그리고 그의 표인 666표를 받은 사람들이다(계 13:16-18). 그들의 활동무대였던 큰 성 바벨론 곧 큰 음녀였다(계 17-18장). 천년왕국은 어떤 곳인가?

I. 이 왕국에는 성도들만이 참여한다.

4절에 "… 목 베임을 받은 자의 영혼들…"이라고 했다. 이들은 '짐승과 그의 우상에게 경배하지도 아니하고 이마와 손에 그의 표를 받지도 아니한 자들'을 의미한다. 이들은 사단에게 속하지 아니한 성도들을 대표하고 있다. 예수 그리스도는 우리의 왕이시오, 구주가 되신다. 이제 우리는 그리스도를 통해서 왕같은 제사장이 되었다(벧전 2:9). 예수님은 이 땅에 그의 왕권을 가지고 오셨다. 그에게 속한 자는 누구든지 죄에서 해방되어 의의 왕 노릇한다(롬 5:17,21, 6:12:14). 이러한 축복은 오직 하나님의 은혜로 주어졌다. 그러므로 우리 성도는 이 천년왕국에 참여하게 된다.

II. 성도들은 그리스도와 더불어 천년동안 왕 노릇한다(4-6절).

4절에 "…그리스도로 더불어 천년동안 왕 노릇하니"라고 했다. 사단은 천년동안 결박되고(계 20:1-3) 성도는 그리스도와 더불어 하늘에서 천년동안 왕 노릇한다. 현재의 고난은 장차올 영광이다. 천년왕국의 장소가 어디인가? ① 보좌가 있는 곳이라고 하였다(계 20:4). ② 순교자들의 영혼이 있는 곳이다(계 20:4). ③ 성도들의 영혼이 있는 곳이다(계 20:4). ④ 예수께서 살고 계신 곳이다(계 20:4). 천년동안 왕 노릇한다는 말은 무슨 말인가? 성경에는 그리스도와 더불어 천년동안 왕 노릇한다는 말이 두 번 나온다(계 20:4,6) ① 그리스도와 더불어 왕 노릇한다는 말은 그의 함께 심판한다는 말이다(계 20:4). 우리는 앞서간 성도(순교자들)들이 주님의 보좌에 있음을 보았다(계 3:21). 결국 저들은 그의 얼굴을 보고 말 것이다(계 22:4). 저들은 하나님의 어린양의 백마를 타고 심판을 집행하는 것에 동참하여 주의 참되고 의로운 심판을 감사하며 찬양하였다(계 15:3, 19:5-8).

요한계시록 21장 1-5절

새 하늘과 새 땅

처음 하늘과 처음 땅은 없어지고 새 하늘과 새 땅이 도래했다고 했다. 이것은 창세기의 성취를 의미한다.

I. 새 하늘과 새 땅은 존재한다.

1절에 "또 내가 새 하늘과 새 땅을 보니…"라고 했다. '새 하늘과 새 땅'은 이사야 65:17을 반영한다. 여기 '새'(καινόν, 카이논)는 '시간적으로 최근이나 새로운'을 의미하는 '네오스'(νέος)와는 달리 질적으로 새로운 것을 가리킨다. 이런 의미에서 '새 하늘과 새 땅'은 처음 하늘과 처음 땅의 갱신이 아니라 질적으로 완전히 다른 새 질서의 창조를 의미한다. '새 하늘과 새 땅'은 하나님이 임재하사 그분의 통치가 온전히 이루어지는 곳이며 도덕적이며 영적인 것이다(3절, 벧후 3:13). "…처음 하늘과 처음 땅이 없어졌고 바다도 다시 있지 않더라"(1) '처음 하늘과 처음 땅'은 하나님께서 창조하셨지만 범죄로 인하여 죄와 사망이 들어와서 하나님을 대적하는 곳으로 변하였다. 이 하늘과 땅은 죄와 사망이 온전히 사라지는 종말론적 구속의 날을 고대한다(롬 8:31).

II. 새 생활의 영역이다(계 21:1-5절).

새 장막, 새 사람의 세계라고 하였다. 새로운 교제, 새로운 통치라고 하였다(계 21:3). 세상에서 그리스도인들은 하나님의 거하심을 성육신하신 그리스도 안에서 믿음의 눈으로 확인할 수 있었으나(요 1:18, 14:8,9), 이제 본문에서는 하나님께서 가시적으로 백성가운데 임하셨음을 나타낸다(22:4). 이러한 임하심은 일시적인 것이 아니라 영원한 것이다.

III. 사망도 애통함도 없다(4절).

이사야 선지자는 새 하늘과 새 땅이 창조될 때 그곳에는 영원한 기쁨과 즐거움이 있을 것이라고 했다(사 66:17-25). 1. 사망이 없다(4절) 2. 애통과 곡하는 것이 없다(4절). 3. 아픈 것이 없다(4절). 4. 성전이 없다(계 21:22). 5. 해와 달의 비침이 없다(계 21:23). 6. 밤이 없다(계 21:25). 7. 저주가 없다(계 22:3). 성도는 하나님 나라를 사모하며 그 곳에 들어가기를 간절히 사모해야 한다(사 11:6-8, 65:25).

요한계시록 22장 20절

내가 진실로 속히 오리라

"이것들을 증거하신 이가 가라사대 내가 진실로 속히 오리라"(20)고 했다. 주님의 마지막 약속이다. 주님의 고별사에서 첫 약속도 다시 오신다고 했다(요 14:1-3). 예수님이 승천하실 때 마지막 약속도 다시 오신다는 것이었다(행 1:11). 요한계시록의 기록 목적도 주님께서 다시 오신다는 사실이다(계 1:17). 아마겟돈 전쟁중에서도 우리에게 주신 소망은 주께서 도적같이 오신다고 하셨다(계 16:15). 그것은 주님의 약속이요, 성도에게 하신 비밀의 약속이기 때문이다. "내가 진실로 속히 오리라"

I. 순교자들이 호소하기 때문이다.

요한계시록 6:10에 "대주재여 땅에 거하는 자들을 심판하여 우리 피를 신원하여 주지 아니하시기를 어느때 까지 하시려나이까" 끊임없이 부르짖는 순교자들의 호소를 못들은 척 할 수 없어…거기에 대답으로 "내가 진실로 속히 오리라"고 응답하실 것이다. 비참하고 억울한 순교자들의 호소는 마침내 응답되고야 만다.

II. 마귀를 멸망시키시는 대답이다.

요일 3:8에 "이로써 하나님의 아들이 나타나신 것은 마귀의 일을 멸하려 하심이니라" "사망의 권세를 잡은 자 마귀를 멸하려 하심이라"(히 2:14) "짐승이 잡히고 그 앞에 이적을 행하던 거짓선지자도 잡히니 이 둘을 산채로 유황불 붓는 곳에 던지고…"(계 19:20) 이 모든 말씀은 주님의 재림으로 마귀가 받을 형벌을 말한다. 마귀는 제 때가 얼마 남지 않음을 알고 발악하여 우는 사자같이 두루 다니며 삼킬 자를 찾고 있다(벧전 5:8). "아멘 주 예수여 오시옵소서"(계 22:20) 살아있는 신부(성도)의 대답이요, 깨어 있는 성도의 대답이다. 이것은 우리의 신앙고백이다. 주 예수! 그는 살아계신 하나님의 아들이요, 그리스도시라. 본문은 본장 내에서 그리스도의 재림에 대한 세 번째 확증이며(7, 12절), 동시에 재림의 확증에 대한 그리스도인의 응답을 나타낸다. "내가 속히 오리라" 그리스도 자신의 재림에 대한 언급은 이제까지 진술해 온 본서의 예언의 말씀을 보장함과 동시에 고난과 핍박속에서 인내하는 구속받은 모든 하나님의 백성에게 위로를 준다. "주 예수의 은혜가 모든 자들에게 있을지어다 아멘"(계 22:21) 요한계시록을 읽는 자들, 듣는 자들, 기록된 것을 지키는 모든 하나님의 자녀들에게 주 예수의 은혜가 있기를 축복하였다(계 1:3).